로컬 거버넌스의 성공모델

한국NGO학회 · 충남연구원

박상필 엮음

금홍섭 · 라미경 · 민병기

박미경 · 오수길 · 이경희

도서출판 대영문화사

머리말

현대 사회에서 민주주의의 발전을 향한 도정은 일종의 딜레마에 처해 있다고 볼 수 있다. 대의민주주의의 대리인체제는 민주주의의 본령인 인민주권론을 실현하기 어렵고, 직접민주주의는 다양한 전자 메커니즘의 발달에도 불구하고 현실적으로 적용하기가 간단하지 않기 때문이다. 이러한 현실은 2016~2017년 동안 박근혜 대통령의 탄핵 촛불집회와 같은 정치적 격변을 겪은 한국에서도 예외가 아니다. 광장민주주의를 통해 자신의 권리를 체감한 국민들은 주권을 확장할 것을 요구한다. 앞으로 시민의 지식수준이 높아지고 정보통신기술이 발달함에 따라 직접민주주의의 다양한 정치기획이 운용될 수도 있을 것이다. 그럼에도 복잡다단한 현대 사회에서 직접민주주의를 하나의 정치제도로 도입하는 것은 간단하지 않고, 실제로 도입한다고 하더라도 대의민주주의를 보완하는 형태로 활용될 것이다.

이러한 상황에서 정부의 각 영역과 정책 과정에서 거버넌스 시스템을 도입하는 것은 필요하고도 가능하다. 거버넌스는 시민참여와 권한분산을 추구한다는 점에서 민주주의의 질적 발전을 위해 매우 필요하고, 일정한 기구의 설치와 행정절차를 통해 운영할 수 있다는 점에서 현실적으로 실현이 가능하다. 따라서 거버넌스는 현재로서는 대의민주주의의 한계를 보완할 수 있는 중요한 제도라고 할 수 있다. 요즈음 시민사회에서는 참여민주주의의 실현을 주창하고 있다. 거버넌스는 이러한 참여민주주의의 실질적인 메커니즘으로 작용할 수 있다는 점에서 현존하는 민주주의의 딜레마를 해결하는 하나의 방책이 될 수 있다.

거버넌스(governance)는 1990년대 후반에 기존의 통치(government)에 상대적인 의미로서 등장하여 세계적인 반향을 불러일으키며, 이에 대한 연구가 활성화되었다. 한국에서는 2000년대 초반에 들어와서 연구가 활성화되기 시작하였는데, 오늘날 사회과학의 전 영역에서 핵심 개념이 되었다. 이렇게 거버넌스가 사회과학의 중요한 개념으로 자리매김하고 연구가 활성화되자, 행정의 일선현장에서도 다양한 방식으로 거버넌스 시스템을 실험하고 운영하고 있다. 공무원 교육에서도 거버넌스는 중요한 과목으로 채택되어 교육이 이루어지고 있다.

그러나 거버넌스에 대한 담론과 연구가 활성화되고 있는 것과는 반대로, 실제로 현장에서 거버넌스 시스템을 운영하려고 할 때, 도대체 거버넌스를 어떻게 운영해야 하는가에 대한 의문을 갖게 된다. 이러한 의문은 사실 거버넌스를 설계하는 학자뿐만 아니라, 이를 운영하는 공무원들도 가져왔던 의문들이다. 이러한 의문은 거버넌스 시스템의 중요한 행위자로 참여하는 시민운동가로부터도 제기되었다. 이러한 요구에 응답하여 한국NGO학회는 2017년 충남도청의 지원으로 '거버넌스 성공사례'에 대한 기획학술대회를 개최하였다. 그리고 학술대회가 끝나고 충남연구원의 지원을 받아 충청남도 외의 성공사례도 발굴하여 책으로 엮는 프로젝트를 추진하였다.

성공모델의 효과는 비단 거버넌스 영역뿐만 아니다. 시민사회의 연구영역만 해도 시민운동, 사회적 기업, 협동조합, 마을기업, 모금, 자원봉사, 기업의 사회공헌활동, 국제협력 등의 영역에서 성공모델의 개발은 각 분야의 사업을 성공으로 이끄는 지름길이라고 할 수 있다. 한 영역에서 성공모델을 살펴봄으로써 성공하기 위한 사업의 설계와 운영을 어떻게 하는가를 구체적으로 학습할 수 있기 때문이다. 이 책은 바로 거버넌스 영역에서 그러한 성공모델을 개발하여 앞으로 행정현장에서 실제로 운영하고자 하는 정책전문가와 시민운동가들에게 제시하기 위한 것이다. 또한 대학의 고위학부와 대학원에서 거버넌스 관련 강의의 부교재로도 활용하기 위한 것이다.

한국에서 거버넌스는 서고동저(西高東低) 현상을 보이고 있다. 대체로 호남지역이 활발하고 영남지역이 빈약한 편이다. 그래서 부산과 대구를 비롯한 영남지역의 성공사례를 찾는 것이 쉽지 않아 빠지게 되었다. 그리고 지방정부에서 활발하고 중앙정부에서 빈약한 편이다. 실제로 국가 거버넌스의 사례를 찾아내기란 쉽지 않다. 따라서 여기서는 로컬 거버넌스에 초점을 두어 서울부터 광주에 이르기까지 5개 광역시·도에서 6개의 성공모델을 찾아내 책으로 엮게 되었다.

충청남도는 이 프로젝트의 지원처로서 두 개의 사례를 포함하게 되었다.

이번 로컬 거버넌스 성공모델의 개발에 참여한 저자들은 대체로 행정학, 정책학, 정치학 전공자들이다. 이것은 거버넌스에 대한 연구가 이 분과학문에서 가장 활발하게 이루어지고 있기 때문이다. 그리고 거버넌스에서 공공영역인 시민사회의 각종 행위자가 주로 참여한다는 점에서 시민사회론에서도 활발하게 연구가 이루어지고 있다. 저자로 저술에 참여한 학자들은 평소 다양한 영역에서 시민운동에 참여하고 있으면서 거버넌스를 연구하는 전문가들이다.

전국의 다양한 영역에서 발굴한 로컬 거버넌스의 성공모델이 행정현장에서 거버넌스를 설계하고 운영하는 정책가들에게 성공적인 거버넌스 운영으로 나아가는 데 실질적인 도움이 되기를 바란다. 그리고 대학에서 거버넌스 강의의 성공사례 교재로 적극적으로 활용되기를 기대한다.

끝으로 이 프로젝트에 참여해 준 저자들, 그리고 책으로 출판되도록 지원해 준 충남연구원, 나아가 출판을 맡아준 대영문화사 관계자들에게 감사드린다.

2018년 6월 편집자 **박상필**

차 례

머리말 / 3

제 1 장 서울시 사례
서울시 도봉구 대전차방호시설 공간재생 사업

제1절 머리말 ········· 11
제2절 이론적 배경: 협력적 거버넌스 ········· 13
1. 협력적 거버넌스의 개념과 의의 / 13
2. 협력적 거버넌스의 특징과 기능 / 16
3. 협력적 거버넌스의 맥락 / 19
제3절 평화문화진지 추진 과정 ········· 22
1. 사례의 개요 / 22
2. 사례의 특징과 과정 / 25
제4절 공간재생 사업의 성과와 성공 요인 ········· 27
1. 사업의 성과 / 27
2. 성공 요인 / 28
제5절 맺음말 ········· 32

제 2 장 경기도 사례
이천시 쓰레기소각장 건설: NIMBY 현상의 갈등해결

제1절 머리말 35
제2절 거버넌스의 이론적 배경 38
1. 거버넌스의 등장 / 38
2. 거버넌스의 정의 / 40
3. 거버넌스의 구조와 가치 / 42
4. 거버넌스의 NGO / 44

제3절 쓰레기소각장 건설계획의 추진 과정 45
1. 후보지 선정과 주민의 반대 / 45
2. 건설계획 유보 이후 새로운 시도와 후보지의 선정 / 47
3. 후보지 확정 이후 정책의 변화 및 주민의견의 수용 / 49

제4절 쓰레기소각장 건설사업의 성공 요인 52
1. 거버넌스 시스템의 적용 / 52
2. 정부(시청)의 노력 / 55

제5절 맺음말 59

제 3 장 충청남도 사례1
천안시 민관합동워크숍: 정책형성 과정에서 협력과 역량강화

제1절 서 론 63
제2절 이론적 배경 66
1. 선행연구 검토 / 66
2. 대의민주주의 위기의 보완으로서 심의민주주의 / 69
3. 분석의 기준 / 72

제3절 사례의 현황과 특성 73
1. 사례의 개요와 선정 이유 / 73

2. 거버넌스 도입의 배경 / 75

제4절 천안시 민관합동워크숍 거버넌스 분석 ······ 78

1. 진행경과와 성과 / 78
2. 거버넌스 특성 분석 / 83

제5절 결 론 ······ 88

제 4 장 충청남도 사례2
'아산시 인권조례' 제정: 민관협력을 통한 문제해결

제1절 서 론 ······ 93

제2절 이론적 배경 ······ 97

1. 협력적 거버넌스의 개념과 배경 / 97
2. 협력적 거버넌스의 구성 요건과 과정 / 100
3. 연구방법과 분석틀 / 103

제3절 사례 소개–'아산시 인권조례' 제정운동의 개요 및 배경 ······ 104

제4절 협력적 거버넌스 분석 ······ 107

1. '아산시 인권조례' 제정 과정의 주요 행위자 분석 / 107
2. 협력의 시작조건 / 110
3. 협력의 과정 / 113
4. 최종 결과물 / 119
5. 사례분석 종합 / 120

제5절 결 론 ······ 122

제 5 장 충청북도 사례

청주시 화장장 건립의 갈등관리

제1절 서 론 127
제2절 거버넌스와 NGO의 이론적 배경 130
1. 거버넌스의 개념과 특징 / 130
2. 거버넌스와 NGO / 131
3. NGO와 자치단체의 협력 모델 / 133
제3절 화장장 건립의 갈등과 해결 과정 135
1. 청주시 화장장 건립의 배경 및 전개단계 / 135
2. 행위자의 범주와 이해관계 / 139
3. 행위자의 상호작용 / 143
제4절 화장장 건립사업의 성공 요인 146
1. 거버넌스 메커니즘의 작동 / 146
2. 원활한 로컬 거버넌스 작동을 위한 과제 / 150
제5절 결 론 152

제 6 장 광주시 사례

광주시 푸른길공원 조성: 시민참여를 통한 의사결정

제1절 머리말 156
제2절 거버넌스와 도시공원 159
1. 거버넌스의 정의 / 159
2. 참여로 시작되는 로컬 거버넌스 / 161
3. 실천의 방법, 협력적 거버넌스 / 162
4. 도시공원과 거버넌스 / 163
제3절 푸른길 거버넌스 164
1. 폐선부지의 푸른길로의 활용 요구 / 164

2. 푸른길공원 설계의 갈등 / 166
3. 시민참여 푸른길가꾸기 실현 / 168
4. 시민참여 관리 / 170

제4절 푸른길 거버넌스의 특징과 성공 요인 ······ 171
1. 사회적 갈등을 줄이기 위한 전략적 선택 / 171
2. 자원의 상호의존을 통한 협력적 거버넌스 / 172
3. 신뢰의 형성 요인 / 177
4. 푸른길 거버넌스 / 179

제5절 결 론 ······ 180

찾아보기 / 185

제 1 장

서울시 사례

서울시 도봉구 대전차방호시설 공간재생 사업

오수길

제 1 절 머리말

거버넌스(governance)라는 단어가 정부(government)와 동일한 의미로 이해되던 시기에는 통치(governing) 원리 자체가 정부 관료제에 의한 기획과 결정, 집행이 주(主)가 되었기에 굳이 거버넌스라는 단어를 쓸 필요가 없었다. 그러다가 서구 선진국에서는 1970년대 말 복지국가의 위기 속에서 관료제 방식의 통치 원리를 시장 방식의 통치 원리로 전환하고자 하는 움직임이 소위 '신공공관리론(NPM: New Public Management)'으로 나타났다.

신공공관리론은 1980년대 미국의 레이건(Ronald Reagan) 정부나 영국의 대처(Magaret Thatcher) 정부 등 보수정부에서뿐만 아니라 미국의 클린턴(Bill Clinton) 정부나 영국의 블레어(Tony Blair) 정부에서도 정부혁신의 일환으로 광범위하게 받아들여졌다. 때로는 '제3의 길'이라는 개념으로 각색되었지만, 결국 자본의 성장과 사회적 양극화를 심화시켰다는 비판을 받았다. 한국에서도 1997년 IMF 구제금융을 받으며 김대중 정부와 노무현 정부가 신자유주의의 물결 속에 자신의 목소리를 내지 못하고 말았다. 다행스럽게도 문재인 정부에 들어서는 새로운 '공공가치(public values)'를 찾고자 하는 모색으로 다시금 거버넌스에 주목하고 있다.

거버넌스를 재구성하려는 노력은 국가와 사회의 관계를 재구조화하려는 '신거버넌스론(new governance)'에서 본격화되었다고 할 수 있다. 즉, 정부 혼자서는 해결하기 어려운 문제들이 산적하게 된 현대 사회에서 문제해결을 위한 힘을 시민사회단체나 주민들에게서 발견하며, 공동으로 문제를 해결하기 위한 메커니즘을 모색하는 것이 최근 거버넌스론의 의의라고 하겠다. 이런 의미에서 거버넌스론의 핵심 또는 초점은 협력적 거버넌스(collaborative governance)라고 할 수 있다.[1)]

협력적 거버넌스는 거버넌스의 의의와 협력이라는 당위적 규범을 강조하는 것만으로 이뤄질 수는 없기에 현실에서는 단지 정부의 수사학일 뿐이라는 비판이나 '무늬만 거버넌스'라는 조소를 낳기도 한다. 또한 일시적인 협력 노력으로 시민사회단체가 참여하는 일회적인 프로그램이 진행되는 것으로 끝나기도 한다. 그러므로 협력적 거버넌스는 좀 더 중·장기적인 협력 구조를 통해 (지방)정부 정책을 실제로 변화시키거나 일정한 문제나 현안을 해결하는 데 기여한 사례를 통해 이해할 필요가 있다.

이 글은 분단의 상징으로서 전쟁 발발 시 북한의 공격을 막기 위해 설치되었다가 오랫동안 방치되어 흉물이 되어 버린 대(對)전차방호시설을 도시재생 또는 공간재생 개념으로 재탄생시킨 서울 도봉구의 대전차방어시설 공간재생 사업 사례로 협력적 거버넌스를 분석하는 데 목적이 있다. 이 사례는 환경부가 전국지속

1) 신거버넌스론 또는 뉴거버넌스론의 초점은 거버넌스를 '새롭게' 구성한다는 데 있다. 협력적 거버넌스가 '협력'에 초점을 두는 것처럼, 가령 참여적 거버넌스(participatory governance)라면 '참여'에 초점을 두는 것이다. 즉, 거버넌스라는 단어 자체는 중립적인 의미이며, 거버넌스 이론에서 중요한 것은 거버넌스의 작동 원리 또는 내용을 어떻게 만들어 갈 것인가라는 데 있다 할 것이다. 그러므로 거버넌스의 실제는 수식어의 내용을 두고 벌어지는 상호작용 또는 헤게모니 싸움이라고도 할 수 있다. 한국 사회에서 거버넌스 담론이 시민사회에서 먼저 확산되어 거버넌스가 바로 협력적 거버넌스를 의미하는 것으로 받아들여진 것은 다행스런 측면도 있다(오수길, 2006; 오수길, 2007).

가능발전협의회와 함께 주관한 2017년 제19회 지속가능발전대상 공모전에서 환경부장관상을 수상한 것으로, 방치된 대전차방호시설을 민관협력에 의해 '평화문화진지'로 재생했다는 데 큰 의미를 갖고 있다. 공모전 심사평에서도 "시민의 문제제기를 통해 지역 내 버려진 공간을 평화예술의 공간으로 승화시켰고, 시민과 행정이 함께 숱한 난관을 헤쳐 왔다"라고 기록하고 있다. 사례분석을 위한 자료는 주로 이 공모전을 위해 제출된 서류심사 자료와 현장심사 자료를 참고하였으며, 공모전 우수사례의 사례집도 참고하였다.

제 2 절 이론적 배경: 협력적 거버넌스

1 협력적 거버넌스의 개념과 의의

협력적 거버넌스 또는 협치(collaborative governance, 協治)는 다양하게 논의되어 왔지만, 충분하게 합의된 개념은 아니다.[2] 그럼에도 가장 최근 논의 중의 하나인 개쉬(Alison Gash)는 그간 논의되어 왔던 협치 이론과 설명들을 망라하여 협력적 거버넌스의 개념, 특징, 맥락을 적절히 제시하고 있다(Gash, 2016). 여기에서는 개쉬의 설명을 중심으로 논의하기로 한다.

협력적 거버넌스에 관해서는 정책과 프로그램 개발을 위한 융통성, 창의성, 수요지향성, 숙의와 투명성의 가치 등을 중심으로 논의되어 왔다. 그런데 협력적 거버넌스가 진공상태에서 주어지는 것이 아니라는 점에 비춰 보면, 협력적 거버넌스의 개념, 작동방법, 구현방법 등에 대해 연구의 관점과 협력적 거버넌스 현장의 초점 및 특징에 따라 많은 논의가 축적될 필요가 있다.

협력적 거버넌스에 대한 정의도 다양하기에 그 이해 정도에 차이가 나타난다. 이에 따라 협력적 거버넌스가 이해당사자들의 참여와 어떻게 다른가에 대해서는 합의가 이루어지지 않고 있는 실정이다. 한편에서는 협력적 거버넌스의 질이나

2) 이 글에서는 문맥에 따라 '협력적 거버넌스'와 '협치'를 혼용하여 사용하기로 한다.

원리, 가장 중요한 목적 등을 확인함으로써 협력적 거버넌스가 무엇인지를 제시하고자 한다. 반면 다른 한편에서는 협력적 거버넌스를 이루는 중요한 절차나 구성 요소들을 기술함으로써 협력적 거버넌스가 무엇인지를 제시한다([그림 1−1] 참조).

그림 1−1 협력적 거버넌스에 대한 관점

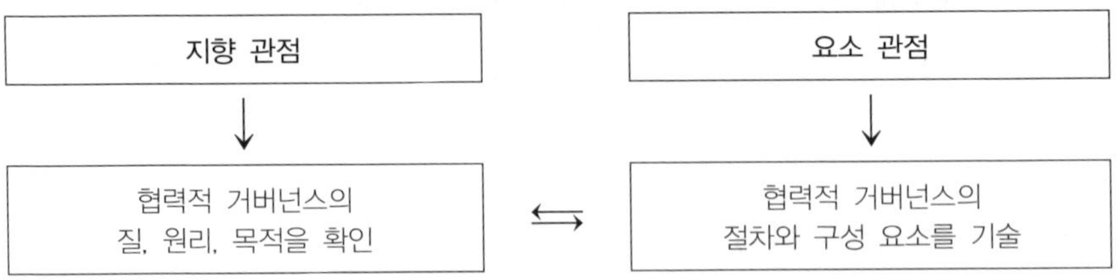

이렇게 보면, 협력적 거버넌스에 관한 논의는 “거버넌스를 협력적으로 운영해야 한다”라거나 “민관협력의 거버넌스를 구성하여 사회문제를 해결해야 한다”는 식으로 규범을 강조하는 것이 한 축에 자리할 수 있다. 그리고 다른 한 축에서는 “관료제 방식의 거버넌스로는 문제해결에 한계가 있었다”라거나 논의가 “협력적 거버넌스에 의한 갈등관리가 아직은 초보적인 성과만을 나타냈다”는 식으로 협력 현장에서의 경험이나 협력 과정 및 결과를 분석할 수도 있다.

물론 이 두 가지 관점은 따로 떨어져 있는 것이 아니다. 협력의 가치를 지향하며 문제를 해결해 나가려 할 때 여러 장애 요인에 직면하기도 하므로 구체적인 협력 과정을 경험적으로 분석하여 장애 요인을 찾아내 극복할 필요가 있다. 또한 협력 과정이 그리 쉽게 성과를 내지 못하더라도 협력의 규범적 가치를 계속해서 강조하며 협력의 장을 지킬 필요도 있다. 즉, 이 두 가지 관점은 우선순위가 있거나 인과관계의 문제가 아니라 상호작용이라는 측면에서 이해해야 하고, 통합적인 시각으로 바라보아야 하는 것이다.

개쉬의 논의에 따르면, 협력적 거버넌스에 대한 다양한 정의를 다음과 같이 크게 세 가지 흐름으로 분류하여 정리할 수 있다. 이러한 정의는 협력적 거버넌스에 대해 제각기 다른 입장이 있다고 이해하기보다는 서로 다른 각도에서 설명하고 있는 것으로 받아들일 필요가 있다. 즉, 이들 세 가지 흐름을 종합적으로 이해해야 협력적 거버넌스에 대한 상(像)이 그려질 수 있다는 것이다.

첫째, 다양한 이해를 대표하는 다수의 파트너와 대화를 통해 정책의 접근방법이 개발되는 광범위한 협력적 의사결정 활동이다. 공공기관과 이해당사자 간에 합의 지향적 숙의 과정에 참여하는 집합적 의사결정 방법이라 할 수 있다.

둘째, 좀 더 좁은 범위의 행위자나 기능에 초점을 둔 광범위한 의사결정 방법으로 볼 수 있다. 파트너들이 목표와 전략을 공동으로 생산하고, 책임과 자원을 공유하면서 특정한 공동 활동을 수행하며, 목표설정에서 결과 평가에 이르는 의사결정과 집행의 모든 측면을 강조하는 것이다.

셋째, 공식적인 통치 절차나 경계 또는 표준운영 절차를 강조하기보다는 융통성 있고 적응적이며 창발적인 메커니즘을 통해 정책을 결정하고 프로젝트를 관리하는 것이다. 몇몇 이해당사자가 아니라 다수가 참여하여 어떤 필요를 충족시키고 문제를 해결할 수 있는 자원을 연계하는 전략을 고안하고 채택할 수 있다. 여기에서는 고정적인 정책구조나 절차보다는 절차적 신축성, 윤리, 지향성 등을 강조한다(<표 1-1> 참조).

표 1-1 협력적 거버넌스의 정의

광범위한 협력적 의사결정	행위자 또는 기능 중심의 의사결정	융통적 · 적응적인 창발적 메커니즘
• 다양한 이해를 대표하는 파트너와의 대화를 통한 정책개발 • 광범위한 협력적 의사결정 • 합의 지향적 숙의 과정 • 집합적 의사결정	• 파트너와 목표와 전략의 공동생산 • 책임과 자원을 공유하는 공동 활동 • 목표설정에서 결과의 평가에 이르는 의사결정과 집행	• 융통성 있고 적응적이며 창발적인 메커니즘을 통한 정책결정과 프로젝트 관리 • 다수의 참여에 의해 필요를 충족시키고 문제해결을 위한 자원을 연계 • 절차적 신축성, 윤리, 지향성을 강조

2 협력적 거버넌스의 특징과 기능

개쉬가 협력적 거버넌스에 관한 기존 문헌들 속에서 찾은 공통점은 다음과 같다(Gash, 2016).

첫째, 다양한 이해를 대표하는 파트너들의 네트워크이다. 다양한 렌즈를 통해 문제를 분석하고 다양한 방법을 채택한다. 각자의 방식이 아니라 여러 방식을 놓고 대안을 모색해 보는 것이다.

둘째, 결정하고 행동할 권한과 자율성을 가진다. 각 행위자들은 자신의 영역에서 기여할 수 있는 권한을 가지며 그 권한은 각자의 참여를 최대한 보장하는 열린 성격이어야 할 것이다.

셋째, 정책의 결점을 확인하고 처리하는 문제 지향적 접근방법이다. 예기치 않은 장애를 확인하고 진단하며 관리하기 위해 개발하는 의사결정 구조에 융통성과 혁신을 부여한다. 또한 이해당사자들이 사회문제를 바라보고 대응하는 새로운 방법을 창안하는 공동의 의사결정에서 시너지가 나온다는 점은 이해당사자가 참여한다는 의미의 파트너십과 구분된다.

넷째, 학습과 평가의 중요성이다. 협력적 거버넌스의 목적이 공동의 이해와 합의를 증진시키는 것으로서 문제정의와 기획에서부터 집행과 평가에 이르는 정책개발과 관리의 모든 측면에서 함께 일하는 것이 필요하다. 그러므로 단지 정보공유를 넘어 공유된 학습, 분석, 설계를 통해 전환적인 프로그램 개발 활동에 참여한다.

이러한 공통점은 또한 협력의 과정과 협력의 진화라는 관점에서 이해할 수도 있다. 웨독(Waddock, 1989)이 제시한 협력의 진화 모형은 협력이 진행되고 발전할 수 있는 경로를 보여주는 것으로, 협력이 성공에 이르는 요소를 제시한 것이기도 하다([그림 1-2] 참조). 즉, 협력의 다양한 배경이 협력 당사자의 상호작용을 초래함으로써 '파트너십 포럼'을 형성하게 되는데, 여기에서 목적이 공식화되어 의제가 만들어지고 실행되는 과정을 협력적 거버넌스가 구축된 것으로 볼 수 있다.

협력적 거버넌스는 공공부문과 민간부문이 협력 당사자가 되어 상호의존적으로 의제를 만들고 크고 작은 성과들을 도출해가며 경험을 쌓아가는 동안 활성화되고 강화되는 것으로 볼 수 있다. 그러나 현실에서는 일회적인 공동 사업 수행으로 그치거나 신뢰가 형성되기도 전에 협력 당사자들이 피로감을 호소하기도 한다. 개쉬(Gash, 2016)에 따르면, 다양한 이해관계와 아이디어를 모으는 것 이상으로 각자의 정체성, 선호, 동기를 떠나 집합적 의식을 발전시키고 채택하는 것이 필요할 텐데, 이것이 쉽지 않기 때문이다.

그림 1-2 협력의 진화 모형

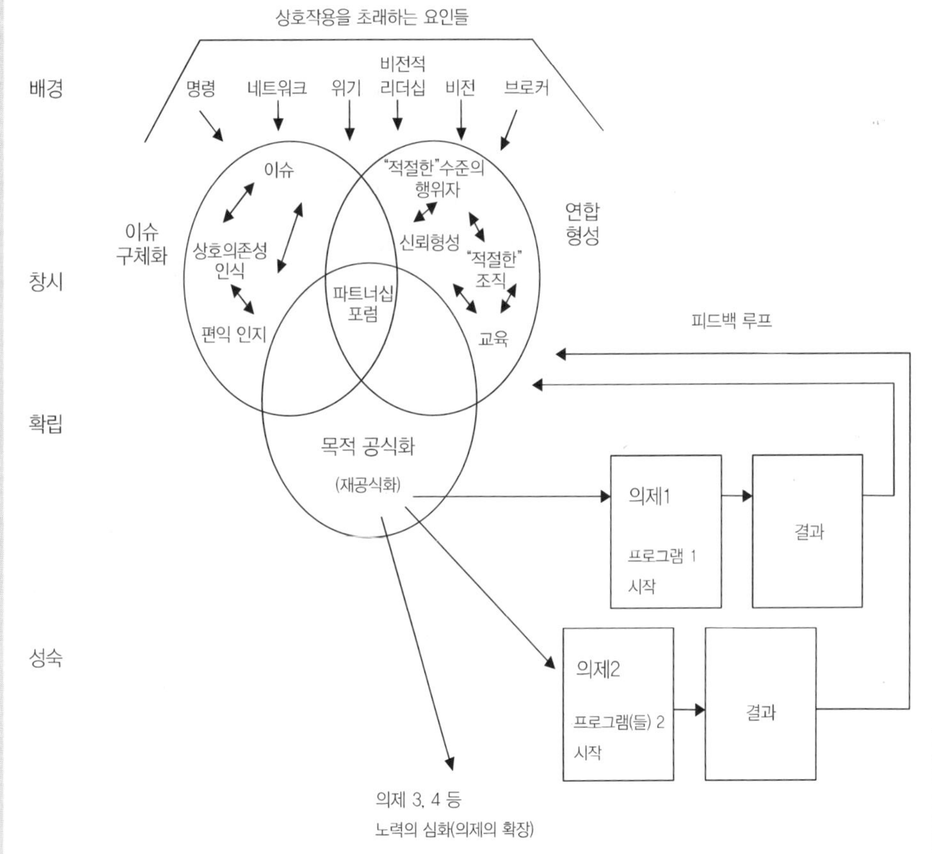

자료출처: Waddock(1989: 87).

피터스(Peters, 2007: 554－558)는 과정(processes), 산출(outputs), 결과(outcomes) 측면을 조사해야 거버넌스의 성공과 실패를 측정할 수 있다고 주장한다. 이들 측면에서 협력적 거버넌스의 쟁점을 이해할 수 있다.

첫째, 과정 차원이란 어떤 참여자가 있고 각 행위자의 관여가 어떠한 차이를 만들어내는지를 확인하면 그 과정의 성공이나 실패를 측정할 수 있다는 것이다. 협력적 거버넌스가 문제해결을 위한 메커니즘이라면, 그 문제를 해결할 수 있는 자원을 찾고 그 자원을 가지고 있는 행위자를 적절히 참여시켜 적절히 연계하는 메커니즘이 협력적 거버넌스라 할 수 있다. 피터스의 과정 차원이라는 표현과는 달리 엄밀히 말하면 민주적 투입 과정을 강조하는 것이라고도 할 수 있다.

둘째, 산출 차원이란 협력적 거버넌스가 어떻게 운영되었는가를 보여주는 것이라 할 수 있다. 법이나 규제의 실질적인 작동에 대한 문제일 수도 있지만, 협력적 거버넌스의 산출 차원은 새로운 기준을 적용해 보아야 한다. 즉, 관료제 거버넌스가 운영되던 방식이 아닌 새로운 방식이 필요하다는 것인데, 기존 법이나 규제를 엄격히 적용하기보다는 책무(accountability)와 권한부여(empowerment)의 균형을 맞춰가며, 협력의 의의를 살릴 수 있어야 한다는 것이다. 피터스의 산출 차원이라는 표현과는 달리 엄밀히 말하면 집행 과정을 강조하는 것이라고도 할 수 있다.

셋째, 결과 차원이란 협력적 거버넌스에 참여한 행위자들이 협력을 통해 어떤 성과를 도출했는가 하는 것이다. 협력의 목표를 달성했다거나 정책 일관성을 확보할 수 있었다거나 하는 성과를 생각해 볼 수도 있지만, 여기에서도 '달성했다'는 기준을 중·장기적인 관점에서 달리 설정할 필요가 있다. 협력적 거버넌스의 결과는 단기적인 결과를 기대하는 일부 행위자들이 협력의 무용론을 제기하면서 왜곡될 수도 있기 때문이다. 피터스의 결과 차원이라는 표현과는 달리 엄밀히 말하면 사회적 영향 차원(social impact)을 강조하는 것이라고도 할 수 있다.

이처럼 협력에 대하여 수사학 차원의 단기적인 관점을 벗어나기 위해서는 신뢰할 만하고 자유로운 의사결정 메커니즘을 만들어갈 수 있는 촉진적 리더십이 필요하다. 촉진적 리더십은 협력체 내의 관계를 관리하고 숙의적 대화를 위한 맥락과 상호이해, 공동의 의사결정을 확립하는 데 기여한다. 이를 통해 행위자들은 자발적으로 참여하여 경험을 공유하면서 투명성과 정당성을 확보해 갈 수 있다

(Gash, 2016).

협력적 거버넌스의 가장 필수적인 특징은 각 이해당사자 파트너 간의 관계의 질과 힘에 의존한다는 것이다. 문제정의, 분석, 브레인스토밍(brainstorming), 집행과 같은 공동 활동은 상호존중과 참여자 간의 상호의존성을 필요로 한다. 또한 협의체의 신뢰성, 정당성, 잠재력에 의존한다. 협력을 위한 맥락이 효능감을 결정할 텐데, 협력이 확립되는 환경, 절차, 숙의 역량, 촉진적 리더십 등이 필요하다. 이러한 특징을 다음 네 가지로 요약해 볼 수 있다(Gash, 2016). 좀 더 구체적으로 살펴보면 다음과 같다.

신뢰와 상호존중에 바탕을 둔 협력적 거버넌스가 성공하려면 많은 시간이 필요하다. 물론 문제 상황이 심각하고 긴급하다면, 각 행위자들이 각자의 차이를 넘어 협력의 장에 나설 가능성은 높아질 것이다. 협력에 익숙하지 않고 행정의 언어와 문화, 시민사회의 언어와 문화에 익숙하지 않을 경우 금방 실망해 버리는 경우도 많다. 그러므로 협력적 거버넌스가 기존 정책구조를 완전히 대체하는 것이 아니라 보완하는 역할로 시작한다는 점을 인식하면서 내부의 프로토콜(protocol)을 조금씩 바꿔가는 데 초점을 둘 필요가 있다. 학습과 상호의존성이 중요하다는 것은 협력적 거버넌스의 전체 과정을 좌우할 수도 있는 협력의 방법이나 절차, 상호의존성을 촉진할 수 있는 도구나 기회를 조금씩 갖춰가면서 확대해야 한다. 또한 프로그램을 개발하고 관리하는 것보다도 행위자들의 관계를 구축하고 유지하는 데 초점을 맞출 필요가 있다. 상호 간의 긴장을 완화하고 효과적이면서도 서로를 존중하는 대화를 촉진하면서 협의체의 평판도 높여야 한다. 이렇게 하면서 각자의 역할을 명확화하고, 투명성을 확립하며, 불일치를 해소하기 위한 전략을 개발해 나가는 것이다.

3 협력적 거버넌스의 맥락

협력적 거버넌스에는 난관과 갈등이 따르기 마련이다. 이를 효과적으로 극복해야 성공적인 협력적 거버넌스가 될 수 있을 것이다. 가장 자주 거론되는 것은 행위자들의 긴장과 불만을 어떻게 관리할 것인가의 문제이다. 행위자들의 자원과 힘에 불균형이 존재하기 때문이다. 그래서 융통성과 포용이라는 두 가지 목표가 충돌될 수 있다(Gash, 2016). 자원이 풍부하지 못한 개인이나 공동체가 참여할 수 있는 구조를 어떻게 만들 것인지를 고민해야 하고, 복잡하고 다면적인 정책환경을 관리하면서 나타나는 '규모의 딜레마'를 극복해야 한다는 것이다. 각 부문의 칸막이 또는 부서별 칸막이가 네트워크 방식으로 보완 또는 대체된다고 할 때 경계선이 흐려지는 문제에 대한 대처가 필요하다.

그러므로 협력적 거버넌스가 효과적으로 진화하기 위해서는 다음과 같은 새로운 형태의 도전에 유의해야 한다(Gash, 2016).[3]

첫째, 협력적 거버넌스의 요소가 정책환경의 구체적인 필요와 조건에 맞아야 한다. 협력적 거버넌스는 행위자의 독특한 속성, 그들의 정치적, 사회적, 재정적 환경에 크게 의존하기 때문이다. 단지 협력의 당위를 강조하는 것으로는 협력적 거버넌스가 이뤄질 수 없다.

둘째, 협력의 장치가 다양성과 합의목표를 충족시켜야 한다면, 촉진자들은 다양한 형태의 지식을 확인하고, 수집하고, 도입하며, 활용하는 전략을 개발해야 한다. 그렇기 때문에 협력적 거버넌스의 운영과 관련하여 회의 규칙에서부터 협력의 원칙을 하나씩 확인해 가는 것이 중요한데, 각 행위자들은 자신에게 익숙하거나 유리한 기존 방식을 고집하려 하지 말아야 한다.

셋째, 협력적 거버넌스의 생존은 작동가능하고 가치 있는 정책 접근이라는 이해당사자 간의 인식에 의존한다. 협력 과정이 어렵고 협력의 성과는 금방 나타나는 것이 아님에도, 당면한 문제를 해결해 나가는 데 힘을 모으고 새로운 대안을 모색하는 것 자체가 소중함을 인정해야 한다.

넷째, 협력적 거버넌스의 불안정한 절차와 과정이 의미 있는 평가를 방해할 수 있다. 즉, 협력적 거버넌스에 대한 지식의 격차가 성과 측정을 어렵게 만든다. 시민의 언어로는 공적인 공간에서 목소리를 내는 것만으로도 의미를 둘 수 있지만, 행정의 언어로는 행정 내부의 성과관리나 성과평가에서 인정받지 못할 상황

3) 사실 이러한 문제는 조직이론, 특히 자원의존론에서 오랫동안 논의되어 왔던 것이다. 그럼에도 조직 내의 협력을 넘어 부문 간 협력이 필요한 협력적 거버넌스에서는 훨씬 더 정교하게 논의될 필요가 있다.

에 불안해 할 수도 있다. 더욱이 적절한 방식으로 권한을 부여하고 적절한 역할 분담을 하지 못한 채 공무원이 '결국 책임은 우리가 지는 것'이라는 생각을 갖게 되면 협력 과정은 어려움에 빠지게 된다.

다섯째, 협력적 거버넌스를 지탱하는 경제적, 정치적, 사회적 상황이 협력을 어렵게 할 수 있다. 정치적 지지를 위해 협력적 거버넌스의 가치를 입증해야 할 필요가 있고, 재정 부족에 취약할 수도 있음을 인식해야 한다. 그런데 실제로는 가뜩이나 협력적 거버넌스의 시민참여자들을 잠재적으로 경쟁 상대라고 경계하는 분위기가 의회에 팽배한 상황에서 (지방)의회와의 관계에 실패한다면 지원받기 어렵게 된다.

한편 협력적 거버넌스의 주체와 영역을 파악하면, 협력적 거버넌스의 주체와 영역별 참여 및 과정에 대한 상(像)을 얻을 수 있다. 이것을 민관협력, 관관협력, 민민협력으로 구분할 수 있다.

첫째, 시민의 참여와 결정권을 강화하기 위한 민관협력이다. 전문가와 활동가를 중심으로 한 선도적 협력 과정을 시작으로 일반시민의 참여를 촉진시키면서 시민과 공무원의 인식 변화를 도모한다.

둘째, 행정자원을 종합적으로 결합시키기 위해 칸막이 행정을 극복할 관관협력과 정책통합이다. 유관부서의 자원을 종합적으로 파악하고 역할분담 체계를 기획하며 공동실행단을 가동하는 등 공동으로 협업하는 정책통합이 필요하다. 부서 간 협력이 활성화된다면, 외부에서의 자원 찾기와 관계 맺기는 더욱 자연스럽게 추진될 수 있을 것이다.

셋째, 전문 분야별 활동을 융합하여 민간의 칸막이를 극복하는 민민협력이다. 시민사회단체를 비롯한 민간부문에서도 영역별로 연계성이 그다지 높지 않을 수 있다. 영역별 칸막이를 극복하고, 지역사회의 내밀한 소통을 통해 영역별 의제를 융합하는 것이 필요하다.

이상의 논의는 현실 속에서 기획 과정에서의 참여와 실행 과정에서의 참여를 기준으로 민관협치, 관관협업, 민민협력으로 구체화될 수 있다.[4] 이러한 참여와 과정을 [그림 1-3]과 같이 도표화(mapping)해 볼 수 있다.

---

4) 은평구가 협치제도 정착을 위한 평가지표를 개발하면서 구분한 것으로, [그림 1-3]은 저자가 지표 개발에 참여하면서 제시한 그림을 수정한 것이다.

민관협치는 행정과 민간부문 간에 공동의 기획이 이뤄지는지, 그리고 민간부문에 대해 행정이 정보만 제공하는 차원인지 공동실행까지도 이뤄지는지를 기준으로 진단, 평가해 볼 수 있다. 관관협업은 부서 간에 공동의 기획이 이뤄지는지, 그리고 각 부서가 따로 실행하는지 공동실행까지도 이뤄지는지를 기준으로 도표화해 볼 수 있다. 민민협력은 민간의 각 부문별 의제들이 따로 기획되는지 공동으로 기획되는지, 그리고 협력이 일회적인지 확장성을 보이는지를 기준으로 도표화해 볼 수 있다([그림 1-3] 참조).

그림 1-3 기획과 실행 차원에서 협력적 거버넌스의 도표화

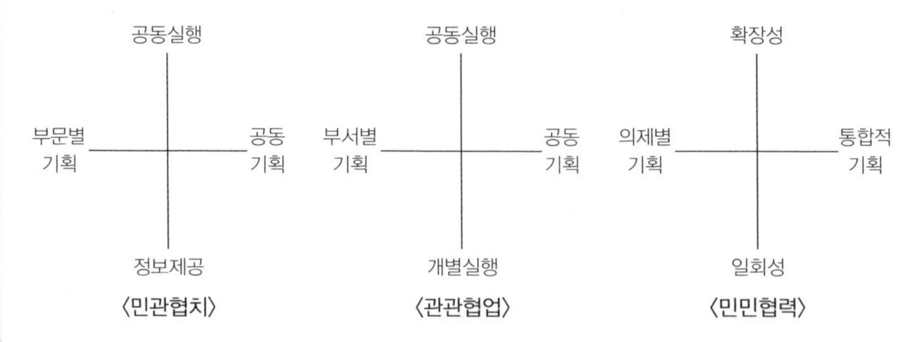

제 3 절 평화문화진지 추진 과정

1 사례의 개요

도봉구는 서울의 최북단에 위치하고 있는데, 경원선과 연결되는 지하철 1호선과 7호선, 서울 도심으로 이어지는 지하철 4호선, 수도권 외곽으로 연결되는 외곽순환도로 등 서울과 경기 북부를 이어주는 관문 지역이다. 도봉구가 경기 북부에서 서울로 진입하기 위한 관문이라는 사실은 1950년 6·25 전쟁 당시 북한

그림 1-4 사례 지역의 공간적 특징

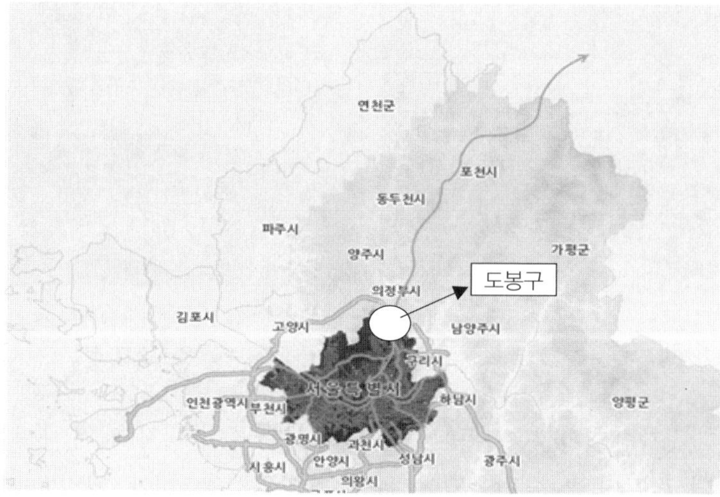

자료출처: 지속가능발전대상 공모전 도봉구 발표자료.

군이 현재의 도봉동 6-5 일원을 탱크 진입로로 활용했다는 데서도 알 수 있다([그림 1-4] 참조).

이후 1969년 유사시 북한군의 서울 진입을 막는다는 목적으로 이 지역에 대전차방호시설 5개 동이 설치되었다. 또한 이 시설을 적극적으로 활용할 수 있도록 대전차방호시설 위 2층부터 4층에 군인 등 관련자가 거주할 수 있는 '시민아파트'가 세워졌다. 그런데 시민아파트는 건축된지 20년이 넘어 건물 자체가 노후화되고 부실해짐에 따라 2004년 1월 안전진단 결과 E등급을 받는다. 그 결과 2층부터 4층까지의 시민아파트는 철거되었고, 1층 대전차방호시설만 남게 되었다. 이 지역은 당시로서는 도봉구 내에서도 경제와 상업의 중심지에서 떨어진 외곽지역이었다. 만약 도봉구가 서울 중심부였다면 대전차방호시설이더라도 개발 욕구에 밀려 사라졌을지도 모른다. 그런데 도봉구로서는 적절한 용도를 찾지 못하고 군사시설로서 역사적 공간으로 존치시키게 되었다([그림 1-5] 참조).[5]

5) 도봉구가 서울 내에서 외곽지역이 아니었다면 군사시설 여부와 관계없이 이 지역은 진작 개발되었을 것이다(시민추진단 최소영 대표와의 인터뷰, 2017.9.11).

그림 1-5 시민아파트 철거 전후 모습

자료출처: 지속가능발전대상 공모전 도봉구 발표자료(2013, 최승렬; 2014, 최소영 작).

존치된 대전차방호시설은 12년 동안 방치되는 꼴이 되자 지역 내에서는 거대한 흉물이 되고 말았고, 슬럼화되어 우범지역으로 전락하게 되었다. 이에 따라 치안을 저해하기도 하고 도시 미관을 해치는 시설물로 여겨지게 된 것이다. 지역주민들은 매번 문제제기를 하기도 했지만, 구청에서는 국방부 시설물에 대해 별나른 대안을 찾지 못한 채 시간만 흘렀다.

그러다가 2014년 7월 5일 구청장과의 간담회에 참석한 지역주민들은 구청장과의 대화를 통해 구청장과 구청 역시 이 시설물을 유용한 공공시설로 활용해 보고자 하는 고민을 오랫동안 해 왔으나, 행정적으로 해결하기는 어려움이 많았다는 사실을 확인하게 되었다. 주민들은 구청장과 함께 현장을 둘러보며 협력적 거버넌스 방식으로 대안을 모색해보기로 하고, '대전차방호시설 공간재생 시민추진단(이하 시민추진단)'을 결성되기에 이른다.

시민추진단은 문화예술환경이 열악한 이 지역에 시민의 문화 욕구를 충족시킬 수 있는 거점 공간을 마련하자고 의견을 모았다. 도봉구를 비롯한 서울 동북권은 문화와 예술 거점 시설이 그리 많지 않아 지역주민의 문화예술 향유는 접근성 측면에서 열악한 편이었던 것이다.[6] 시민추진단은 구청과의 긴밀한 협력관계를 유지하며 대전차방호시설의 기능은 유지하면서도 일상적으로는 시민을 위한 문화예술 공간으로, 그리고 문화예술인을 위한 창작 공간으로 탈바꿈시켰다. 2017년 10월 31일 대전차방호시설은 연면적 1,902m^{2}에 지상 1층, 전체 5개 동의

6) 가령 서울 동북권에서 문화예술 창작 거점과 도봉구 관내 등록미술관은 전혀 없다.

'평화문화진지'로 리모델링되어 개관식이 개최되었다. [그림 1−6]은 그간의 추진 과정을 요약한 것이다.

그림 1-6 도봉구 평화문화진지 추진 과정

자료출처: 『2017년 제19회 지속가능발전대상 응모자료집』, p.356.

2 사례의 특징과 과정

이 사례의 특징은 네 가지로 요약된다(전국지속가능발전협의회, 2017: 364). 첫째, 주민의 자발적 참여와 주도로 현안문제를 의제로 제시하고, 민 · 관 · 군 · 학의 협력적 거버넌스를 통해 해결했다는 것이다. 둘째, 전쟁을 위한 군용시설을 부수거나 철거하지 않고, 있는 그대로 활용하여 도시재생을 실현함으로써 사업의 효율성과 지속가능성을 동시에 확보했다는 것이다. 셋째, 선 사업 제안, 후 예산 반영의 가능성을 보여준 대표적 사례였다는 것이다. 넷째, 외교부, 통일부, 주독대사관 등과 연계한 국제적 협치를 실현했다는 것이다.

지역사회에 부족한 문화기반시설을 조성하고자 하는 욕구는 서울 동북권역 전체를 포괄한다는 큰 그림 속에서 모색되었다. 전쟁을 위한 군용시설은 평화의 상징인 베를린 장벽 설치라는 아이디어와 맞물리며 평화와 문화를 연결시켰다. 이러한 공간을 시민이 주도하여 만들었다는 것은 지역주민의 협력적 거버넌스에 대한 성취감과 관심을 향상시키면서 향후 도시재생 등 정책과정의 토대가 될 수 있을 것으로 보인다.

이 사례에서는 민·관·군·학이 40여 회에 이르는 현장설명회, 연석회의, 워크숍을 진행해 왔다는 것이 사업 자체의 성공보다 더 중요한 역량으로 남게 될 것임을 기대할 수 있다. 도시재생을 위한 비전이 이런 과정 속에서 구축되었다는 것은 공무원과 시민사회 모두 협력적 거버넌스를 위해 필요한 역량으로 축적했다고 볼 수 있다는 것이다. 민과 관은 그 과정에서 또 다른 대안을 모색할 수 있었고, 문제해결의 실마리를 찾을 수 있었던 것이다. 나아가 다른 지역에서도 군사시설을 비롯한 여러 갈등 요인들을 어떻게 해결해 나갈 수 있을 것인가 하는 데 대해 유익한 선례와 교훈을 배울 수 있을 것으로 본다.

<표 1-2>는 평화문화진지 구축 과정을 단계별로 구분하고, 지역주민, 행정, 전문가 등 주요 참여 그룹의 역할을 정리한 것이다.

표 1-2 도봉구 평화문화진지 추진 단계별 참여자들의 역할

단 계	주민(시민추진단)	행정(도봉구)	전문가
주민제안기 (2014.7.5)	• 지역현안 공유 • 지역사회 문제해결 과제 제안 • 시민추진단 결성	• 간담회를 통한 지역사회 소통 창구 마련 • 구청장의 주민 활동 지지	
주민계획기 (2014.7.16~2014.10.24)	• 시민추진단 운영 • 현장설명회 추진 • 전문가 및 지역자원 초청 • 서울시 시민정책제안 • 공모사업을 활용한 주민 활동 제안 • 민관워크숍 실시	• 실무부서 조정 • 주민제안 사항 실행 방안 검토	• 영역별 자문 • 자원 연계
민관협력 강화기 (2014.11.17~2015.11.16)	• 민관협력 실무 TF 구성 • 공간구성 및 운영계획 수립 및 공유 • 서울시, 도봉구, 국방부 협의안 제안 • 시민아카데미 및 유사시설 현장 탐방학습 실시	• 주민제안 사항에 대한 행정 실행 및 진행사항 공유와 논의 • 주민 활동 지원 • 관련 부서 간 협조를 위한 업무 협의 • 고려대 인턴십 실시 • 서울시향 음악회 개최	• 공연 기획 자문 및 재능 기부 공연 • 공간 운영 자문

	• 주민 의견 수렴 • 독일 베를린 장벽 설치 제안 • 현장설명회 추진 • 시민공유 음악회 공연 기획 및 실행	• 민 · 관 · 군 공동활용 협의 지침 마련	
민관협력 실행기 (2016.1.11~ 2016.12.14)	• 민관 실무 협의 • 행정 진행사항 공유 및 변경사항 제안 • 국방부 협약식 행사 기획 및 진행 • 매니페스토 도시재생 분야 사례 발표	• 주민제안 공간구성을 반영한 설계공모전 실시 • 군사시설 공동활용 협약식 개최 • 외교부, 통일부, 주독대사관 연계 협력 • 시, 구, 시민추진단과의 연석회의 • 기타 대전차방호시설 공간재생에 필요한 행정처리 및 시민추진단 지원 • 공사 착공	• 사업시행자

자료출처: 『2017년 제19회 지속가능발전대상 응모자료집』, p.357 수정.

제 4 절 공간재생 사업의 성과와 성공 요인

1 사업의 성과

도봉구 공간재생 사업은 지역주민이 주도하는 '도시재생 시민추진단'이 결성된 이후 주민이 자발적으로 참여하고 주도적으로 노력하는 가운데, 지자체장을 비롯한 행정의 관련 부서들이 적극적으로 뒷받침하며 큰 성과를 거두었다. 피터스(B. Guy Peters)가 협력적 거버넌스 성과를 측정할 때 구분했던 과정 측면, 산출 측면, 결과 측면으로 볼 때, 다음과 같이 이 사업의 성과를 요약할 수 있다.

과정 측면에서 보면, 실제 의제의 선정과 이후 사업실행에서 민 · 관 · 군 · 학의 협력적 거버넌스가 작동되었다고 할 수 있다. 도시재생 시민추진단은 행정 관련 부서들과 함께 국방부와 군부대와는 군사시설 공동활용 협약을 체결하였고, 외교부, 통일부, 주독대사관과의 협력을 통해서는 분단과 평화의 상징인 베를린 장벽을 기증받을 수 있었다. 고려대학교와는 도시재생 프로젝트 인턴십을 진행하여 인턴 프로그램과 체험, 그리고 현장실습을 연계함으로써 전문 분야의 지원을 얻을 수 있었다.

산출 측면에서 보면, 문화예술 공간을 확보함으로써 지역주민에게는 문화예술 향유 기회를 확대해 주는 성과를, 문화창작 활동에 참여하는 예술인들에게는 문화기반시설을 조성해 주었다는 성과를 거뒀다. 또한 또 다른 거점 공간으로서의 의미도 큰데, 인근 생태공원인 창포원, 서울시 동북 체육공원과 연계되어 '친환경 힐링문화 여행지'가 된 것이다.

결과 측면에서 보면, 경제적, 사회적, 환경적 성과가 적절히 결합된 사례라고 할 수 있다. 베를린 장벽과 중랑천 평화의 길을 연계한 평화문화진지를 구축한 것은 분단의 상징을 평화의 상징으로 승화시켰다는 점에서 다크투어리즘(dark tourism)의 전형을 보여준 것이라 할 수 있다.[7] 이것은 서울 동북 지역의 새로운 경제 중심지인 도봉구 창동과도 이어질 수 있는 거점을 마련한 것으로도 여겨지고 있다. 환경적인 측면에서도 도봉산, 생태공원인 창포원, 생태하천으로 변모하고 있는 중랑천까지를 의미 있게 연결할 수 있게 되었다.

2 성공 요인

도봉구 사례에서는 크게 두 가지로 성공 요인을 요약해 볼 수 있다. 첫 번째로 현장 중심의 활동에 바탕을 두고 있다는 데서 성공 요인을 찾을 수 있다. 시민추진단은 50차례 이상 현장을 방문하였는데, 그때마다 환경, 교육, 생태, 건축, 문화예술 등의 분야 전문가들과 동행하며 공간재생의 잠재력을 발견하였다. 그러면서 분야별 다양한 아이디어를 듣고 모을 수 있었다. 구청장의 의지와 협력 모색도 지역주민과 함께 현장을 돌아본 데서 빛을 볼 수 있었다.

7) 다크투어리즘이란 전쟁의 잔혹한 상처나 참상이 있었던 역사적 장소, 또는 재난이나 재해의 현장을 돌아보는 여행을 말한다. 다크투어리즘은 '지붕 없는 박물관'이라고 일컬어지는 '에코뮤지엄(eco-museum)'의 한 유형이라 할 수 있다. 에코뮤지엄에 대해서는 www.laponte.org를 참조할 수 있다.

협력적 거버넌스는 협력의 현장을 갖게 되는데, 협력의 필요성도 현장에서 나오지만 무엇보다도 협력은 서로 다른 영역의 파트너들이 새로운 활동 공간을 만들어가는 것이다. 즉, 기존 틀로서는 해결하기 어렵고 충돌할 수밖에 없는 여지들을 새로운 협력 공간을 통해 새로운 가능성을 모색하는 것이다. 그러므로 협력의 현장에서 어떤 것이 요구되고 필요한지를 인식하고 공유하지 않으면 문제해결 메커니즘이 제대로 작동하기 어려울 것이다.

지역주민들이 내세운 대안에 큰 예산이 수반되어야 하는데, 단지 아이디어만 가지고 이 사업을 진행할 수는 없었을 것이다. 넉넉하지 않은 지방재정 여건 속에서 미리 반영된 것도 아닌 상황이었다. 대전차방호시설은 도봉구에 있었지만, 토지는 서울시가 소유하고 있었고, 시설물은 국방부의 재산이었다.

이런 상황도 결국 시민추진단에 의해 전환될 수 있었다. 2014년 9월 서울시가 '시민정책박람회'를 운영했는데, 시민추진단이 여기에 적극적으로 참여하였다. 이에 따라 민관이 함께하는 '시민시장실'을 열고 지역주민들의 제안을 모아 공간재생계획을 시민정책박람회에 제출하였다. 그 결과 2014년 12월 서울시 예산 26억 5천만 원을 확보할 수 있었으며, 행정 각 부서가 좀 더 적극적으로 결합할 수 있는 계기를 만들었다.

국방부와 군사시설을 활용하기 위한 '군사시설 공동활용 협약식'을 개최할 수 있었던 것도 현장경험이 바탕이 되었다. 1년 가까이 협의가 진행되는 등 쉽지 않은 현안인데, 현장을 돌아보고 현장에서 논의함으로써 군사시설을 철거하지 않고 오히려 의미 있는 군사시설을 유지할 수 있게 하면서도 문화예술 공간으로 활용할 수 있었던 것이다.

두 번째로 지속가능발전 행정체제에서 성공 요인을 찾을 수 있다. 도봉구는 2015년 11월 12일 「서울특별시 도봉구 지속가능발전 조례」를 제정하고 지속가능발전위원회를 운영하는 한편, 2016년 8월 과단위 전담부서로서 전국 최초의 '지속가능발전과'를 신설하였다. 그리고 2017년 7월 7일에는 '사람과 자연이 어우러진 모두가 살고 싶은 도봉'이라는 비전 체계 아래 도봉구 지속가능발전 기본계획과 지속가능발전 지표를 수립하였다. 서울시는 2013년 9월부터 지속가능발전위원회를 설치하여 지속가능발전 기본계획, 지속가능발전 조례, 지속가능발전 전략 및 이행계획 등을 마련하여 지속가능한 도시를 만들기 위해 노력해 왔다. 도봉구는 서울시 기초자치단체 중 가장 선도적으로 지속가능발전을 추진해 왔다.

'지속가능발전(sustainable development)'이란 경제발전, 사회통합, 환경보호를 통합적으로 고려하는 발전이라 할 수 있다. 경제발전은 사회통합을 저해하지 않는 선에서 이뤄져야 하고, 사회발전은 환경이 지탱할 수 있는 선에서 이뤄져야 한다는 것이다. 지속가능발전 개념을 처음으로 확립한 1987년 유엔 보고서인 『우리 공동의 미래(*Our Common Future*)』에서는 지속가능발전을 이루기 위해 정치, 행정, 경제, 사회, 문화, 기술, 국제 체제 등을 전환해야 한다고 밝힌 바 있다. 이 가운데 행정 체제의 전환이란 좀 더 유연하고 자기교정 능력을 확보하는 것이어야 한다는 것이었다.

유연한 행정 체제라는 것은 부서별 견고한 칸막이(silo effects)로 효과적인 정책 대응이 어렵고 문제해결 능력이 떨어지고 있는 관료제를 극복하자는 것을 말하는 것이다. 즉, 부서별 또는 기능별 목표 체계로 행정력이 낭비되거나 중복되는 경향을 넘어 전 부서가 통합적인 목표 체계에 따라 움직일 수 있어야 한다는 것이다. 그리고 자기교정 능력을 확보해야 한다는 것은 동질적인 관료 집단에서는 다른 대안이나 생각이 나올 수 있는 가능성이 크지 않다는 문제를 지적한 것이다. 이를 극복하기 위해 외부의 시민사회나 기업과의 소통이 원활해야 함을 말하는 것이다.

도봉구는 민선5기 이후 지속가능발전을 위해 크고 작은 노력을 계속해 왔다.[8] 지속가능발전과를 만들고, 개별 부서를 넘는 협력 구조와 문화를 만들어내기 위해 노력하면서 지속가능발전 행정 체제를 지향해 왔다. 실제로 평화문화진지를 구축할 수 있었던 것은 서울시 여러 부서와의 협의뿐만 아니라 도봉구 내에서도 문화체육과, 건축과, 공원녹지과 등 여러 부서들이 협력했기에 가능했다. 지속가능발전과가 부서 간 협력, 그리고 행정 외부와의 소통에 노력할 수 있었던 것이 공간재생 사업을 지속가능발전 거버넌스로 승화하는 데 크게 기여했다고 할 수 있다.

도봉구 평화문화진지 구축 사업은 공간재생과 관련하여 쉽게 풀리지 않았던

8) 도봉구는 2015년에도 '릴레이벼룩시장' 사례로 제17회 지속가능발전대상공모전에서 국무총리상을 수상한 바 있다. 단순한 물물교환으로서의 벼룩장터가 아니라 가족단위의 여러 세대가 소통하는 공간을 만들었고, 착한 소비문화와 나눔의 의미를 확산시키며, 지역주민이 창의성과 자발성을 발휘할 수 있는 마을축제로서 자리매김한 데 따른 것이었다.

문제를 협력적 의사결정을 지향하고 책임과 자원을 공유하며 문제를 해결한 사례였다. 기존의 부서별 관할권에 얽매이지 않았고, 시민들의 노력을 문제해결을 위한 자원으로 적극 연계한 융통적이고 적응적인 과정이었다. 이런 점에서 협력적 거버넌스의 구성 요소를 모두 갖추고 있다고 볼 수 있다.

또한 피터스의 평가틀에서 보면, 민주적 투입으로서의 과정 측면, 집행 과정으로서의 산출 측면, 사회적 영향으로서의 결과 측면에서 모두 성공 요인을 갖추고 있다. 지역현안에 대한 주민들의 요구를 자치단체장이 적극적으로 경청하면서 시민추진단이 만들어졌고, 행정 각 부서가 귀를 기울였다. 하나의 부서나 사업 영역에 국한되지 않고, 여러 자원이 연계되어 사업이 이뤄졌다. 그리고 지속가능발전 거버넌스의 전형을 만들어냈던 것이다.

도봉구 평화문화진지 구축 사례를 협력적 거버넌스의 기획과 실행 차원에서 도표화해 보면, [그림 1-7]과 같이 정리할 수 있다. 민관협치의 관점에서 보면, 시민추진단을 중심으로 시작된 기획이 점차 여러 부서가 함께 하는 기획으로 발전되었고, 결국 여러 부서와 함께 공동으로 실행하게 되었다. 관관협업의 관점에서 보면 초기에는 주무부서의 일로 그칠 수도 있었지만, 사업이 구체화되고 가시화되면서 관련 부서들이 함께 실행하는 일이 되었다. 그리고 민민협력의 관점에서 보면, 시민참여단 구성원만이 아니라 다양한 영역의 전문성을 결합시키기 위해 노력하였던 것이다.

그림 1-7 기획과 실행 차원에서 도봉구 평화문화진지 구축 거버넌스의 도표화

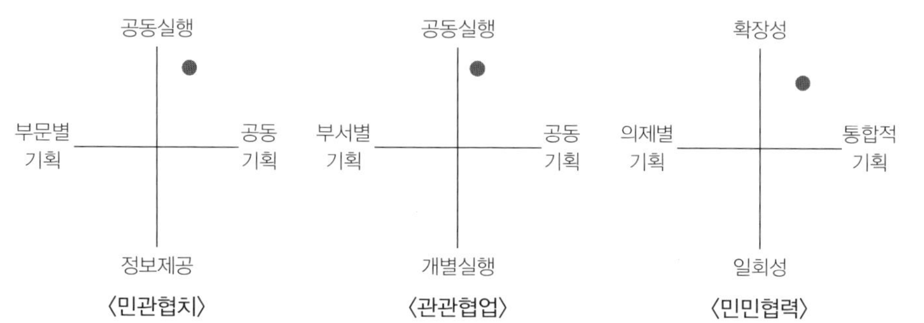

제 5 절 맺음말

이 글은 지역사회에 오랫동안 방치되었던 군사시설을 그대로 활용하면서도 시민이 향유할 수 있는 문화예술 공간으로 재탄생시키는 데 민과 관이 협력적 거버넌스를 구축한 서울 도봉구 사례를 분석하였다. 이를 위해 협력적 거버넌스와 관련된 이론적 논의를 정리하였고, 지속가능발전대상공모전에 제출된 자료들을 분석하였다. 이 사례는 시민이 주도적으로 도시재생에 참여함으로써 마을공동체와 거버넌스 활성화에도 기여할 수 있음을 보여주었다.

협력적 거버넌스는 공공영역에서 이뤄지기 때문에 정부 행정이 주도하는 가운데 시민의 참여는 일정한 범위에 한정되는 경우가 많다. 궁극적으로 제도적인 책임은 정부 행정에 있다는 이유로 제도적 틀을 넘어서는 활동은 쉽게 만들어지기 어렵기도 하다. 반면 시민 입장에서는 새로운 협력 공간과 가능성을 요구하기 마련이다. 그렇기 때문에 행정이 기존 행태를 벗어나지 않으려 한다는 불만이 쌓이기도 한다. 그래서 지속가능발전 거버넌스는 통합적인 관점과 목표 체계를 구축하고자 하며, 도봉구는 이러한 체계를 효과적으로 마련해 가고 있다고 할 수 있다.

본래 시민과 공무원의 관계는 주인과 대리인의 관계로 설정할 수 있다. 사회가 복잡해지면서 직업인으로서의 공무원이 시민을 대표하여 공무를 수행하는 것이다. 사회문제는 더욱 복잡해지고 관료제는 전문화되면서 주인과 대리인의 관계에서는 소위 '정보 비대칭' 현상이 나타나고 서로의 언어가 달라지는 상황이 되었다. 시민사회단체를 비롯하여 적극적인 시민들이 관료제의 문제해결 역량을 보완하는 거버넌스가 부각된 것은 이 때문이라고 할 수 있다.

그런데 거버넌스 국면에서 관료제는 이들에게 '책무'를 묻고, 시민은 관료제에 '권한부여'를 요구하는 역설이 발생하고 있다. 관료제가 협력적 거버넌스에 참여하는 시민들의 대표성에 의문을 제기하고, 시민은 대리인에게 권한을 나눠줄 것을 기대하는 상황이다. 협력적 거버넌스는 거버넌스의 위기를 극복하기 위한 대안이 되고 있다. 협력이라는 것이 각 행위자의 경계를 넘어 새로운 공간을 만들고 잠재력을 높이려는 것이다.

그러므로 협력적 거버넌스는 책무(accountability)와 권한부여(empowerment)의 균형점을 적절히 찾는 데서 성공 여부가 결정된다고 할 수 있다(오수길, 2017). 거버넌스의 구성과 작동은 (가시적 또는 예비적) 문제해결을 중심으로 이뤄져야 한다. 협력적 거버넌스의 적소(niche)가 도시와 지방 단위에 있는 것은 구체적인 문제가 도시와 지방의 생활세계에서 일어나기 때문이다. 최근 지방자치, 나아가 주민자치가 강조되는 것도 같은 맥락이다.

도봉구의 공간재생이 협력적 거버넌스의 적절한 사례 중 하나로 소개되었지만, 협력적 거버넌스, 나아가 지속가능발전 거버넌스가 정착되기 위해서는 이런 과정에 대한 학습을 통해 그 원리가 도봉구 구정 전반으로 확산되어야 한다. 최근 공간재생이나 도시재생 개념과 사업이 부각되는 가운데, 어쩌면 이들 사업은 충분한 재정 확보와 함께 이해당사자들을 모으는 데 수월한 항목일지도 모른다. 도봉구는 이미 지속가능발전 전략 및 이행계획을 통해 행정의 목표 체계를 전환하는 작업을 시작했다. 그러므로 이 사례를 포함하여 유사한 사례에 대한 교육과 공동 연구를 통해 목표 체계의 전환 방향과 방식을 효과적으로 적용하는 학습을 강화할 필요가 있다.

참고문헌

서울특별시 도봉구(2014－2017). 내부 자료.

______(2017). 『2017년 제19회 지속가능발전대상 공모: 현장심사 자료』.

오수길(2006). 『민관협력의 거버넌스: 지방의제21 추진 과정의 경험』. 파주: 한국학술정보.

______(2007). “협력적 거버넌스의 이론과 실천.” 『행정포커스』, 70(4): 29－35.

______(2017). “도시정부의 협력적 거버넌스.” 김종철 · 송재룡 외. 『민주주의, 종교성, 그리고 공화적 공존』. 53－81. 서울: 다산출판사.

전국지속가능발전협의회(2017). 『2017년 제19회 지속가능발전대상 응모자료집』.

Gash, Alison(2016). "Collaborative Governance." In Christopher Ansell & Jacob Torfing (eds.). *Handbook on Theories of Governance*. 454–467. Cheltenham, UK: Edward Elgar Publishing.

Peters, B. Guy(2007). "Measurement of Governance." In Mark Bevir(ed.). *Encyclopedia of Governance*. 554–558. Thousand Oaks: Sage Publications.

Waddock, Sandra A.(1989). "Understanding Social Partnerships: An Evolutionary Model of Partnership Organizations." *Administration & Society*, 21(1): 78–100.

WCED(World Commission on Environment and Development)(1987). *Our Common Future*. London: Oxford University Press.

제 2 장

경기도 사례

이천시 쓰레기소각장 건설: NIMBY 현상의 갈등해결

박상필

제 1 절 머리말

1987년 6월, 전두환 정권은 국민의 저항으로 기존의 헌법에 기초한 정권이양을 포기하고 헌법개정을 통한 새로운 공화국의 탄생을 수용하였다.[1] 우리가 흔히 '87체제'라고 부르는 새로운 헌법의 내용과 이후의 민주주의 발전에 대해서는 많은 논쟁이 있었다. 사실 '87체제'에 대해서는 헌법의 내용 그 자체뿐만 아니라, 그것을 운용하는 정부의 철학이나 능력에 대한 비판적 시각이 많았다. 그럼에도 1987년 이후 한국 민주주의가 점진적으로 발전해왔음을 부인하기 어렵다. 이러한 사실은 2016~2017년 한국 사회에 정치폭풍을 몰고 온 박근혜 대통령 탄핵 촛불집회에서 여실히 드러났다. 사회적 의제에 대한 시민들의 관심과 참여, 운동지

1) 1987년 6월 항쟁의 대표적 구호는 '호헌철폐', '독재타도'였다.

도부의 결성과 합의, 광장에서의 질서와 반대의견의 수용 등에서 한국 시민사회의 성숙과 시민들의 민주의식을 엿볼 수 있기 때문이다. 과거 역사나 선진국의 선례에서 볼 수 있듯이, 광장민주주의의 정치적 효용을 확보하는 것은 쉬운 일이 아니다. 그럼에도 박근혜 대통령의 탄핵을 둘러싼 한국 정치의 위기는 한국 시민사회의 역량과 한국인의 시민의식에 의해 가장 적은 비용으로 효과적으로 해결되었다(박상필 · 배성환, 2017: v).

2016년 11월부터 2017년 3월까지 약 5개월 간, 전국에서 연인원 1,700만 명 정도가 참여한 촛불집회는 헌법재판소의 판결로 종결되었다. 그러나 촛불집회는 민주주의의 발전 도정에서 새로운 과제를 우리에게 부과했다고 할 수 있다. 촛불집회를 통해 시민들은 자신이 어떤 권한을 가지고 있는지를 실감하게 되었다. 실제로 탄핵 시위가 벌어진 5개월 동안 언론을 비롯한 다양한 공론장에서 헌법 제1조 국가의 정체와 인민주권론이 자주 언급되었다.[2] 대한민국이 민주공화국이며 국민이 주권자라는 것을 국민 스스로 인식하게 된 것이다. 따라서 주권자로서 실질적인 권리를 행사할 수 있는 제도를 어떻게 구축할 것인가가 한국 민주주의의 질적 발전에서 매우 중요한 과제로 떠오르게 되었다.

그러나 국민이 주권자로서 최고 결정권을 가지고 있다는 것은 사실 추상적인 수사(修辭)에 지나지 않는다.[3] 대의민주주의 체제에서는 국민이 주권자로서 행사할 수 있는 권한이 매우 제한되어 있기 때문이다. 따라서 헌법개정을 앞두고 국민이 권력을 행사할 수 있는, 시민권력의 제도화에 대한 관심이 증대하고 있다. 물론 현대 사회와 같이 인구가 많고 복잡한 구조에서 시민들이 직접 정책을 결정하고 권력을 행사한다는 것은 결코 간단하지 않다. 전자민주주의의 도입가능성에 대해 논의하고 있지만, 실제로 직접민주주의의 도입은 절차적인 기술 문제뿐만 아니라, 정책의 정당성을 증진한다고 담보하기도 어렵다. 그럼에도 국민발안, 국민소환, 국민투표 등을 비롯하여 시민배심제, 민회, 타운미팅(town

2) 한국에서는 인민과 국민을 상호호환하여 사용하는 경향이 있어 인민주권론과 국민주권론을 동일하게 보는 경향이 있다. 그러나 이를 구분하는 헌법학자도 많다. 예를 들어, 정종길(2006: 86)은 인민주권론이 국민주권론에 비해 개인의 실질적 권한을 담보하는 성격이 강하다고 본다.

3) 이 글에서는 시민과 국민을 혼용하고 쓰고 있지만, 문맥에 따라 성격을 달리하여 사용하고 있다. 국민은 국가의 구성원이라는 경험적 의미인데 반해, 시민은 개인의 권리 향유뿐만 아니라 공동체의 발전에 책임을 지는 규범적 성격이 강하다. 이에 대한 자세한 내용은 박상필(2017) 참조.

meeting) 등과 같은 제도의 도입에 대한 요구가 증대하고 있다.[4] 더구나 이러한 제도가 최소한 지방정치 수준에서는 가능성과 효용성 측면에서 긍정적인 시각이 늘어나고 있다.

직접민주주의의 요소가 새헌법에 포함되고 실제로 운용될지의 여부에 대해서는 시간을 두고 지켜봐야 하는 상황이다. 제도라는 것은 일종의 권력투쟁의 산물이기 때문에 그것이 가진 효용이나 시대정신과는 달리 현실화되는 것은 별개의 문제이기 때문이다. 그러나 대의민주주의를 보완하기 위해 헌법개정과 관계없이, 혹은 좀 더 전향적으로 새헌법에 관련 내용을 첨가함으로써 거버넌스(governance)를 확대하는 것은 실현가능성이 높다. 거버넌스에서 말하는 협력적 의사결정 형식을 정책과정에 투입하여 운용하는 것은 훨씬 용이하기 때문이다.

1990년대 이후 거버넌스에 대한 연구와 논의가 활성화되면서 한국 사회에서도 거버넌스의 담론이 확산되고 공무원의 거버넌스 교육도 확대되었다. 그리고 실제로 지방정치에서 거버넌스 시스템을 활용함으로써 복잡한 문제를 해결한 성공사례가 늘고 있다. 이 글은 경기도 이천시 쓰레기 소각장 건설을 둘러싼 갈등에서 거버넌스 메커니즘을 통해 사회문제를 해결하는 사례를 살펴보는 것이 목적이다. 거버넌스 시스템을 적용함으로써 사회문제가 보다 효율적이고 효과적으로 해결되는 성공모델을 제시하려고 한다. 연구방법에서는 이천시에서 제공하는 각종 자료를 살펴보는 문헌연구에 더하여, 그 당시 사업을 추진했던 공무원과의 인터뷰를 부가적으로 실시하였다.

쓰레기소각장 건설은 일종의 님비(NIMBY: Not In MY Back Yard) 현상으로서 정책의 총량적 비용·편익의 비교를 떠나 직접적인 이해관계자의 심한 반대에 부딪히게 된다. 따라서 갈등을 해결하는 것이 쉽지 않다. 이러한 난제를 기존의 통치(government) 모델에서 벗어나 거버넌스 시스템을 적용하여 해결한 사례는 지방정치와 행정에서 시사하는 바가 크다. 로컬 거버넌스(local governance)의 성공사례는 다른 지역에 적용할 수 있는 실제적인 지식과 구체적인 전략을 제공한다는 측면에서 학술적 의미를 넘어 정책적 유용성을 지니고 있다.

4) 한국에서도 이러한 직접민주주의 제도가 지방적인 차원에서 실험적으로 실시되었다. 그리고 문재인 정부에 들어와서 탈원전 정책에 대해 국가적 차원에서 시민배심제가 실시되었다.

제 2 절 거버넌스의 이론적 배경

1 거버넌스의 등장

민주주의가 '국민에 의한 통치(government by the people)'라는 점에서 정책에 대한 시민참여는 민주주의의 본령에 해당한다. 대리인체제(agent system)에 기초하는 근대 대의민주주의가 끊임없이 정당성의 문제에 봉착하게 된 것도 시민참여가 제한적으로 수용될 수밖에 없는 체제이기 때문이다. 따라서 정책과정에 대한 시민참여에 대해서는 정치학에서 끊임없이 주장되고 연구되었다. 이러한 연구 결과로 단순한 투표참여뿐만 아니라, 국민들의 아이디어 수용, 위원회의 결성과 참여, 행정의 정보공개, 서비스의 공동생산 등에 대한 제도가 마련되기도 하였다. 그래서 정책과정에 대한 시민참여를 표현하는 용어로서 시민참여(citizen participation), 사회적 구상(social design), 파트너십(partnership), 공동생산(co-production) 등과 같은 개념이 등장하였다. 물론 이보다 직접적인 권한행사를 위해 국민발안이나 국민소환과 같은 제도가 논의되었으며, 다양한 형태의 배심제나 시민회의가 시도되기도 하였다.

이러한 가운데 1990년대에 등장한 거버넌스는 기존의 시민참여 개념에 비해 민주주의 이념의 급진성을 함축하고 있다. 왜냐하면 거버넌스는 단지 정책과정에 참여하여 아이디어를 제공하거나 공동으로 서비스를 생산하는 것을 넘어 '공동의 결정과 책임'을 지향하는 제도이기 때문이다. 이것은 정부가 공적 권위를 가지고 단독으로 정책을 결정하던 기존의 정책결정 방식에 비하면 엄청난 변화를 수반한다. 이처럼 정책과정에 정부 외 행위자의 참여와 권한 확대는 정부의 자기성찰에 의한 것이라기보다 사회구조의 변화와 시민의 참여욕구 증대에 따른 외생 변수의 영향이 크다. 거버넌스의 등장을 초래한 시대적 배경은 크게 두 가지를 들 수 있다.

첫 번째는 섹터 간 권력의 재편에 따른 것이다. 1648년 베스트팔렌 조약(Peace of Westfalen) 이후 등장한 국민국가는 대내적인 강제력과 대외적인 독립성의 특징을 갖는다. 이후 국가의 권한이 계속 증가되어 왔는데, 이러한 추세가 20세기 말에 와서 수직적·수평적으로 재구조화되는 국면을 맞게 되었다. [그림 2-1]에서 보는 바와 같이, 수직적으로 국가는 세계화와 지방화의 강화에 따라 위로는 정부간기구, 아래로는 지방자치단체로 권한이 이양되고 있다. 그리고 수평적으로는 시장과 시민사회의 권한 확대로 인해 국가의 권한이 기업과 NGO(nongovernmental organization)를 비롯한 각종 시민사회단체(CSO: civil society organization)로 이양되고 있다.[5] 그야말로 국가에서 다른 기관 및 영역으로 권력이동(power shift)이 이루어지고 있는 것이다.

그림 2-1 국가권력의 분산

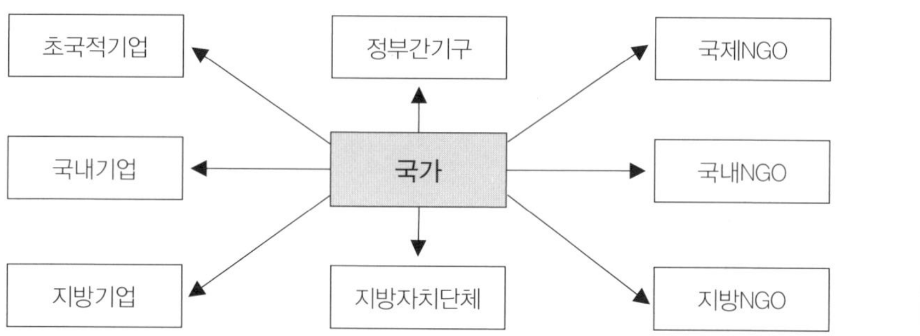

자료출처: Nye, Jr.(2002: 4) 재구성.

두 번째는 사회구조의 다원화와 복잡화에 따라 각종 사회문제를 해결하는 정부의 한계에 따른 것이다. 일종의 통치능력의 위기(governability crisis)라고 할 수 있다. 현대 사회와 같이 사회구조가 복잡하고 갈등이 빈번하게 일어나는 상황에서 관료제에 의존하는 정부가 각종 사회문제를 해결하려는 것은 효율성과 효과성을 담보하기 어렵다. 따라서 한편으로 정부는 공공업무의 일부를 사적 행위자로 이전하게 되었다. 이것은 민간화로 표현할 수 있다. 다른 한편으로 정부가 공공업무를 효과적으로 해결하기 위해 사적 행위자와의 협력이 증가하게 되었다.

5) 시민사회에 위치하고 있는 결사체를 규정하는 용어는 다양하다. 이 중에서 NGO와 CSO는 개념 위계상 차이가 있다. 전자가 후자보다 좁은 범주를 가리킨다. 이에 대해서는 박상필(2011) 제4장 참조.

물론 시민권한의 확대로 인해 과거와는 달리, 정책과정에 대한 정부 외 행위자의 권한이 확대되었다. 여기서 거버넌스가 등장하게 된다. 이를 정리하면 다음 [그림 2-2]와 같다.

그림 2-2 통치능력의 한계와 거버넌스의 등장

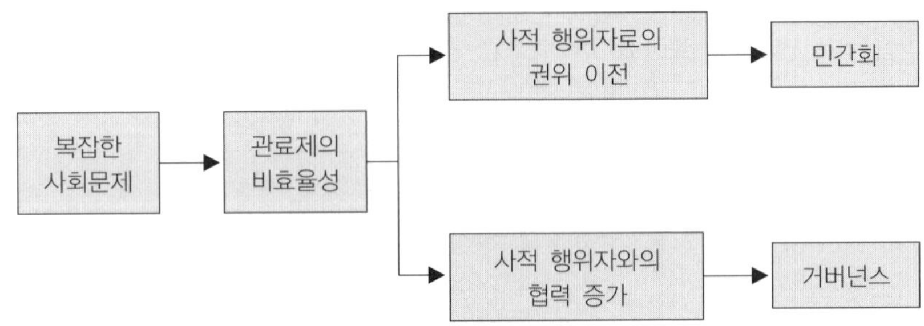

자료출처: 박상필(2011: 314) 재구성.

2 거버넌스의 정의

1990년대 거버넌스라는 개념이 본격적으로 확산되고 이에 대한 연구가 활성화되기 이전, 거버넌스는 일반적인 의미로서 통치양식(mode of governing)을 의미하였다. 따라서 통치(government)와 비슷한 의미로서 공공의 자원을 배분하는 제도나 체계를 의미하는 용어로 사용되었다. 그러나 오늘날 거버넌스는 주로 통치의 상대적인 의미로 사용되고 있다. 물론 거버넌스에 대한 개념정의는 국가와 학자마다 다양하다. 예를 들어, 로즈(R. A. W. Rhodes)는 최소국가나 신공공관리의 측면을 강조한다(Rhodes, 1997). 그런가 하면, 허스트(Paul Hirst)는 경제적 의미를 강조하여 기업과의 협력을 중시한다(Hirst, 2000). 오늘날 사회과학에서 말하는 거버넌스는 스토커(Gerry Stoker)가 제시하는 의미와 비교적 가까운데, 그는 거버넌스에 정부를 초월하는 기구와 행위자 조직, 경계와 책임의 모호함, 상호관계적 권력의존, 자율적 자기통치 네트워크, 명령과 권위를 넘어서는 새로운 통치도구 등과 같은 의미를 지니고 있다고 보았다(Stoker, 1998).

거버넌스는 실제로 다차원적 개념인데,[6] 크게 협의적 의미와 광의적 의미로 나눌 수 있다. 협의적 의미는 정부 내의 상호의존적이고 협력적인 의사결정 방식을 의미한다. 물론 거버넌스의 유형이 다양하기 때문에 시장이나 시민사회에서도 이러한 거버넌스가 행해질 수 있다. 협의적 의미는 미국과 유럽에서 차이가 있는데, 전자는 정부의 조종능력에 초점을 두고, 후자는 상호의존적 권한행사를 강조한다. 한국에서는 주로 유럽적 의미에 가깝다. 광의적 의미는 공공목적을 달성하기 위해 자원동원과 권력행사 방식에 관한 것으로서, 다양한 행위자의 참여와 행위자들 간의 상호작용, 상호협력, 권한배분과 관련된다(박상필, 2008: 246).

거버넌스의 개념정의와 관련하여 거버넌스의 등장이 공공문제 해결에 대한 정부능력의 한계와 시민참여 및 권한 확대와 관련된다는 점을 주목할 필요가 있다.[7] 따라서 거버넌스는 공공문제의 해결에 정부와 정부 외의 행위자가 참여하여 권한과 책임을 공유하는 의사결정 메커니즘으로 정의할 수 있다. 물론 이것은 협의적 의미에 가깝다. 이렇게 본다면 거버넌스의 핵심은 공공문제에 대한 시민참여와 권한배분이라고 할 수 있다. 따라서 거버넌스가 이루어지기 위해서는 시민참여를 촉진하고 시민사회의 자원성(voluntarism)을 동원하기 위해 정부와 민간 영역 사이에 커뮤니케이션을 활성화하고 네트워크(network)를 구축하는 것이 중요하다. 그리고 정부 외의 행위자가 실질적으로 권한을 행사할 수 있는 수평적 복합조직(heterarchy)을 형성하는 것을 강조한다. 따라서 거버넌스는 계층조직(hierarchy)에서 명령에 의해 움직이는 기존의 통치와는 달리, 수평적인 조직에서 네트워크를 활용하여 협력과 조정을 통해 의사를 결정하고 공공문제를 해결하는 것을 지향한다.

---

6) 다차원적 개념으로서 거버넌스는 문화, 제도 혹은 체계, 의사결정 메커니즘 등 넓은 범위에서 좁은 범위까지 망라한다.

7) 거버넌스가 국가역할의 축소를 의미하는가에 대해서는 논쟁이 되고 있다. 케틀(Donald Kettl)이나 삐에르(Jon Pierre)와 피터스(B. Guy Peters)는 거버넌스가 반드시 최소국가나 국가역할의 축소를 의미한다고 보지 않는다(Kettl, 2000; Pierre & Peters, 2000).

3 거버넌스의 구조와 가치

앞서 정의한 바와 같이, 거버넌스가 정책과정에 정부 외의 행위자가 참여하여 정부 담당자와 함께 권한과 책임을 공유하는 의사결정 시스템이라는 점에서, 거버넌스는 공적 영역과 사적 영역 간의 경계 완화, 비정부적 행위자의 참여확대, 신뢰와 협력에 기반한 수평적 네트워크, 행위자 간의 상호작용과 자율, 목표달성을 위한 상호협력과 조정, 권력분화와 의사소통의 증대, 자기조직적(self-organizating) 역동성 등과 같은 특징을 내포한다고 볼 수 있다(박상필, 2008: 247).

이렇게 본다면, 거버넌스는 현대 사회의 특징 중의 하나인 공적 영역과 사적 영역 간의 '변증법적 융합(dialectical fusion)'(Habermas, 1989: 141)을 전제하고 있다. 그리고 영역 간 융합을 통해 의사결정 구조가 계층조직의 단선 구조에서 벗어나 수평적 복합조직의 특징인 네트워크 조직으로 바뀌게 된다. 복합조직에서는 [그림 2-3]에서 보는 같이, 계층조직과는 달리 행위자들이 수평적인 관계에서 네트워크를 형성하고 상호소통과 협력이 빈번하게 일어난다. 거버넌스가 자기조직화의 원리에 따라 외부환경에 적응하고 변형해가는 능력을 가지는 것도 복합조직의 성격과 네트워크의 특징을 내포하고 있기 때문이다(박상필, 2014).[8]

그림 2-3 계층조직과 복합조직의 비교

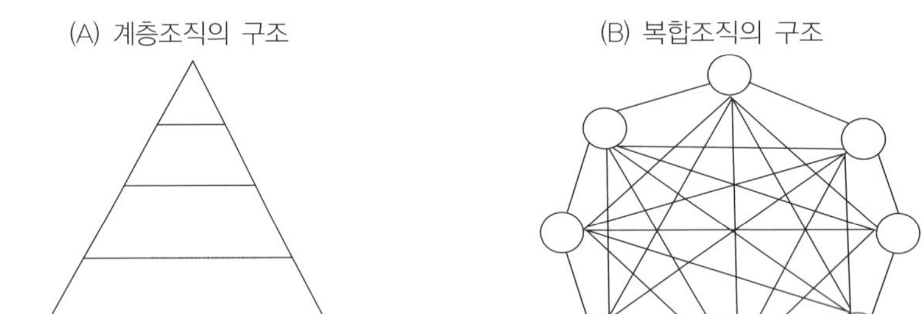

자료출처: 박상필(2014: 11).

8) 자기조직화(self-organization)란 조직 내에서 일어나는 불안정과 무질서를 창조와 쇄신의 원

거버넌스는 정책과정에 시민을 참여시키고 권한과 책임을 공유하여 공공문제를 해결하는 시스템이다. 따라서 기존에 정부가 단독으로 정책을 결정하던 방식과는 달리 참여민주주의(participatory democracy), 토의민주주의(deliberative democracy), 다원민주주의(plural democracy) 등 급진적 민주주의의 이념을 수용하게 된다(박상필, 2008: 251-263). 또한 민주주의의 원시적 이념인 자율, 참여, 평등, 다원성 등과 같은 가치를 중시하게 된다. 한마디로 말하면, 국정관리에 있어서 기존의 통치형태에서 벗어나 새로운 아이디어와 제도를 수용하는 창의성과 수용성을 내포하고 있다고 할 수 있다(박상필, 2011: 316). <표 2-1>은 통치와

표 2-1 통치와 거버넌스의 이념 · 가치의 비교

통치의 가치	거버넌스의 가치
독점적 결정	참여, 자치권력
권력집중	권력분화
강제, 불평등	자율, 평등
위계적 조직	네트워크형 조직
대의제	자결, 자치
명령, 제재	조정, 합의
권력남용, 부패	책임
종속, 순응	저항, 부정, 회의
불신, 폐쇄, 은폐	신뢰, 개방, 투명
획일, 성장	다양성, 균형
신속, 강요, 독단	토론, 협력, 연대
안전, 경직	쇄신, 자기변형
다수결 원리	소수자 보호
소극적 권리	적극적 권리
이데올로기 주입	시민성 계발

자료출처: 박상필(2011: 316).

천으로 인정하고, 조직이 안팎의 피드백을 받아들여 항구적으로 쇄신과 변형을 지속하는 것을 말한다(Kiel, 1994). 자기조직화에서는 조직을 부분으로 나누어 바라보는 환원주의(reductionism)를 지양하고 부분 간의 연결을 중시하는 시스템(system)이나 현상을 통합적인 관점에서 바라보는 전일주의(holism)를 강조한다. 자기조직화는 프리고진(Ilya Prigogine)과 얀치(Erich Jantsch)와 같은 과학자에 의해 생명탄생의 원리에 적용되는데, 물질과 의식이 연결되어 물질에서 생명의 진화가 가능하다고 본다. 이에 대해서는 프리고진과 스텐저스(Prigogine & Stengers, 1994), 얀치(Jantsch, 1989) 참조.

거버넌스의 이념 · 가치를 비교한 것이다. 물론 각 내용은 절대적이라기보다 상대적인 의미이다.

4 거버넌스의 NGO

거버넌스가 기존의 정부 중심의 공공문제 해결 방식에서 벗어나 정책과정에 정부 외의 행위자가 참여한다고 할 때, 여기에는 다양한 영역의 행위자가 참여하게 된다. 그러나 참여자의 전문성 확보뿐만 아니라, 정책의 공공성(publicness) 확보의 관점에서 보면, 시장의 행위자보다는 시민사회의 행위자가 주로 참여하게 된다. 기업에 소속된 사람들은 특정 영역에서 전문성을 가지고 있기는 하지만, 기업의 본래적 가치인 이윤추구에 관심을 두기 때문이다. 이에 반해 시민사회는 공공의 영역이라는 점에서 정책과정의 공공성을 확보하는 데 상대적으로 적절하다.[9] 이러한 현상은 실제로 1995년 한약분업 분쟁, 2000년 의약분업 분쟁, 2012년 가정상비약 슈퍼판매와 같은 정책갈등에서 잘 드러난다.

물론 시민사회의 결사체도 다양한 스펙트럼을 형성하고 있다. 비영리병원에서부터 시작하여 친목단체까지 광범위할 뿐만 아니라, 각 단체의 공공성의 정도에서도 차이가 있다.[10] 실제로 시민사회에 위치하는 이익집단은 집단이익을 추구하고, 친목단체는 개인적 교류나 취미에 초점을 둔다는 점에서 공공성의 정도가 상대적으로 낮다고 할 수 있다. 그런가 하면, 시민사회와 시장과의 경계에 위치하는 노동조합, 협동조합, 사회적 기업 등과 같은 사회적 경제 조직의 공공성도 상대적으로 낮다. 이에 반해 NGO는 공익(public interest)을 추구한다는 점에서 상대적으로 공공성이 강하다.[11] 따라서 거버넌스 시스템에서 NGO는 중요한

9) 공공성이라는 개념은 복합적인 의미를 담고 있다. 대체로 공개성, 공정성, 공익, 공공제도 등과 같은 요소를 내포한다고 볼 수 있다.

10) 시민사회의 각종 비영리단체(NPO: nonprofit organization) 또는 시민사회단체(CSO: civil society organization)의 분류에 대해서는 박상필(2011) 제4장 참조.

11) 공익이라는 개념은 정의하기가 매우 어렵다. 실제로 다수의 학자들은 공익은 존재하지 않는다고 보기도 한다. 시민사회적 관점에서 본다면, 공익은 "일정한 사회단위 내에서 사회구성원 불특정 다수나 사회적 약자의 합당한 이익(reasonable interest)"으로 규정할 수 있다(박상필,

행위자로 참여하게 된다. 앞서 제시한 <표 2-1>의 통치와 거버넌스의 이념 및 가치의 비교에서 볼 수 있는 바와 같이, 참여, 자율, 자치, 합의, 신뢰, 다양성, 협력, 소수자 보호, 시민성 계발 등은 NGO가 추구하는 가치이기도 하다. 즉, 거버넌스와 NGO는 이념적, 혹은 가치의 유사성을 내포하고 있는 것이다.

제 3 절 쓰레기소각장 건설계획의 추진 과정[12]

1 후보지 선정과 주민의 반대

경기도 이천시는 1995년 이천시 모가면 소고리에 쓰레기 매립을 위한 위생매립장을 설치하면서 주민의 반대에 부딪혔다. 주민의 반대는 집회나 시위뿐만 아니라 직원폭행과 시청점거 농성까지 벌어지는 상황으로 이어졌다. 따라서 주민을 설득하고 의견을 수렴하는 과정에서 사용연한을 7년으로 한정하여 2004년까지만 사용하기로 하였다. 그래서 이천시는 2004년 이후 생활쓰레기 처리를 위한 별도의 시설 건설이 필요하였다. 이러한 과정에서 중앙정부에서 폐기물처리를 매립에서 소각으로 정책을 전환하였기 때문에, 이에 맞추어 매립시설에서 소각시설의 설치로 방향을 전환하고 쓰레기소각시설 설치를 위한 후보지 선정작업을 추진하였다.

이천시는 1995년 11월, 하루 60톤 규모의 일반폐기물소각장 건설계획을 수립하고, 1996년 이천시 전 지역을 대상으로 조사하여 4개 후보지역을 선정하였다. 그리고 이천시의회와 공동으로 4개 지역을 사전답사를 하여 이천시 설성면 자석리 산50번지 일원을 최종 후보지로 정하고 입지타당성 조사 용역을 실시하였다. 용역 결과에 따라 1997년 8월 소각시설 사업부지로 타당하다는 결론이 내려졌다.

2011: 142-143).

12) 이 절을 구성하는 데 필요한 자료는 이천시에서 제시한 자료(2017)에 근거하였고, 자료에서 얻을 수 없는 정보는 추가적으로 인터뷰를 실시하였다.

이 결론에 따라 이천시는 설성면 자석리 지역을 최종 후보지로 확정 발표하고, 공사계약까지 체결하였다.[13]

그러나 사업부지가 결정되자 인근지역인 이천시 장호원읍의 주민뿐만 아니라, 여주군 가남면 주민들도 대대적으로 반대운동에 나섰다. 여기에 지역의 환경단체를 비롯한 각종 시민단체가 연대하여 가세하였고, 급기야 다른 지역의 시민단체까지 동참하여 반대운동을 전개함에 따라 쓰레기소각장 건설은 난관에 부딪히게 되었다. 반대운동이 최고조에 달할 때는 2천여 명이 시위에 참가하기도 하였다. 이천시가 1996년에 군(郡)에서 시(市)로 승격하였기 때문에 그 당시 이천시의 인구가 10만여 명이었던 것을 감안하면, 이것은 커다란 시민적 저항이라고 할 수 있다.

더욱이 언론에서는 폐기물소각이 다이옥신을 배출함으로써 건강에 심각한 해를 끼친다고 보도하였고, 1998년 「폐기물처리시설 설치촉진 및 주변지역지원에 관한 법률」이 개정됨에 따라 사업부지에서 300m 이내의 주민과 협의를 거쳐야만 하게 되었다. 그러나 사업부지에서 300m 이내에 있는 여주군 가남면 주민의 반대로 여주군청에서는 협의불가를 통보하였고, 이에 이천시에서는 환경분쟁조정위원회의 조정을 요청하였다. 그러나 여기서도 조정되지 않자 이천시 쓰레기소각장 건설계획은 표류하게 되었다. 이에 이천시는 1999년 11월 쓰레기소각장 건설계획을 유보하였다.

표 2-2 이천시 쓰레기소각장 후보지 선정 일정1

연 도	내 용	비 고
1995년	소각장 건설계획 수립	기존 매립에서 소각으로 전환
1996년	4개 후보지 선정 및 최종 후보지 선정	의회와 공동조사, 입지타당성 용역 조사 결과
1997년	최종 후보지 확정 및 공표	이천시 설성면 자석리 산50번지
1998년	여주군 협의불가 통보	환경분쟁조정위원회 조정 신청
1999년	환경분쟁조정위원회 조정 불가	건설계획 표류
1999년 11월	이천시 쓰레기소각장 건설계획 유보	건설계획 일시 중지

13) 쓰레기소각장 건설공사는 삼성엔지니어링과 계약을 체결했다가 나중에 철회하게 되면서 위약금을 변제하였다.

이상 1995년부터 1999년까지 이천시 쓰레기소각장 후보지 선정 일정을 정리하면 <표 2-2>와 같다.

2 건설계획 유보 이후 새로운 시도와 후보지의 선정

이천시 설성면 자석리 일대에 쓰레기소각장을 건설하는 계획을 유보한 이후, 이천시는 문제를 해결하기 위해 후보지 결정방식을 전환하였다. 시청에서 하향식(top-down)으로 후보지를 선정하는 방식을 포기하고 지역에서 상향식(bottom-up)으로 신청하는 방식을 선택하였다. 따라서 1999년 11월 시청에서는 지역발전기금 30억 원 제시와 함께 후보지를 공모하였다. 그리고 주민들의 참여와 의견수렴을 위해 읍·면·동별로 시의원과 이·통장연합회가 참여하는 '입지선정위원회'를 구성하였다.[14] 또한 2000년 4월에 시의회, 이·통장 대표, 주민대표, 시민단체, 환경전문가 등 47명이 참여하는 '이천시 범시민 폐기물처리시설 추진협의회(이하 범폐추협)'를 결성하였다. 협의회가 구성되자 시청에서는 행정지원만 하고 공무원은 참여하지 않기로 하였다. 그리고 범폐추협에서 후보지 선정과 관련된 의사를 결정하도록 결정권을 위임하였다.

이후 쓰레기소각장 후보지 선정작업은 범폐추협의 주도 하에 진행되었다. 범폐추협에서는 2000년 5월 이후, 주민공청회를 실시하고 이·통장연합회를 대상으로 한 이동설명회 개최하여 7월에 공모에 응한 입지 후보지 27개소를 선정하였다. 이후 범폐추협은 후보지 현장답사를 통해 9월에 13개소로 압축하였다. 그리고 환경전문가에 의뢰하여 일반폐기물 종합처리시설 기본계획을 수립하고, 2000년 11월 주민공청회를 개최하여 12월 입지선정계획안을 공고하였다. 이후 범폐추협은 해당지역 주민을 지원하기 위한, 이천시와 주민 간의 협약체결과 관련된 내용을 13개 지역주민에게 우편으로 발송하였다. 2001년 1월 해당지역 주민에 대한 협약서 순회홍보를 실시하고 의견을 수렴한 후, 6월 이천시와 협약을 체결하

14) '입지선정위원회'는 「폐기물처리시설 설치 촉진 및 주변지역 지원 등에 관한 법률」의 제9조 제3항 및 동법 시행령 제7조의 규정에 따라 구성하도록 되어 있었다.

였다. 그리고 폐기물처리시설의 건설과 해당지역 주민에 대한 지원을 법제화하기 위해 「이천시 쓰레기처리시설 설치촉진 및 주변지역 지원 등에 관한 조례」를 제정하였다.

조례가 제정된 후, 시청에서는 입지선정의 객관성과 과학성을 확보하기 위해 2001년 7월 연세대 환경과학기술연구소에 13개 지역 입지타당성 조사 연구용역을 의뢰하였다. 그리고 8월 입지 후보지 주민대표의 국내 폐기물처리시설 견학을 실시하였다. 이러한 일련의 과정을 거쳐 9월에 입지타당성 조사 중간결과보고서를 토대로 입지선정위원회와 범폐추협의 의결을 거쳐 입지 후보지를 4개로 압축하여 확정하였다. 이후에는 4개 지역을 대상으로 하여 주민설명회를 개최하여 추가평가항목에 대한 의견을 수렴하였다. 2002년 4월 추가평가항목을 확정하고 지역주민의 의견을 수렴한 후, 8월에 사업부지를 확정하였다. 그러나 해당주민이 이의를 제기하여 재평가를 하지 않을 수 없게 되었고, 재평가를 실시하여 2002년 12월에 이천시 호법면 안평리 산5번지 일원으로 최종 후보지를 확정하였다. 범폐추협의 활동 결과, 이천시 쓰레기소각장 건설 후보지 선정은 협의회가 결성된 후, 5개월 만에 13개 예비 후보지가 선정되었고, 1년 5개월 만에 4개로 압축되었으

표 2-3 이천시 쓰레기소각장 후보지 선정 일정2

연 도	내 용	비 고
1999년 11월	후보지 공모	지역발전기금 30억 원 제시
2000년 4월	'이천시 범시민 폐기물처리시설 추진협의회' 결성	지역의 다양한 영역에서 47명 대표 참여
2000년 9월	입지 후보지 13개소 선정	범폐추협이 주도하여 이동설명회, 현장답사 결과
2000년 12월	후보지 입지선정 계획안 공고	기본계획 수립 및 주민공청회 결과
2001년 6월	이천시와 지역주민 간의 협약서 체결	13개 예정 지역에 한정
2001년 6월	「이천시 쓰레기처리시설 설치촉진 및 주변지역 지원 등에 관한 조례」 제정	폐기물처리시설 건설 및 해당지역 주민에 대한 지원의 법제화
2001년 9월	입지 후보지 4개소로 압축	입지타당성 조사, 국내 시설 견학, 범폐추협의 의결 결과
2002년 4월	최종 후보지 확정	해당주민 이의제기로 보류
2002년 12월	이천시 호법면 안평리 산5번지에 최종 후보지 확정	주민설명회, 추가평가항목 삽입, 재평가 실시 후 결정

며, 최종적으로 2년 8개월 만에 최종 후보지가 확정되었다. 이것은 님비(NIMBY) 관련 시설인 것을 감안한다면, 매우 짧은 기간에 이루어진 것이라고 할 수 있다.

이상 1999년부터 2002년까지 이천시 쓰레기소각장 후보지 선정 일정을 정리하면 <표 2-3>과 같다.

3 후보지 확정 이후 정책의 변화 및 주민의견의 수용

지역사회의 다양한 이해관계자가 참여한 범폐추협이 주민의 의견을 수렴하는 일련의 절차를 거쳐 2002년 12월 이천시 호법면 안평리 지역으로 이천시 쓰레기소각장 건설 최종 후보지가 확정된 후, 2003년 2월 이천시청은 '이천시 쓰레기소각장 건설 기본계획'을 수립하고 환경평가를 위한 용역을 발주하였다. 그러나 중앙정부(환경부)에서 광역규모의 폐기물처리시설이 경제적으로 효율적이고 환경적으로 안정적이라고 보고, 광역단위로 건설하는 방향으로 정책을 전환하였다. 또한 광역규모로 건설할 경우 예산지원 확대와 같은 인센티브도 제시하였다. 이에 이천시는 기존의 이천시 쓰레기소각장 건설계획에 기초한 환경평가 용역을 중지하고, 이천시 외에 인근 광주시, 하남시, 여주군, 양평군 등을 포함하는 경기동부 5개 지역과 '광역화추진협의회'를 구성하여 광역자원회수시설에 대한 논의를 처음부터 다시 시작하였다.[15)]

광역규모의 폐기물처리시설 건설을 논의하면서 이천시 시의원이 일본 등 선진국의 광역시설을 견학한 후 주민들과 간담회를 가졌다. 주민들의 의견을 수렴한 결과, 인근 5개 시·군의 주민뿐만 아니라, 이천시의 주민들도 광역규모의 쓰레기소각장 건설에 찬성하였다. 이후 쓰레기소각장 건설은 광역규모로 전환하였다. 경기 동부 5개 지역은 입지결정 후 발생할 수 있는 지역 간 갈등을 예방하기 위해 입지선정 방법(후보지 공모), 시설방식(소각시설), 시설규모(1일 300톤), 사

15) 광역규모의 쓰레기소각장 건설에 대한 논의가 진행됨에 따라 기존의 이천시 쓰레기소각장 건설 후보지는 유효한 상태에서 사업진행이 유보되었다. 만약 광역규모의 쓰레기소각장 건설이 불가능할 경우, 기존의 건설 후보지에서 이천시 단독 쓰레기소각장 건설을 추진할 계획이었다(담당공무원 인터뷰).

업비 분담 등에 대한 사전합의를 통해 2003년 7월 '광역자원회수시설 공동설치·운영에 관한 협약'을 체결하였다. 그리고 5개 자치단체는 광역규모의 쓰레기처리시설의 입지 후보지 공모를 실시하였다.

이천시도 5개 지역 간 협약에 따라 광역규모 쓰레기처리시설의 건설을 위해 후보지를 공모하는 한편, 이천시 지역을 14개 읍·면·동으로 나뉘어 순회하면서 주민에게 사업을 홍보하고 의견을 수렴하였다.[16] 또한 주민대표를 대상으로 하여 국내 선진 쓰레기소각장시설을 견학하였다. 이 결과 다른 4개 시·군에서는 후보지 신청이 없었으나, 이천시에서는 4개 지역이 후보지를 신청하였다. 이천시는 관련 법규에 따라 '입지선정위원회'를 구성하여 4개 지역에 대한 평가를 통해,[17] 2004년 1월 최종적으로 이천시 호법면 안평리 산98번지로 후보지를 확정하였다.[18]

물론 경기 동부 광역자원회수시설이 이천시의 호법면으로 결정된 후 반대가 없었던 것은 아니다. 이러한 결정에 대해 일부 주민이 불만을 제기하였고, 이에 편승하여 일부 선출직 지도자들이 표를 의식하여 반대진영에 가담하기도 하였다. 그러자 후보지를 신청하고 시설의 건설에 동의했던 해당지역의 주민대표까지 자신의 결정에 대해 동요하는 상황이 벌어지게 되었다. 여기에 급기야 광역규모 쓰레기소각장의 이천시 건설과 관련하여 '반대대책위원회'가 결성되었고, 주민에 대한 시설의 피해에 대해 설명회까지 개최되기도 하였다. 또한 해당지역에서는 주민들 간에 찬반 갈등이 일어나 찬성을 주장하는 주민이 폭력을 당하는 사태까지 벌어졌다.

그럼에도 과거 범폐추협의 결성, 주민들 간의 토론, 800여 명의 타 지역 시설 견학, 시청의 설득 등을 통해 2004년 7월 경기 동부 5개 지역 광역 쓰레기소각장 건설 후보지가 최종적으로 합의를 통해 재확정되었다.[19] 후보지가 확정된 후 그

16) 그 당시 이천시는 행정구역이 4동, 2읍, 8면으로 구성되어 있었다.

17) '입지선정위원회'는 시의원 2명, 주민대표 3명, 전문가 2명, 공무원 2명, 시장 추천자 2명 등 11명으로 구성되었다(담당공무원 인터뷰).

18) 광역규모 쓰레기소각장 건설 후보지 공모에서는 기존의 이천시 쓰레기소각장 건설 후보지로 선정된 안평리 산5번지도 신청하였다. 그러나 평가 결과, 새로 신청한 안평리 산98번지가 선정되었다(담당공무원 인터뷰).

19) 광역규모의 쓰레기소각장 건설 후보지가 최종 합의되기에 앞서 '반대대책위원회'는 주민지원사업 등을 포함한 19개 건의서를 이천시청에 제출하였다. 이천시청은 현실적으로 불가능한 사항

다음 해인 2005년 11월에 쓰레기소각장의 기공식이 거행되었다. 그리고 착공 이후 3년이 지난 2008년 11월에 부지면적 114,644m^2, 시설용량 300톤/일, 총사업비 1,000억 원 규모의 쓰레기소각장 건설이 [그림 2-4]와 같이 완공되었다. 이천시의 쓰레기소각장의 착공은 2004년 1월 부지가 확정된 후 1년 10개월 만에, 그리고 최종 후보지가 재확정된 후 1년 4개월이라는 짧은 시간 내에 이루어졌다.

그림 2-4 이천시 광역 쓰레기소각장 전경

표 2-4 경기도 광역 쓰레기소각장 건설 일정

연 도	내 용	비 고
2003년 4월	이천시, 광주시, 하남시, 여주군, 양평군 등 5개 지역 광역시설 논의	중앙정부에서 광역규모의 시설 건설로 정책방향 전환
2003년 7월	5개 지역 간 광역규모 시설 건설을 위한 지역 간 협약체결	광역규모 시설의 입지 결정 이후 갈등예방 목적
2003년 11월	이천시 4개 지역 신청	5개 시·군 공모에 의해 이천시의 지역에서 신청
2004년 1월	이천시 호법면 안평리 산98번지 최종 후보지 확정	'입지선정위원회'의 평가 결과
2004년 7월	최종 후보지 합의 및 재확정	추가적 요구 수용 및 갈등의 해결 결과
2005년 11월	쓰레기소각장 착공	후보지 확정 후 1년 10개월, 후보지 합의 후 1년 4개월 후
2008년 11월	쓰레기소각장 완공	착공 3년 후

을 제외한 대부분의 요구를 수용하였다.

이상 2003년부터 2008년 광역규모의 쓰레기소각장 완공까지의 추진 과정을 정리하면 <표 2-4>와 같다.

제4절 쓰레기소각장 건설사업의 성공 요인

1 거버넌스 시스템의 적용

앞서 제3절에서 살펴본 바와 같이, 이천시는 역내 쓰레기 처리문제를 해결하기 위해 시정부에서 후보지를 결정하는 작업을 진행하였다. 물론 주민의 법적 대표라고 할 수 있는 시의회와 함께 작업을 진행하였다. 그럼에도 입지 후보지가 확정되자 주민의 격렬한 반대에 부딪혔다. 특히 쓰레기소각장은 일종의 혐오시설이기 때문에 주민들의 반대가 더욱 격렬하였다. 지금도 크게 변하지 않았지만, 그 당시 해당주민을 비롯한 이해관계자들은 혐오시설의 실질적인 유해성을 따지거나 지역의 비용·편익을 따지기보다는 건설 그 자체를 무조건 반대하는 경향이 강하였다.

주민의 반대가 격렬해지자 이천시에서는 기존의 통치 방식에서 거버넌스로 방식으로 전환하여 다양한 주민대표와 시민사회의 NGO들이 참여하는 범폐추협을 결성하였다. 법률에 의해 시정부와 시의회가 참여하는 '입지선정위원회'가 구성되었지만, 보다 광범위하게 시민사회와 주민을 대표하는 범폐추협이 결성됨에 따라 입지선정위원회는 범폐추협의 소위원회처럼 활동하였다(담당공무원 인터뷰). 범폐추협은 거버넌스에서 말하는 전형적인 복합조직이다. 복합조직의 형성은 제솝(Bob Jessop), 로즈(R. A. W. Rhodes), 박상필(2008) 등이 거버넌스의 핵심으로 간주하는 요소이다. 범폐추협의 결성과 활동 이후, 네트워크가 형성되고 커뮤니케이션이 활발하게 일어남에 따라 혐오시설에 대한 주민들의 선입견이 완화되기 시작하였다.

[그림 2-5]는 그 당시 이천시에서 구성된 범폐추협 참가자를 그룹으로 분류한 것이다. 범폐추협은 총 47명의 대표로 구성되었고, 이들은 시의원(2명), 이·통장연합회 대표(2명), 주민대표(26명),[20] 시민단체(10명), 환경전문가(3명), 기타 4명 등이었다.[21] 시민단체의 경우 여성단체협의회, YMCA, 자원봉사단체협의회, 환경운동연합, 환경보호국민운동본부에서 각각 2명씩 참여하였다.

그림 2-5 복합조직(범폐추협)의 참여자

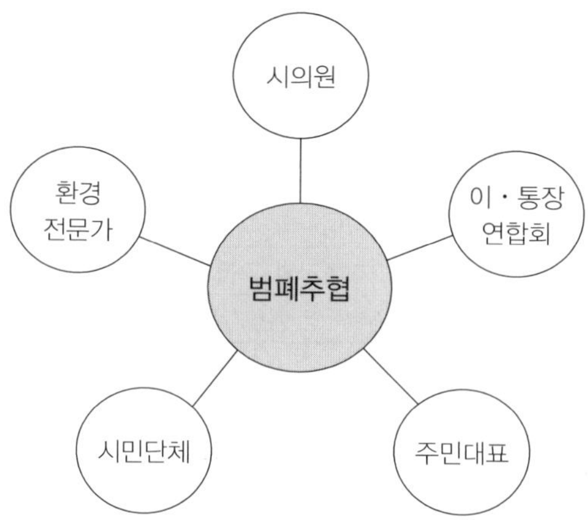

일반적으로 거버넌스 모델을 적용하여 복합조직을 구성하게 되면 정부 대표로 공무원이 참여한다. 그러나 이천시의 경우에는 주민들에게 의사결정 전결권을 주기 위해 공무원이 범폐추협에 참여하지 않았다(담당공무원 인터뷰). 따라서 자연적으로 범폐추협의 참여자는 수평적인 관계에서 권한과 책임을 공유하는 형식을 띠게 되었다. 조직 내에서 상호 네트워크를 통해 의사소통이 활발하고 합의의 원칙이 적용되었음은 말할 것도 없다. 그리고 다양한 형식의 주민홍보, 설명회, 공청회 등이 이루어졌기 때문에 범폐추협의 참여자와 각 참여자가 대표하는 주민 간에도 네트워크가 형성되어 커뮤니케이션이 활발하게 이루어졌다. 주민들

20) 주민대표는 13개 읍·면·동에서 각각 2명씩 총 26명이다.

21) 기타 4명은 새마을지도자협의회 대표 2명, 새마을부녀회 대표 2명인데, 이들은 정부와 시민단체의 중간쯤에 해당한다고 볼 수 있다.

은 쓰레기소각장 건설과 관련하여 다양한 형식의 회의나 집회에 참여하였기 때문에 시민사회의 자원활동이 공공업무에 활발하게 동원되었다. 특히 범폐추협에 참여한 대표들은 2001년 예산이 편성되어 회의수당이 지급되기까지는 활동비도 없이 주민의 의견수렴을 위한 각종 활동을 전개하였다(담당공무원 인터뷰).

이상 이천시 쓰레기소각장 건설에서 거버넌스의 이념과 가치가 투입된 것을 정리하면 <표 2-5>와 같다.

표 2-5 거버넌스 이념 · 가치의 투입

번 호	요 소	내 용
1	복합조직의 형성	5개 그룹 47명 대표가 범폐추협에 참여
2	권한배분	정부의 불참 속에서 참여자 간의 수평적 관계 및 권한배분 유지
3	네트워크 형성	참여자 간, 참여자와 그룹 회원 간 네트워크 형성
4	의사소통의 원활	참여자 간, 참여자와 그룹 회원 간 활발한 의사소통 전개
5	자원성의 동원	대표자 및 주민의 홍보활동, 토론, 공청회, 선진시설 견학 등에 참여

범폐추협의 활동에 의해 2002년 12월 이천시 호법면 안평리 지역으로 이천시 쓰레기소각장 건설의 최종 후보지가 확정되었지만, 2003년에 들어와 중앙정부에서 광역규모의 쓰레기소각장 건설로 방향을 전환함에 따라 이후 경기 동부 5개 시 · 군을 대상으로 하여 광역규모 쓰레기소각장 건설 후보지 선정 작업이 진행되었다. 따라서 이천시에 쓰레기소각장 건설을 목표로 조직된 범폐추협의 활동은 잠정 중단되었다(담당공무원 인터뷰). 이후 이천시에서 후보지 선정 업무는 시장 추천자, 시의원, 공무원 등 정부에 소속되거나 정부의 영향을 받는 '입지선정위원회'가 주도하여 진행하였다. 그럼에도 경기 동부 5개 시 · 군 중에서 이천시에서만 4개 지역이 경쟁적으로 후보지 신청을 하였고, 또 1년이라는 짧은 기간에 최종 후보지가 선정된 것은 과거 범폐추협의 구성과 활동이 커다란 영향을 미쳤다.[22] 즉, 범폐추협에 참여한 대표들 간의 수평적 관계와 권한배분, 내부 대표자 간 및 대표자와 주민 간의 의사소통 등을 통한 민주적 의사결정 경험이 긍정

22) 이천시를 제외하고는 광주시에서 1개 지역이 신청을 시도하다가 주민의 반대에 부딪혀 포기하였다. 이런 것을 감안하면 이천시에서 4개 지역이 경쟁적으로 후보지를 신청한 것은 이례적인 것으로서 범폐추협의 과거 활동이 커다란 영향을 미쳤다(담당공무원 인터뷰).

적으로 작용한 것이다(담당공무원 인터뷰).

앞서 언급한 바와 같이, 후보지가 선정되고 나서 일부 해당지역 주민의 반대가 있었다. 그리고 선출직 지도자들이 반대자의 목소리에 민감하게 반응하기도 하였다. 그러나 과거 범폐추협에 참여한, 환경단체를 비롯한 시민단체들이 쓰레기소각장 유치 반대 활동에 동참하지 않았고, 주민들도 크게 동요하지 않았다(담당공무원 인터뷰). 이것은 주민대표 및 시민단체가 공공문제를 해결하는 책임 있는 행위자로서 참여하고, 조직 내 및 조직 내 · 외 행위자 간의 소통과 합의가 얼마나 중요한가를 말해준다. 경기 동부 5개 시 · 군 쓰레기소각장의 이천시 건설은 개별 시 · 군의 건설에 비해 약 2,367억 원의 경제적 비용절감을 할 수 있었다(담당공무원 인터뷰). 더욱 중요한 것은 여기서 계산되지 않은 사회적 갈등비용을 고려한다면, 이천시 쓰레기소각장 건설은 매우 짧은 시간에 적은 비용으로 사업을 성공한 사례라고 할 수 있다.

결론적으로 이천시의 쓰레기소각장 건설은 지방정부와 지방시민사회 간의 민관 거버넌스의 결과라고 할 수 있다. 그리고 그러한 거버넌스 시스템의 작동에는 정부와 정부 외의 행위자가 참여하는 복합조직의 구성과 네트워크를 통한 소통의 증대 및 자원성의 동원이 핵심적 요소임을 알 수 있다.

2 정부(시청)의 노력

쓰레기소각장 건설이라는 사업은 공공업무로서 정부가 최종적으로 책임을 지게 되어 있다. 따라서 아무리 거버넌스 시스템에 입각하여 민관협력에 의해 후보지 선정을 진행한다고 하더라도, 각 행위자 간의 상호작용을 매개하는 정부의 역할이 제대로 작동하지 않으면 정책을 효과적으로 달성하기 어렵다. 심지어 거버넌스를 지향하는 복합조직이 형성되었다고 하더라도 참여자는 다양한 이해를 가지고 있어서 내부 갈등에 의해 의견이 조정되지 않는 경우도 허다하다. 따라서 쓰레기소각장이라는 일종의 혐오시설 건설과 관련된 사업의 완성은 이천시청의 적극적이고 적절한 노력이 일정한 영향을 미쳤다.

이천시가 하향식으로 쓰레기소각장 건설 후보지를 선정하는 작업을 폐기하고 상향식으로 전환한 후, 시민참여를 통해 범폐추협을 결성한 것은 2000년이었다. 이때에만 해도 거버넌스가 한국에 소개되어 초기단계에서 연구가 이루어지던 시기였다. 따라서 거버넌스에 대한 담론이 많이 확대되지도 않았고, 공무원 교육에서 거버넌스 관련 교육도 거의 포함되지 않았던 때였다. 그리고 다른 지방정부의 사례에서 볼 수 있는 바와 같이, 지방정치의 지도자들이 거버넌스를 제대로 이해하지 못했기 때문에 복합조직의 구성을 제대로 받아들이지 않았다.[23] 그럼에도 이천시는 복합조직의 구성을 통해 의사를 결정하는 시스템을 수용하고, 거버넌스 시스템이 제대로 작동하기 위해 다양한 노력을 경주하였다.

2000년 복합조직인 범폐추협의 결성 이후, 2002년 이천시 쓰레기소각장 후보지 확정까지 이천시가 기존의 통치 모델에서 벗어나 거버넌스의 이념과 가치에 입각하여 사업을 진행한 과정에서 투입한 일련의 노력을 정리하면 [그림 2-6]과 같다. 복합조직의 구성 이후 공청회와 설명회를 개최하였고, 현장답사와 전문가의 의견을 수용하였다. 그리고 지역을 다니면서 순회홍보를 하였을 뿐만 아니라, 이천시 전체 가구를 대상으로 하여 우편으로 사업 내용을 설명하는 홍보활동을 전개하였다. 또한 지방의회와 협력하여 조례를 제정하였고, 후보지에 대한 과학적이고 객관적인 심사를 위한 전문연구소의 평가를 받았다. 나아가 주민대표들이 국내 선진시설을 견학하는 사업을 추진하였다. 이러한 일련의 과정을 거쳐 최종 후보지가 선정된 이후에도 주민의 반대가 제기되자, 주민의 의견을 수렴하여 평가항목을 수정하고 재평가를 실시하는 과정을 거쳤다. 이러한 일련의 과정을 살펴보면, 이천시의 공무원들이 거버넌스의 이념을 이해했느냐를 떠나 협의적 의미의 거버넌스의 핵심인 복합조직의 구성 이후, 복합조직의 작동을 위한 다양한 노력을 경주했음을 알 수 있다. 가장 대표적인 것이 네트워크의 형성과 커뮤니케이션의 원활이라고 할 수 있다. 이러한 활동이 있었기 때문에 내부의 갈등을 잘 극복할 수 있었다.

23) 가장 대표적인 것으로서 이명박 서울시장 재임기간(2002~2006년) 녹색서울시민위원회의 경우를 예로 들 수 있다. 녹색서울시민위원회가 거버넌스에 입각하여 청계천 개발을 추진한다고 했지만, 실제로는 거버넌스 시스템이 아니고 참여자가 들러리만 서게 되어 시민단체의 대표들이 위원회에서 탈퇴한 적이 있다.

그림 2-6 문제해결을 위한 시청의 노력1

2000년: 복합조직의 구성
↓
2000년: 공청회 및 설명회 개최
↓
2000년: 현장답사 및 전문가의견 수용
↓
2001년: 순회홍보 및 우편홍보
↓
2001년: 조례 제정(의회와 협력)
↓
2001년: 전문연구소의 객관적 평가
↓
2001년: 국내 선진시설 견학
↓
2002년: 주민의견 수렴 및 재평가 실시

앞서 지적한 바와 같이, 2002년 이천시 쓰레기소각장의 최종 후보지가 결정된 후, 2003년 광역규모로 정책이 전환됨에 따라 후보지 선정 작업은 원점에서 다시 시작하지 않을 수 없게 되었다. 그러나 광역규모의 후보지 선정 작업은 앞서 이천시의 후보지 선정 작업에서 거버넌스 모델이 작동했을 뿐만 아니라, 시정부가 일정한 역할을 해왔기 때문에 한층 수월하게 진행되었다. 그 당시 시정부의 활동을 정리하면 [그림 2-7]과 같다. 이천시는 다른 4개 시·군과 합의하여 후보지 공모를 실시하였다. 2003년 5개 시·군 간의 광역지역 간 협약을 체결한 이후, 순회 공청회 및 홍보활동을 실시하였다. 그리고 과거 이천시 쓰레기소각장 건설의 경우와 마찬가지로 국내·외 소각장 선진시설 견학을 지속적으로 추진하였다. 일부 주민의 반대가 있었으나 시장이 전 주민을 대상으로 하여 서한을 발송하여 설득하였고, 이후에도 주민의 건의사항에 대해 가능한 한에서 최대한 의견을 수용하였다. 이러한 시정부의 활동 또한 광의적 의미의 거버넌스의 가치와 관련된 주민의 참여, 주민과의 대화, 주민의 의견 수렴 등이 활발했기 때문이라고 할 수 있다.

그림 2-7 문제해결을 위한 시청의 노력2

쓰레기소각장과 같은 혐오시설의 건설사업이 성공적으로 완성되기 위해서는 거버넌스 시스템의 도입 이후에도 정부에서 다양한 노력을 기울여야 한다. 먼저 이천시는 후보지를 공모하는 형식으로 바꾸었다. 이것은 하향식에서 상향식으로, 일방적인 방식에서 협력적인 방식으로 의사결정 양식이 바뀌었다는 것을 의미한다. 그리고 범폐추협 외에도 입지선정위원회를 구성했는데, 이것은 쓰레기소각장 건설과 관련된 의사결정에 주민의 대표성을 투입하고 강화하는 것이다. 또한 범폐추협을 구성하여 시의원과 이 · 통장 대표뿐만 아니라, 주민대표, 시민단체, 환경전문가 등을 참여시킴으로써 민간의 참여와 권한행사를 수용하였다.[24] 그리고 다양한 형식의 공청회 및 홍보활동을 강화하고, 심지어 선진시설에 대한 견학을 체계적으로 진행하였다. 이것은 행위자 간의 소통을 강화할 뿐만 아니라, 혐오시설에 대한 선입견을 완화하고 지역의 필수시설에 대한 주민의 공감대를 형성하는 데 크게 기여하였다. 나아가 최종 장소가 선정된 후에도 주민 내에서는 반대

24) 복잡다단한 현대 사회에서 시의회나 이 · 통장 대표로써는 시민의 대표성을 충족하는 데 한계가 있다. 오늘날 다양한 직접민주주의 제도가 시험되고 있듯이, 시민사회의 대표적 결사체를 참여시키는 것이 중요하다.

의견이 나왔지만, 시정부는 반대의견을 무시하거나 일방적으로 후보지 선정을 종결하기보다는 주민들이 의견을 제시하도록 시간을 주고, 또 가능한 한에서 의견을 수용하였다(담당공무원 인터뷰). 이것은 갈등관리에 있어서 시정부가 강제보다는 설득을 통한 해결을 지향했음을 말한다. 거버넌스 가치를 투입한 이러한 일련의 노력이 쓰레기소각장이라고 하는 혐오시설 건설의 성공에 커다란 영향을 미친 것으로 보인다.

이천시에서 쓰레기소각장 건설의 성공을 위한 노력을 요소별로 정리하면 <표 2-6>과 같다.

표 2-6 사업 성공을 위한 시청의 노력

번 호	내 용	비 고
1	입지 후보지 공모	하향식에서 상향식으로, 일방적 결정에서 협력적 결정으로 전환
2	입지선정위원회 구성	주민대표성의 강화
3	범폐추협의 구성	복합조직 형성을 통한 민간참여 강화
4	공청회 및 홍보활동	소통 강화, 선입견의 완화 및 공감대의 형성에 기여
5	주민의 건의사항 수렴	강제보다는 설득을 통한 갈등해결 방법 모색

제 5 절 맺음말

이상 우리는 기존의 통치에서 난관에 부딪혔던 지방정부의 사업이 거버넌스를 통해 해결되는 한편의 행정 스토리를 보았다. 이천시 쓰레기소각장 건설을 둘러싼 갈등은 한때 중앙 언론에서도 보도되었을 정도로 심각하였다. 그래서 1999년 쓰레기소각장 건설계획이 중단될 때에만 해도 이천시에서 이러한 혐오시설을 건설하는 것은 불가능한 것으로 보였다(담당공무원 인터뷰). 그러나 이천시는 재빨리 기존의 통치 모델에서 거버넌스 모델로 전환하여 상향식으로 후보지를 공모하도록 하고, 시민사회를 비롯하여 다양한 민간 대표들이 참여하는 범폐추협을 구성하여 권한을 위임함으로써 사업은 성공적으로 완결할 수 있었다.

이천시에서 제공한 자료와 담당자와의 인터뷰에 의하면, 앞서 지적한 요소 외에도 이천시에서 쓰레기소각장이 건설된 데에는 이천시장의 확고한 신념과 의지가 작용했다고 한다. 사실 선거로 선출되는 시장은 주민들의 반대가 심하고, 이러한 갈등이 전국적으로 뉴스에 등장할 정도면 포기하기 십상이다. 그러나 시장은 단지 혐오시설이라는 사실만으로 공공시설의 건설을 회피하는 것이어서는 안 된다는 의지를 가지고 주민들과의 대화와 설득에 노력하였다. 실제로 다른 사례에서도 지방정부에서 거버넌스의 성공은 정치지도자의 의지와 이해가 중요하다는 연구 결과가 많이 제시되고 있다. 시장의 의지와 시의회의 노력에 의해 공무원들도 사명감을 가지고 사업을 추진할 수 있었다. 특히 쓰레기소각장 건설과 관련된 공무원은 부서 이동을 하지 않고 장기간 동일 업무를 담당하면서 업무의 연속성과 전문성을 확보하고, 시민사회와의 네트워크도 견고하게 유지할 수 있었다. 이러한 과정에 행위자 간의 네트워크와 인간적 유대와 같은 사회자본(social capital)도 형성될 수 있었다.

이천시에서 쓰레기소각장 건설을 추진하는 과정에 투입된 거버넌스의 이념과 가치는 사실 시장, 시의회, 공무원들이 이론적으로 알고 있었던 것이 아니다. 그럼에도 한국에서 선구적으로 거버넌스 모델이 적용되어 사업이 실현될 수 있었던 것은 거버넌스의 모델이 현대 사회의 각종 공공문제 해결에 효과적으로 작동할 수 있다는 것을 반증한다. 앞으로 거버넌스의 확산을 위해서는 시스템의 실험을 통해 성공모델을 축적하는 것이 매우 중요하다. 다양한 실험을 거쳐 모델이 축적되면 여러 자치단체에서 이를 벤치마킹하여 정책을 추진할 수 있기 때문이다. 이천시의 로컬 거버넌스 성공사례는 이러한 측면에서 중요한 정보를 제공한다고 볼 수 있다. 물론 공무원들이 거버넌스에 대해 제대로 이해해야 한다는 점에서 거버넌스에 대한 공무원의 체계적인 교육을 실시하는 것도 중요하다고 하겠다.

기든스(Anthony Giddens)가 '고도현대'(Giddens, 1997)라고 표현하듯이, 현대사회는 그야말로 복잡다단하다. 시민들의 요구도 다양할 뿐만 아니라 갈등구조도 중층적이다. 이러한 사회구조에서 정부가 단독으로 각종 사회문제를 해결하는 것은 한계가 있다. 따라서 거버넌스 모델의 적용을 통해 시민참여를 유도하고 시민사회의 자원적 에너지를 활용하는 것은 행정의 선진화와 함께 시민의 삶의 질을 높일 수 있다는 점에서 매우 중요하다. 더구나 지방정치의 차원에서 본다면, 로컬 거버넌스(local governance)의 실현은 일상의 다양한 생활문제를 해결하는 생활정치(life politics)의 현실화에도 유용한 메커니즘으로 작용할 수 있다.

참고문헌

박상필(2008). 『NGO와 정부 그리고 정책』(개정판). 서울: 한울.

______(2011). 『NGO학: 자율 참여 연대의 동학』(개정판). 홍천: 아르케.

______(2014). "국가 거버넌스의 평가를 위한 분석틀." 『NGO연구』, 9(2): 1-24.

______(2017). "시민주권시대 시민의 정체성과 주권의 재편." 『NGO연구』, 12(1): 41-76.

박상필 · 배성환(2017). 『한국 시민사회 그랜드 디자인』. 서울: 조명출판사.

이천시(2017). "동부권 광역자원회수시설 성공스토리"(내부 자료).

정종길(2006). "우리 통치구조 기본원리에 수용된 18세기 후반의 프랑스 헌법사상." 『공법논총』, 제2호.

Giddens, Anthony(1997). 『현대성과 자아정체성』. 권기돈(역). 서울: 새물결; *Modernity and Self-Identity*. Oxford: Polity Press. 1991.

Habermas, Jurgen(1989). *The Structural Transformation of the Public Sphere*. Cambridge: the MIT Press.

Hirst, Paul(2000). "Democracy and Governance." Jon Pierre(ed.). *Debating Governance: Authority, Streeing, and Democracy*. Oxford: Oxford University Press.

Jantsch, Erich(1989). 『자기조직하는 우주』. 홍동선(역). 서울: 범양사; *The Self-Organizing Universe*. New York: Pergamon Press. 1980.

Jessop, Bob(2000). "Governance Failure." Gerry Stoker(ed.). *The New Politics of British Local Governance*. New York: MacMillan Press.

Kettl, Donald(2000). *The Global Public Management Revolution*(3rd ed.). New York: CBS College Publishing.

Kiel, Douglas(1994). *Managing Chaos and Complexity in Government*. San Francisco:

Jossey－Bass Publishers.

Nye, Jr., Joseph(2002). "Information Technology and Democratic Governance." Elaine Kamarck & Joseph Nye, Jr.(eds.). *Governance.Com: Democracy in the Information Age*. Washington, D.C.: Brookings Institution Press.

Pierre, Jon & B. Guy Peters(2000). *Governance, Politics, and the State*. New York: John Wiley & Sons.

Prigogine, Ilya & Stengers, Isabelle(1994). 『혼돈속의 질서』. 유기풍(역). 서울: 민음사; *Order out of Chaos*. 1984.

Rhodes, R. A. W.(1997). *Understanding Governance: Policy Networks, Governance, Reflexivity and Accountability*. Buckingham: Open University Press.

______(2000). "Foreword." Gerry Stoker(ed.). *The New Politics of British Local Governance*. New York: MacMillan Press.

Stoker, Gerry(1998). "Governance as Theory: Five Propositions." *International Social Science Journal*, Vol.155: 17－28.

제 3 장

충청남도 사례1

천안시 민관합동워크숍: 정책형성 과정에서 협력과 역량강화

민병기

제 1 절 서 론

분권형 권력구조 하에서는 중앙정부와 소수의 권력엘리트에 집중되어 있는 권력이 분산되어 정책결정 과정에 더 많은 대중의 참여를 통해 공동선을 달성할 수 있고 민주주의가 확대될 것으로 기대된다. 그런데 권력의 분산이 민주주의를 확대하는 효과로 나타나기 위해서는 제도의 변화와 함께 행위자들의 역량이 함께 증진되어야 하지만, 지역정치의 수준에서는 여전히 해결해야 할 과제들이 있다.

지역정치 수준에서 행위자들의 역량에 관해서는 지방자치제의 특성에 대한 논의를 중심으로 살펴볼 수 있다. 한국에서 지방자치제도는 1995년에 부활된 이후 양적 · 질적 변화를 거치면서 발전해 왔지만 여전히 높은 위임사무의 비중, 낮은 재정자립도, 그리고 낮은 정책역량 등은 지방자치제가 서구와 같은 수준에서 이루어질 수 없는 구조적 한계로 작용하고 있다. 이와 함께 자치단체장에게 집중된 막강한 권한과 거대 정당들을 중심으로 구성되는 의회구성으로 인해 시민들의 정책적 개입이 제한되고 있는 것이 현실이기도 하다. 이와 같이 지방자치제의 발전을 제약하는 다양한 요인들이 민주주의의 심화라고 하는 차원에서 지방자치제의 허약성을 확대하는 주요 원인이라고 할 수 있다.

현대 대의민주주의의 위기로 인식되는 대표성의 위기는 한국 지방정치의 허약성을 설명하는 데에도 적용된다. 때때로 다수결주의를 바탕으로 하는 선호집합적 특성을 갖는 대의민주주의 하에서 대중의 낮은 참여로 일부의 의사가 과대대표될 가능성이 있고, 그 가능성이 현실로 나타날 경우 대의기구의 실체적 정당성마저 위협받게 된다.[1] 물론 이러한 현상을 보완하기 위한 다양한 대안들이 참여민주주의나 직접민주주의 차원에서 모색되어 왔고 그 성과도 있었지만, 여전히 선호집합적 한계를 내포하고 있다. 다시 말해, 대의민주주의, 참여민주주의 혹은 직접민주주의는 공통적으로 선호집합적 특성을 갖기 때문에 대중의 결정이 공공선의 달성과 직접적으로 등치되지 않는 모순을 낳기도 한다. 그 원인은 정치적 대표기구 혹은 대의기구가 근원적 운영원리로 삼고 있던 심의기능이 약화된 것에서 찾을 수 있다(김주성, 2008).

거버넌스는 기존 대의체계에서 약화된 심의기능의 강화를 위한 새로운 패러다임으로 등장한 것으로 이해할 수 있다.[2] 거버넌스는 서구 사회가 국가와 시장

1) 참여의 위기는 낮은 투표 참여율로 대변된다. 비록 2002년 선거에서 최하점을 기록한 이후 점차 상승하고 있기는 하지만, 1995년 제1회 전국동시지방선거에서 68.4%의 투표율을 나타낸 이후 2014년 제6회 전국동시지방선거에 이르기까지 한 번도 60%를 넘기지 못하고 있다. 이러한 낮은 투표율은 국회의원 선거에서도 유사한 형태를 보이고 있다는 사실에 비추어 볼 때 대표성의 위기는 한국 정치의 일반적 특성인 것으로도 이해할 수 있다.

<표> 역대 지방선거, 국회의원선거, 대통령선거 투표율

구분						
지방자치	1회('95)	2회('98)	3회('02)	4회('06)	5회('10)	6회('14)
	68.4	52.7	48.9	51.6	54.5	56.8
국회의원	15대('96)	16대('00)	17대('04)	18대('08)	19대('12)	20대('16)
	63.9	57.2	60.6	46.1	54.2	58
대통령	14대('92)	15대('97)	16대('02)	17대('07)	18대('12)	19대('17)
	81.9	80.7	70.8	63	75.8	77.2

자료출처: 중앙선거관리위원회 홈페이지 자료를 재구성.

2) 한편, 거버넌스의 확장에 관해 이와 같이 긍정적 의미를 부여하는 의견과 달리 부정적 의견을 제시하는 연구자도 있다. 예를 들어, 임의영(2004)의 경우 "우리가 염려하는 것은 역설적이지

의 실패를 번갈아 가며 경험한 이후 국가, 시장, 그리고 시민사회가 함께 공공영역의 정책결정에 참여하여 문제를 해결하고, 결정에 책임을 지는 공동의사결정 방식으로 1990년 초반부터 제도적으로 확산되기 시작했다. 그런데 그간 국내에서는 거버넌스 형성의 목적은 대체로 특정 의제나 갈등적 쟁점을 해결하기 위한 도구로 활용되어 온 측면이 많은 것으로 파악된다. 특정 쟁점을 중심으로 이해당사자들 간의 협의를 통해 지역 수준에서 정치적 역량을 키워갈 수 있지만 그 효과는 단편적이고 참여의 범위에 있어서도 제한적일 가능성이 높다. 지방정치의 역량을 증대하기 위해서는 포괄적인 수준에서 정책의 수립과 집행, 그리고 평가에 이르는 일련의 흐름을 유지하는 과정을 통해 지역 내에서 정부와 시민사회 간 네트워크를 강화하고, 지역사회 내에서 권력 간 상호작용의 효과를 확대하는 것이 중요하다.

천안시의 민관합동워크숍은 이러한 차원에서 대표적인 사례로 볼 수 있다. 천안시의 민관합동워크숍 사례는 전국의 자치단체 중 가장 먼저 제도화를 했고 전반적인 정책의제를 대상으로 심의 과정을 통해 정책과제를 도출해 왔다. 특히 천안NGO센터라는 제도로 보장된 중간조직을 매개로하면서 시민사회의 역량을 동원하는 최초의 사례로서 의미를 부여할 수 있다. 이 글에서는 거버넌스 이론에 관한 새로운 탐색보다는 기존 이론을 바탕으로 기초자치단체 수준의 정책결정 과정에서 심의민주주의가 어떻게 작동하고 있는가에 대해 살펴보고자 한다. 이와 함께 한국 지방자치제가 갖는 허약성을 보완하는 차원에서 심의민주주의와 결합된 거버넌스 작용이 갖는 함의를 논하고자 한다.

천안시 민관합동워크숍이 갖는 거버넌스 특성을 분석하기 위해 문헌연구를 중심으로 하겠지만, 천안시 담당공무원과 천안NGO센터의 담당자 등과 인터뷰를 통해 문헌연구의 한계를 보완한다.

만 거버넌스가 세계화의 추세에 합당한 방향이라는 것이다. 세계화는 세계 인구의 절대다수에게는 곧 불행과 고통의 심화를 의미한다. 거버넌스는 그러한 흐름이 거역할 수 없는 물살로 흐르고 있음을 정당화하는 이데올로기가 되고 있다"고 비판한다(임의영, 2004: 81). 그런데 지구화(globalization)는 다양한 차원에서 이해되어야 하는 개념이고, 임의영이 우려하는 세계화는 자본권력을 중심으로 하는 신자유주의의 전세계적 확산이라는 것으로 한정되어야 할 것이다.

제 2 절 이론적 배경

1 선행연구 검토

1) 거버넌스의 개념

거버넌스의 개념이 한국에 본격적으로 도입된지 그다지 오래되지 않았음에도 불구하고 그간 많은 연구들이 진행된 바 있고, 본격적으로 거버넌스 개념이 정책과정에 도입된 시기는 1990년대 후반부터로 볼 수 있다. 그 과정에서 서구 국가의 재정위기로부터 발생한 국가실패와 시장실패에 관한 대안에 관한 논의와 더불어 민주주의를 확대하기 위한 논의가 함께 전개되었다(전영평, 2008: 100). 그럼에도 거버넌스의 개념에 관하여 연구자들에 따라 다양하게 제시되어 이론적으로 합의되는 개념은 없는 듯하다.

거버넌스의 개념과 관련하여 행정학의 입장에서 로즈(Rhodes, 1997: 15)는 행위자에 중심을 두어 거버넌스를 "자체 조직화, 상호의존에 기반을 둔 조직 간의 네트워크, 자원의 교환, 게임의 규칙, 국가로부터의 상당한 자율성을 의미"하는 차원에서 정의한다. 반면 정치학의 입장에서 하이덴(Hyden, 1999: 185)은 제도에 중심을 두어 "정치적 게임의 공식적·비공식적 규칙을 관리하는 것이다. 거버넌스는 권력행사의 규칙을 결정하고 그러한 규칙과 관련한 갈등을 해소하는 방법"이라 규정하기도 한다. 이와 유사한 의미에서 거버넌스를 공공영역에서 정통성을 확보하기 위한 이행 게임의 규칙을 관리하는 것을 의미하는 것으로 규정하기도 한다(Kjær, 2007: 28). 또한 제솝(Jessop, 1995)은 상호관계의 작용에 중심을 두어 "거버넌스는 정치적 의미로 볼 때, 파편화되고, 불확실한 환경에서 집합적으로 정의된 목표를 달성하기 위해 행위자, 사회집단, 제도 등을 조정하는 과정이라고 정의할 수 있으며 이는 복잡하고 호혜적인 상호의존관계를 맺고 있는 독립적인 행위자들의 성찰적 자기조직화를 의미"한다고 이해했다(신희영, 2005: 2).

이와 같은 다양한 논의들을 통해 거버넌스는 행위자들 간의 네트워크가 일정의 규칙을 바탕으로 사회적 자원의 배분을 위해 작동하는 상호작용의 과정이라는 기능을 갖는 것으로 이해할 수 있다. 그런데 사회적 자원의 배분은 대의민주주의 하에서도 이루어져 왔다. 그렇다면 기존의 대의민주주의는 어떻게 위기에 직면했으며 대안론자들, 특히 거버넌스 주창자들에 의해 오늘날의 대의민주주의가 민주적 책임성을 담보하기에는 점점 더 부적절한 것으로 간주되는 원인을 살펴볼 필요가 있다(Kjær, 2007: 26; 김도균, 2009: 12). 이를 통해 심의민주주의가 대의민주주의의 대안이 될 수 있는가에 대한 해답을 구할 수 있기 때문이다.

2) 거버넌스의 특성

정책결정 과정과 관련된 거버넌스의 특성에 관한 몇 개의 연구들을 살펴본다. 임성학(2007)은 기존의 정책결정과 거버넌스적 정책결정의 차이를 정책의제설정 유형을 통해 논한다. 그에 의하면 의제설정 유형은 관료제 내부에서 의제를 설정하는 내부접근형, 정책결정자들에 의해 의제가 설정되지만 정책대상자들로부터 지원을 유도하는 동원형, 그리고 정책대상자들이 스스로 인식한 필요성을 정부에 요구함으로써 정부로 하여금 정책의제를 채택하게 하는 외부주도형으로 구분할 수 있다. 의사결정 유형에서는 선호집합 방식의 대의민주주의는 흥정과 설득을 특징으로 하고 영합적 결과로 이어지는 것으로 보았다. 반면, 거버넌스적 정책결정에서는 목적과 수단의 관계에 대한 선호와 신념의 변화를 목적으로 하는 논쟁의 과정을 특징으로 들고 있다. 심의민주주의는 거버넌스적 정책결정의 과정에서 논쟁을 통해 합의에 이르는 주요한 기제로 작동하는 것이라고 보았다(임성학, 2007: 45－47).

장수찬(2011)의 연구도 정책과제의 형성 과정에 대한 분석으로 충청남도의 도민정상회의와 미국 워싱턴 D.C. 시민정상회의를 비교한 바 있다. 그는 이 연구에서 두 사례의 비교를 위해 이니셔티브(initiative), 의제선정, 참가자 모집, 지역언론의 참여, 회의 진행과 결과, 회의의 정치적 효과, 회의의 장기적 효과를 분석요인으로 설정했다. 비교 결과로는 워싱턴 사례에 비해 충청남도 도민정상회의는 성공적이지 못했다는 비판적 평가가 도출되었다(장수찬, 2011: 66－67). 이 연구는 정책형성 과정에 대한 연구라는 의미가 있지만 거버넌스 운영 기술에 중심을 두고 있다.

배응환(2007)의 연구는 참여거버넌스의 차원에서 지역NGO의 정책참여 특성에 관해 천안시에서 전개된 바 있는 두 개의 갈등조정 사례를 분석한 것이다. 그는 기존 연구자들의 거버넌스 개념을 정리하면서 정치나 문제해결 과정에 누가 참여할 것인가와 의사결정 규칙은 무엇인가를 거버넌스의 주요 구성 요인으로 제시했는데, 특히 참여의 문제를 참여거버넌스의 대상으로 보았다(배응환, 2007: 117). 그는 정책영역의 특성과 범주, 정책참여 행위자의 특성, 상호작용의 규칙과 관련한 정책참여방법, 그리고 참여의 효과로서 정책 결과를 참여거버넌스의 개념적 구성 요소로 들고 있다(배응환, 2007: 118-119).

김형양(2006)은 로컬 거버넌스 형성의 영향 요인에 관해 분석했다. 그는 국내·외의 연구자들이 제시한 로컬 거버넌스 구성 요인을 종합적으로 검토하여 자발적 참여, 협력, 공동결정으로 정리했다. 자발적 참여에는 자발성과 참여 정도가 포함되고, 협력에는 신뢰와 공동목표에 대한 인식, 공동결정에는 대등한 권력과 책임분담 인식이 포함되는 것으로 했다. 이 변수들을 16개 광역자치단체 공무원들과 NGO단체 관계자들을 대상으로 설문하여 분석한 결과에서, NGO에 대한 시민의 신뢰, 부서장의 NGO에 대한 우호적 태도, 그리고 조직의 개방적 풍토가 로컬 거버넌스를 형성하는 주요 요인으로 확인되었다(김형양, 2006: 200). 이 결과에서 독특한 것은 단체장 요인보다 해당정책 관련 부서장의 태도가 더 큰 요인으로 확인되었다는 것이다.

권해수와 최영출(2006)은 키커트 등(Kickert et al., 1999)의 논의를 바탕으로 로컬 거버넌스의 평가기준을 네 가지로 제시했다(권해수·최영출, 2006: 17-19). 첫째, 행위자 및 자원의 활성화 요인으로 행위자들 간 상호작용의 활성화를 의미한다. 둘째, 상호작용 비용제한으로 상호작용 과정에서 발생할 수 있는 갈등을 조절할 수 있는 규칙을 의미한다. 셋째, 공동목표에 대한 몰입 확보는 공동목표의 달성을 위한 공식적·비공식적 장치를 의미한다. 넷째, 상호작용의 질적 수준과 투명성으로 참여의 범위와 정보의 개방성으로 이해할 수 있다. 이들은 로컬 거버넌스가 제대로 작동하기 위해서는 네트워크 구성형태, 책임소재, 그리고 참여범위에 대한 결정이 선결되어야 할 과제로 제시했다(권해수·최영출, 2006: 19).

이외에도 많은 연구들이 있지만 대체로 특정한 갈등적 쟁점이나 단일 정책과제의 수행을 위한 거버넌스 사례분석이 중심을 이루고 있는 것으로 파악된다. 따라서 정책의제설정의 과정을 중심으로 하는 분석은 기존 연구들이 다루지 못한 빈 공간을 채울 수 있을 것으로 기대된다. 그 구체적인 분석틀은 다음 항에서 이론적 논의를 통해 재구성해 보기로 한다.

2 대의민주주의 위기의 보완으로서 심의민주주의

앞에서 언급한 바와 같이 현대 대의민주주의의 위기는 인민의 의사가 제대로 실현되지 않는 대표기능의 위기와 공공선이 실현되지 않는다는 심의기능의 위기로 요약할 수 있다. 대의민주주의는 본래 인민을 대표해서 삼권분립이나 법치주의 및 기본권 보장과 같은 자유주의적 공화주의의 심의기제를 바탕으로 정치의사를 결정하는 심의체제로 구상되었다(김주성, 2008: 6). 그렇다면 현대 대의민주주의의 두 위기를 좀 더 구체적으로 밝힘으로써 위기의 본질을 이해할 수 있을 것이다.

먼저, 대표의 위기는 선출된 공직자에 의한 대리기능의 실패라는 것이다. 그런데 선출된 대표자는 완전하게 유권자들을 대리할 수 없음에도 유권자들의 선호를 대리하기를 요구받는다. 유권자의 의사를 대신하여 전달하는 대리인으로서 역할은 공공선에 대한 심의를 위한 전권을 위임받은 수탁자로서 기능이 부여된 것이 아니기 때문에, 선호집합적 대의민주주의는 처음부터 심의기능의 실패를 내장하고 있었던 것이다. 다시 말해, 선호집합적 대의민주주의에서 공공선은 유권자들의 선호가 사회적 선호로서 선택되도록 경쟁한 결과이고, 선출된 대표들이 재선을 염두에 두고 유권자들의 욕구를 여과 없이 의회정치에 투입함에 따라 공공선의 정치로서 심의기제는 약화되었다(김주성, 2008: 25-26).[3] 이로써 현대

3) 대리기능의 약화는 의회뿐만 아니라 단체장의 차원에도 동일한 수준에서 발견할 수 있는 문제로 대의민주주의의 일반적 현상이다. 이의 보완을 위해 다양한 제도적 장치들이 필요한데 특히 선거공약의 일방적 집행을 조정할 수 있는 방안이 마련이 필요하다. 이런 차원에서 영국의 Best-Value 제도는 참고가 될 수 있다. 이 제도는 비록 중앙정부가 지방정부의 성과를 평가하기 위한 방안으로 마련되었지만 지방정부의 정책수립과 평가단계에서 지역 내 이익단체뿐만

대의민주주의에서 약화된 심의기제를 강화하기 위한 방안은 대의제 자체에 대한 폐기의 차원이 아니라 대리기능을 보완하는 차원에서 모색하는 것이 필요하다.

대리기능의 보완을 위해서 심의민주주의의 담론을 구성하고 있는 두 흐름의 적용을 통해 그 가능성을 찾을 수 있다. 즉, 하버마스(Jurgen Habermas)류의 공론장의 활성화를 통해 국민의 정치적 요구가 심의성을 확보할 수 있도록 하고, 롤즈(John Rawls)류의 공공이성(public reason)을 체화할 수 있는 공간을 마련함으로써 유권자 선호집합적 정치를 탈피할 수 있도록 해야 한다(김주성, 2008: 26). 이를 통해 심의민주주의는 대의민주주의의 대체기제라기보다는 약화된 대리기능을 보완하기 위한 기제로 작용할 수 있을 것이다.

심의민주주의는 행위자들간 숙고, 심의, 그리고 토론을 통해 민주주의를 심화하고 국가 통치체제만을 대상으로 하는 것을 넘어 생활의 곳곳에서 민주주의가 작동하는 민주주의의 확장과 심화의 과정으로서 거버넌스의 작동에 기여한다(김도균, 2009: 11). 그런데 정책결정 과정에서 심의적 거버넌스에는 다양한 이해관계자, 상호의존적 참여, 욕구의 다양화, 그리고 현안의 다양화 등의 요인이 작용하기 때문에 다음과 같은 요인들이 고려되어야 한다. 첫째, 거버넌스적 정책심의 과정에서 다루어지는 문제는 시민들이 공감하고 공유하는 공공선을 지향하는 것이어야 한다. 둘째, 정부의 일방적 통제를 벗어나 권력의 균형을 이루는 다양한 참여자들로 구성되어야 한다. 셋째, 공개적이고 투명한 집단적 의사결정 과정을 통해 다른 사람들의 의견을 이해할 수 있고 상호학습이 이루어지는 기회를 제공해야 한다. 넷째, 정보의 공유뿐만 아니라 도덕적 논쟁이 포함되는 이성적 논쟁을 통한 성찰적 문제해결 과정이어야 한다. 다섯째, 심의민주주의적 정책결정은 지속적인 문제해결 과정이어야 한다(문태현, 2011: 4–5; 고경훈, 2012: 9). 그리고 정책문제의 해결책은 새로운 환경과 예기치 못한 결과에 의해 늘 수정되어야 하기 때문에 지속적인 논의구조가 필요하다(Matthews, 1993: 242).

이상과 같이 심의민주주의가 현대 대의민주주의에서 대리기능의 심의성을 강화하기 위한 방안이 될 수 있다고 전제할 때, 누가 대리할 것인가라는 참여 행위자의 범위에 관한 과제가 도출된다. 선출된 공직자가 충분한 심의적 대리기능을

아니라 다양한 공익적 시민단체의 참여를 제도로 강제하고 있어 심의성을 확보하고 있는 것으로 평가된다. Best–Value 제도에 관한 자세한 내용은 고경훈(2012) 참조.

수행하는 것이 현실적으로 불가능하다면, 거버넌스 과정에서 이들을 견제하고 보완할 다른 행위자가 필요하다. 참여민주주의나 직접민주주의의 차원에서 다수 대중을 참여자로 규정할 수도 있지만, 이 경우에도 정책결정 과정에서 선호집합적 방식이 동원되기에 공공선의 달성을 위한 심의기능의 충족을 기대하기는 어려울 수 있다. 따라서 심의 과정에서 보다 분명하고 응집된 형태로 지속적인 논의가 가능한 참여 주체에 관한 논의가 필요하다.

참여 주체는 대표자, 다수 대중으로서 시민사회, 위원회로 나누어 살펴볼 수 있다(장동진 · 송경호, 2006). 이 중 대표자는 앞에서 살펴본 바와 같이 보완의 대상이고 거버넌스 과정에는 대표자 외에 다중의 참여가 필요하기 때문에 논의에서 제외하고 시민사회와 위원회를 중심으로 살펴본다.

먼저, 시민사회는 일상적인 생활세계 속에서 어떤 사회문제가 감지되면 이를 응집시키고 증폭시켜 정치적 공론장으로 확대하는 기능을 한다(Habermas, 1996: 366-367). 하지만 공론장에서 형성된 의견들은 직접 정책결정으로 연결되지 않고 의사소통 권력의 관문을 거쳐야 한다. 이것이 바로 참여민주주의나 직접민주주의가 대의민주주의의 한계를 극복하고자 하면서도 정책결정에 영향을 주기 위해 주민투표와 같은 선택선호적 수단을 동원하는 이유이다. 그런데 의도적으로 조직화와 정치화되지 않은 수준에 머물러 있는 단순한 군중으로서 시민사회는 선택선호적 동원의 대상이 되어 거버넌스 과정에 독립된 행위자로 참여하기에 한계를 갖는다. 이러한 한계로부터 지역사회의 공공선을 추구하는 다양한 자발적 결사체들 간의 협동과 단결의 필요성이 대두되고, 이 필요성으로부터 형성된 이차적 단체의 튼튼한 네트워크는 효과적인 사회적 협동을 가능하게 한다. 이들에 의한 사회적 협동을 통해 거버넌스와 민주주의는 효율적으로 수행된다(Putnam, 1993; 박희봉, 2006: 5-6).

거버넌스의 장은 결국 이러한 결사체들의 집합으로 위원회와 같이 제도화된 논의 구조로 등장한다. 굿만과 톰슨(Gutmann & Thompson)은 이러한 위원회를 공개성, 상호성, 책임성을 바탕으로 하고 전문가, 대표자, 시민들로 구성되어 중간 수준의 민주주의가 실현되는 정기적 모임으로 규정한다(Gutmann & Thompson, 1996: 12). 위원회의 장점은 시민사회의 심의와 대표자들의 심의를 연결하는 매개체로서 소수에 의한 독점적인 심의를 막을 수 있으며, 동시에 다수에 의한 소모적인 심의를 보다 효과적이고 집약적인 형태로 가능하게 한다(장동진 · 송경호, 2006: 54).

3 분석의 기준

이 글은 기초자치단체 차원의 정책결정 과정에서 심의민주주의 기제가 작동하는 방식과 효과에 관해 분석하고자 한다. 심의민주주의적 거버넌스 요인은 앞에서 살펴본 바와 같이 연구자들에 따라 분석대상과 수준에 따라 다양하고 다의적으로 적용되고 있다. 이 중 정치학의 차원에서 키에르(Anne Mette Kjær)는 거버넌스를 공공영역에서 정통성을 확보하기 위해 게임의 규칙을 관리하는 것을 의미하는 것으로 이해했다(Kjær, 2007: 28).

키에르의 이러한 이해에서 정통성은 거버넌스의 핵심 개념으로 볼 수 있는데, 정통성은 투입의 차원에서 민주적 절차가 강조되고 산출의 차원에서는 공공선과 부합하는 결과가 강조되는 것이다(Kjær, 2007: 24). 이 두 차원의 정통성은 효율성과 민주성이 상호보완적 작용을 통해 함께 충족될 때 확보된다. 이때 민주주의는 현대 대의민주주의의 한계를 보완하기 위해 고안된 심의민주주의와 결사체민주주의 등 대안들이 제시되지만, 거버넌스에 관한 논의에서 중요한 것은 민주적 책임성을 확보하는 것 역시 주요 고려의 대상이 되어야 한다는 것이다(Kjær, 2007: 26−27). 이와 같은 키에르의 논의를 바탕으로 거버넌스의 개념을 "민주적 절차를 통해 공공선에 부합하는 결정을 하고, 그 결정에 행위자들이 책임을 지는 것"으로 진전시킬 수 있을 것이다.

이와 같은 거버넌스의 개념을 바탕으로 이 글에서는 사례의 분석을 위한 기준을 다음과 같이 세 가지 차원에서 설정했다. 첫째, 책임성의 차원으로 참여 행위자의 범위에 해당한다. 전통적인 거버넌스 논의들에 따르면 참여 행위자는 국가, 시장, 그리고 시민사회로 크게 구분할 수 있다. 행위자를 책임성의 범주에서 다루는 것은 거버넌스 하에서 이루어지는 공동결정과 공동책임을 대의기능의 약화에 따른 심의기능의 강화라는 차원에서 이해할 수 있기 때문이다. 즉, 대의민주주의 하에서 선출된 공직자에 집중된 책임의 문제를 시민사회로 확장할 수 있고, 선출된 공직자 중에서도 자치단체장에서 지방의회의 의원까지 포괄할 수 있기 때문이다. 종종 참여 행위자를 민주성의 범주로 두는 연구도 있지만 이 글에서는 대표성의 차원에서 책임성의 범주로 포함한다. 둘째, 민주성의 차원으로 의제설정 방식의 개방성과 논의 과정의 심의기능을 포함한다. 의제 제출 행위자가 자치단체인지 혹은 시민사회인지에 따라 민주성과 개방성을 판단할 수 있을 것이다. 또한 논의 과정이 행위자들 간의 충분한 논의를 보장하여 심의기능을 확보하고 있는지 여부를 거버넌스의 민주적 운영을 판단하는 요소로 볼 수 있다. 셋째, 지속성의 차원으로 제도화의 수준에 해당한다. 이는 거버넌스 자체의 제도화와 함께 결정된 정책에 관한 제도화까지 포괄하는 것이다. 논의를 통해 결정된 정책이 행정부에 의해 정책화되는 것도 포함될 수 있지만, 단체장이 선거를 통해 교체될 경우 그 지속성이 반드시 유지된다고 볼 수 없기 때문에 제도화가 필요하다.

분석의 대상 기간은 2011년 제1차 민관합동워크숍부터 2016년 제6차까지로 하였다. 이의 분석을 위해 주요 자료는 2011년 제1차 민관합동워크숍부터 2016년 제6차 민관합동워크숍까지 각 연도별 보고서를 활용했으며, 문헌 자료에서 설명되지 않는 부분을 보완하고자 천안시청과 천안NGO센터의 민관합동워크숍 담당자와 인터뷰를 진행했다.

제 3 절 사례의 현황과 특성

1 사례의 개요와 선정 이유

천안시 민관합동워크숍(이하 합동워크숍)은 광주광역시에서 시민단체들을 중심으로 2001년부터 진행해 오던 민관합동정책워크숍을 모델로 하여 2011년에 처음으로 개최된 후 지속되고 있다. 제1회 합동워크숍은 민간단체, 천안시, 천안시의회, 지역언론이 공동으로 추진하고 민간단체의 시정참여와 거버넌스를 구축하는 것을 주요 배경으로 했다. 제1회 합동워크숍에서는 열린 행정 모형의 제안, 행정의 만족도 제고, 그리고 효과적인 거버넌스 시스템 구축이 목적으로 제시되었다(제1회 합동워크숍 보고서, 2011: 8).

제2회(2012년) 합동워크숍부터 천안NGO센터의 위상 정립 및 역할 강화와 "뉴거버넌스(New Governance) 행정모델 구현"으로 추진배경이 변경되었다. 목표에 있어서도 시민 삶의 질 향상과 민관협력관계의 대안적 모델 제시로 거버넌스 특성을 강화했다. 이후 제6회(2016년)까지 이러한 추진배경과 목표는 유지되었다.

각 연도별 분과/의제와 세부과제, 의제선정 방식, 논의 과정, 그리고 위원 구성은 <표 3-1>과 같이 정리할 수 있다.[4] 제1회와 제2회는 분과별 토론회 형식

표 3-1 천안시 민관합동워크숍 연차별 진행경과

회 차	분과/의제와 세부과제	의제선정 방식	논의 과정	위원 구성
제1회 (2011년)	분과: 7개 세부과제: 31개	시민단체 공모	분과별 토론회 (1회)	• 8개 주관단체
제2회 (2012년)	분과: 8개	공모 + 지자체 제안	분과별 토론회 (1회)	• 7개 주관단체
제3회 (2013년)	의제: 4개 세부과제: 19개	NGO센터 제안	의제별 3~6 차례의 워크숍	• 천안시 4개 담당부서 • 참여위원: 공무원, 의회, 전문가, 시민단체, 이익단체, 정당(이상 32명)
제4회 (2014년)	의제: 5개 세부과제: 51개	시장 공약사항 중 여론조사	의제별 4~5 차례의 워크숍	• 천안시 5개 담당부서 • 참여위원: 공무원, 의회, 전문가, 시민단체, 이익단체(이상 45명)
제5회 (2015년)	의제: 4개 세부과제: 41개	공모 + 지자체 제안	의제별 5~7 차례의 워크숍	• 4개 주관단체 • 참여위원: 공무원, 의회, 전문가, 시민단체, 이익단체, 노동조합, 언론(이상 39명)
제6회 (2016년)	의제: 3개 세부과제: 27개	공모	의제별 4~6 차례의 워크숍	• 3개 주관단체 • 참여위원: 공무원, 의회, 전문가, 시민단체, 이익단체(이상 29명)

자료출처: 각 연도별 합동워크숍 보고서와 천안시청 담당공무원이 제공한 자료를 참고하여 작성.

4) 이 <표 3-1>에 대한 세부적인 설명은 제4절에서 다룬다.

으로 진행되었고, 시행 초기로 형식을 갖추어 가는 단계로서 시정의 자문회의 역할을 한 것으로 파악된다. 두 차례의 운영을 바탕으로 2013년에 개최된 제3회부터는 분야별로 여러 차례의 워크숍을 진행하고 그 결과를 정책제안으로 제시해 왔다.

합동워크숍을 분석의 대상으로 선정한 이유는 앞의 이론적 논의에서 제시했던 세 가지 범주에 부합하는 것으로 사전 검토를 통해 확인한 결과였다. 즉, 논의구조의 차원, 행위자의 특성, 그리고 정책영역의 특성과 범주 등에서 여러 연구자들이 제시했던 거버넌스 요인들이 잘 반영되어 있었다.

실천적 차원에서는 합동워크숍은 기초자치단체에서 유일하게 조례에 의해 시행되는 정책네트워크라는 사실을 확인할 수 있었다. 그리고 전국에서 처음으로 조례에 근거하여 중간기구로서 NGO센터를 설립하고, 이 센터의 기능으로 관련 조례에 정책수립과 관련한 거버넌스 개념을 도입했다. 그리고 2015년에 충청남도 개최한 '2015 민관협치 우수사례 발표대회'에서 최우수상을 수상하여 우수사례로서 인정을 받은 바 있다(충남일보 2015.11.16, 인터넷자료). 2016년에도 서울시립대학교에서 개최된 전국 기초단체장 매니페스토 우수사례 경진대회에서 "천안NGO센터－시민주도형 정책거버넌스 활성화를 통한 공약의제" 사례로 주민참여분야에서 최우수상을 수상하기도 했다(충남.넷 2016.7.25, 인터넷자료). 또한 특정 갈등해결을 위한 거버넌스가 아닌 도시 정책 설계단계에서 형성되는 정책형성네트워크로서 특성을 갖는 드문 사례로 판단된다. 그럼에도 학술적 연구가 이루어지지 않아서 합동워크숍에 대한 학술적 평가를 시도하는 것은 의미를 갖는 것으로 판단된다.

2 거버넌스 도입의 배경

2011년에 시작된 합동워크숍은 천안시NGO공동협력센터의 설립이 계기가 되었다. 1990년대 후반부터 한국의 시민운동은 재정적 어려움과 정체성 논란으로 위기의 국면에 접어들었고, 2000년대 초반부터 극복방안에 대한 논의가 전개되었다. 특히 2002년 시민사회단체연대회의를 중심으로 NGO센터 설립에 관한 논의가 진행된 바 있다(조철민, 2015). 그런데 천안NGO공동협력센터 설립은 전국적 논의의 흐름과 달리, 2006년 제5회 전국동시지방선거에서 천안시장 후보였던 성무용 후보의 선거공약에 포함되면서 시작되었다.

당시 성무용 후보는 이미 재선의 경력이 있는 현역 시장이었지만, 선거경쟁 구도에서 유리하지 않은 상황이었다. 즉, 보수정당 후보로서 시민단체들로부터 적극적인 지지를 이끌어내지는 못하더라도 적대적 관계는 회피해야 하는 상황이었기에 합동워크숍을 시민사회 포섭전략으로 활용하려 했던 것으로 보인다. 이러한 상황은 이전 두 번의 선거와는 달리 현저히 낮은 득표로 당선된 선거 결과에서도 유추할 수 있다.5)

선거직후인 2006년 7월에 공약을 기반으로 운영계획이 수립되었다. 하지만 시민단체들은 천안시가 제시한 계획대로 진행될 경우 기존에 존재하는 다른 위원회들처럼 실질적인 기능과 역할을 기대하기 어려울 것으로 판단했다. 이에 천안시민사회단체협의회가 공간, 교육, 정보 지원기능을 보완할 것을 요구하면서 본격적인 논의가 시작되었다. 2007년 2월에는 시민사회단체 관계자와 공무원으로 구성된 준비단이 일본 센다이(仙臺)시와 나고야(名古屋)시에 설치된 NPO센터를 방문하고 그 결과를 의견서로 천안시에 제출했다. 그러나 천안시는 준비단의 의견서 내용이 반영되지 않은 조례안을 입법예고했다. 이에 대해, 천안시민사회단체협의회는 시장의 책무, 센터설치, 위원회 설치 등이 포함된 대체 조례안을 제출했고, 천안시가 이를 일부 수용하여 2007년 12월에 「천안시 민간단체 공동협

5) 제5회 지방선거에서 상대 후보였던 구본영(자유선진당) 후보는 32.86%, 이규희(민주당) 후보는 29.68%를 득표해 경합도가 높았음을 알 수 있다. 의회 구성에서도 한나라당은 이전 선거와 달리 과반의석을 획득하지 못했다.

<표> 천안시 제3회~제6회 지방선거 결과

지방선거	시 장	의 회			
		한나라당/새누리당	민주당/새정치민주연합	열린우리당	자유선진당
제3회	성무용(한나라당, 54.3%)	–	–		–
제4회	성무용(한나라당, 62.95%)	16석(14+2)*	–	5석(4+1)	–
제5회	성무용(한나라당, 37.44%)	10석(9+1)	7석(6+1)	–	4석(3+1)
제6회	구본영(새정치민주연합, 53.12%)	9석(8+1)	13석(11+2)	–	–

* 총의석수(지역구+비례대표).

자료출처: 중앙선거관리위원회 홈페이지 자료를 재구성.

력센터 운영 조례」가 제정되었다(천안NGO센터, 2016: 43-44).

천안NGO센터는 2008년에 설립이 되었지만 2010년까지 정책네트워크로서 역할을 하지 못하고 시민사회 역량증진을 위한 교육사업을 중심으로 운영되었다. 합동워크숍이 교육사업에 비해 늦게 시작된 이유는 인식의 차이와 당시 형성되었던 천안시장과 시민단체들 간의 갈등의 차원에서 찾을 수 있다. 먼저, 인식의 차이와 관련해서는 천안시 공무원과 시민사회단체 모두 그 효과와 필요에 대한 기대가 낮았던 것으로 파악된다. 즉, 공무원들은 시민사회와 천안시의 정책에 관해 공동으로 결정하는 것에 대해 효용성 차원에서 의문이 작용했고, 시민사회에서는 자치단체의 들러리가 될 수 있다는 인식이 작용했던 것이다. 거버넌스의 요인으로서 두 집단 간에 신뢰와 협동이라는 사회적 자본의 연결망이 약하거나 없었던 것이다.

갈등의 차원에서는 크게 두 개의 사건을 들 수 있다. 하나는 천안시 도시개발과 관련하여 국제비지니스파크 조성과 경전철 건설 계획에 대해 2006년부터 지속적으로 천안시와 시민단체 간 갈등의 요인이 되고 있었다. 두 사업은 서로 연계성을 가진 것이었는데, 2011년 12월에 천안시가 민간자본의 투자를 확보하지 못하면서 함께 무산된 바 있다(대전일보, 2011.12.30). 그 과정에서 천안아산경실련을 중심으로 시민단체들이 두 사업의 타당성에 대해 문제제기를 하면서 양측 간에 갈등 국면이 조성되었다. 다른 하나의 갈등은 2010년 5월에 천안아산경실련이 성무용 천안시장을 사전선거운동으로 검찰에 고발하면서 형성되었다. 이 사건으로 인해 성무용 시장은 1심에서 당선무효형을 선고받았다가 2심에서 선고유예 판결을 받기도 했다(대전일보, 2011.2.11).

이러한 상황에서 합동워크숍의 개최는 NGO센터 내에서 조직의 기능에 대한 근본적인 문제의식이 공유되면서 시작되었다. NGO센터가 협동을 통한 시민역량의 증진이라는 기능을 제대로 수행하기 위해서는 교육기능과 더불어 정책협력을 강화할 수 있는 역할을 강화해야 한다는 것으로 운영위원 등 내부 논의 과정을 통해 합의를 이루었다. 구체적인 수행 방식은 광주광역시에서 시민단체연대기구를 중심으로 2001년부터 진행되던 민관합동정책워크숍이 모델이 될 수 있었고, 이에 대한 학습을 통해 천안에서 시행할 방안을 수립했다. 그리고 그 결과를 천안시에 제안했고, 천안시가 이를 수용하면서 2011년에 제1차 민관합동워크숍이 개최되었다.

이와 같이 천안시에서 민관합동워크숍의 조직기구가 설립될 수 있었던 것은 정책적 고려가 아닌 선거경쟁의 차원에서 도입되었지만, 조직의 운영 과정에서 성찰과 학습을 통해 자기조직화[6]와 공식화의 작용을 통해 거버넌스가 형성될 수 있었다. 그런데 2007년에 제정된 조례에서는 "천안지역 내에서 시민의 공익활동을 목적으로 구성된 민간단체들이 시의 주요 정책에 참여할 수 있도록 지원하기 위한" 것을 주요 목적으로 규정하고 있었다. 이는 적극적 의미에서 거버넌스 개념이 적용되지 않은 상태였고, NGO공동협력센터가 거버넌스 기능을 갖는 것을 목적으로 성격규정이 변화된 것은 2014년 전면개정을 통해서였다. 2014년에 전면 개정된 조례에서는 "시민의 공익활동 증진, NGO의 자립적 발전기반 조성과 NGO와 지방자치단체 간의 협력체계 구축 및 지역사회의 지속가능한 발전"을 목적으로 명시하면서 센터의 거버넌스 기능을 명확히 했다. 이와 함께 센터의 명칭도 천안NGO센터로 전환했다.

제 4 절 천안시 민관합동워크숍 거버넌스 분석

1 진행경과와 성과

협동을 통한 시민역량 강화 필요성에 대한 공감에서 시작된 합동워크숍은 기획단계에서 "시민과 지방정부가 즐겁게 협력하며 시민생활에 밀접한 정책을 만드는 토론 대잔치"라는 전망을 세웠다. 핀란드에서 시작된 사회대토론회 수오미 아레나(Suomi Areena)와 스웨덴의 알메달렌(Almedalen) 정치박람회가 그 모델이

6) "자기조직화(self－organization)란 조직 내에서 일어나는 불안정과 무질서를 창조와 쇄신의 원천으로 인정하고, 조직이 안팎의 피드백을 받아들여 항구적으로 쇄신과 변형을 지속하는 것을 말한다. 자기조직화에서는 조직을 부분으로 나누어 바라보는 환원주의(reductionism)를 지양하고 부분 간의 연결을 중시하는 시스템(system)이나 현상을 통합적인 관점에서 바라보는 전일주의(holism)를 강조한다"(박상필, 2017: 169).

었다. 그러나 제1회와 제2회는 의제별 토론회 형식으로 한 차례만 개최되었기 때문에 세부적인 정책제안과 논의가 이루어지지 않았고, 그 효과도 분명하지 않았기 때문에 다른 논의구조가 필요했다. 물론 공모를 통해 의제를 선정하고 의제별 토론회가 진행되었지만, 토론회 결과의 천안시정 반영과 진행경과에 대한 모니터링이 이루어지지 않았다. 이에 따라 제3회부터 의제별로 자체적인 워크숍을 진행하고 그 내에서 자치단체에 제안할 세부과제를 도출하는 방식으로 진행되어 제6회까지 이어졌다. 이러한 진행방식의 전환은 심의기능과 효과성이 증대에 영향을 미친 것으로 평가할 수 있다.

의제의 선정방식은 매년 변화를 보이면서 다양한 시도를 한 것으로 확인할 수 있는데, 시민사회와 자치단체에서 함께 의제를 제출하고 합의를 통해 의제로 선정하여 의제설정 과정에서 개방성과 민주성을 유지하고 있는 것으로 이해할 수 있다. 그 중 제4회는 단체장 당선자의 공약 중 시민들을 대상으로 거리 여론조사와 시민단체 회원들을 대상으로 한 여론조사를 통해 의제를 선정했다. 제4회는 가장 많은 세부과제를 도출한 워크숍으로, 단체장이 적극적인 거버넌스 행위자로서 자신의 공약을 시민들과 함께 토론함으로써 협력적 관계를 형성하려 했던 것으로 해석할 수 있겠다.

합동워크숍의 운영체계는 제6회 합동워크숍의 사례를 바탕으로 [그림 3-1]과 같이 나타낼 수 있다. 천안NGO센터가 사무국의 역할을 하면서 동시에 의제형성의 조정자로서 역할을 한다. 그리고 자치단체와 주관단체 실무자들과 함께 추진단을 구성하여 전반적인 진행 과정을 조정한다. 의제별 분과는 의제선정, 주관단체 결정, 분과구성, 분과별 워크숍의 과정을 통해 세부정책과제를 결정하고 그 결과를 합동워크숍에서 발표한다. 주관단체 결정은 의제별 공모에서 의제를 제안했던 단체가 맡거나 NGO센터에서 해당 의제와 관련된 단체를 섭외하여 결정한다. 분과는 의제와 관련된 천안시청의 담당부서 공무원, 천안시의회 해당 상임위 소속 의원, 시민단체 활동가, 연구자, 그리고 이익단체 회원 등 다양한 참가자들로 구성된다. 이렇게 구성된 각 분과는 분과별 워크숍을 2~3개월에 걸쳐 여러 차례 회의를 진행한다. 회의에서는 세부정책과제 선정을 위해 시민들을 대상으로 설문조사나 연구용역 발주를 통해 관련 자료와 시민들의 의견을 수렴하고 전문가의 조언을 구하기도 한다. 논의를 통해 결정된 세부정책과제에 대해서는

그림 3-1 제6회 민관합동워크숍 체계

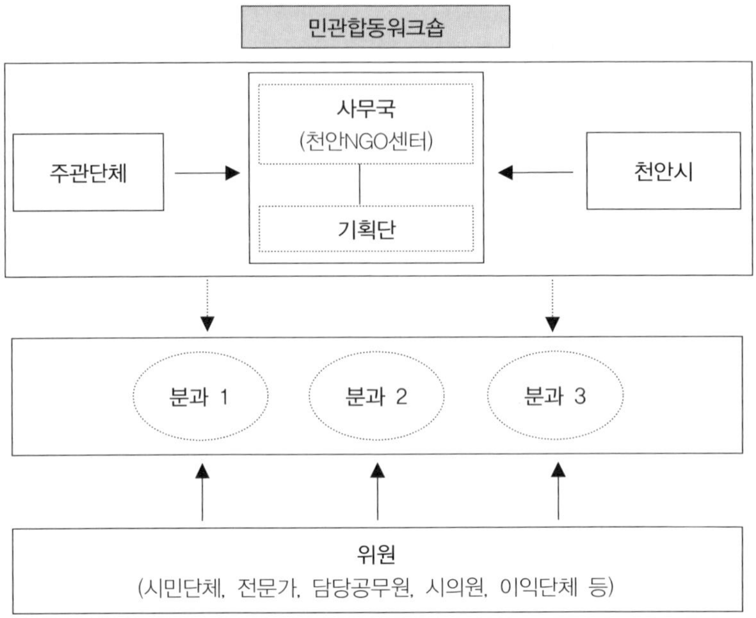

표 3-2 천안 민관합동워크숍 추진일정

시 기		추진 내용	주요 행위자
워크숍 준비단계	5~7월	시업기획	천안시, 센터, 운영위원
	7월	주관단체 및 의제선정	주관단체
	8~9월	조사 연구 몇 분과위원 구성	주관단체, 센터
	8~12월	기획단 운영	천안시, 센터, 주관단체
워크숍 진행단계	8~11월	분과별 워크숍 운영	분과위원, 주관단체, 센터
	11월	정책제안 및 반영여부 검토	천안시, 센터, 분과위원
	12월 초순	정책제안 보고회	천안시, 센터, 기획단
워크숍 이후 단계	12월 중순 이후	사업평가 및 후속모임	천안시, 센터, 분과위원, 기획단
		정책반영 및 시행 모니터링	천안시, 센터, 시민

자료출처: 『제6회 민관합동워크숍 보고서』(2016: 29)에서 재구성.

천안시 각 담당부서에서 다시 타당성 검토를 통해 수용여부가 결정된다. 이러한 분과별 워크숍 과정은 보고서로 작성되어 합동워크숍에서 발표된다(<표 3-2> 참조).

2011년부터 2016년까지 제6회가 진행된 합동워크숍의 성과는 양적 측면과 질적으로 나누어 살펴볼 수 있다. 먼저, 질적 성과로는 정책협력강화의 장을 만들었다는 것을 우선하여 지적할 수 있다. 천안NGO센터의 설립 이전과 초기에 걸쳐 천안시와 시민사회 사이에 형성되었던 대립과 갈등 하에서 시작된 합동워크숍은 관료사회와 시민사회 간의 낮은 상호신뢰 상태를 일정 수준에서 증진하는 기회가 되었다. 합동워크숍이 제6회까지 지속될 수 있었던 원동력은 상호신뢰에 있었다. 합동워크숍을 통해 시민단체들의 축적된 정책역량이 협동의 과정을 통해 실현될 수 있는 연대구조를 구축한 한 것도 질적 성과로 들 수 있다. 이 과정에서 천안NGO센터를 중심으로 시민단체들 간 협력은 시민사회의 역량을 증진하는 효과로 확대되었다. 제3회 합동워크숍에서 주민참여예산제 분과에 참여했던 집단이 워크숍 이후 별도의 독자적이고 지속적인 네트워크 모임으로 발전한 것은 대표적인 사례로 들 수 있다. 이와 함께 합동워크숍 자체의 책임성과 투명성의 확대도 확인할 수 있다. 제4회부터 전년도 논의사항의 진행경과를 합동워크숍에서 보고했고, 제5회부터는 채택된 세부과제에 소요되는 예산반영 상황도 함께 보고되면서 책임성과 투명성을 확보하려는 노력이 반영되었다. 양적 성과는 이러한 질적 성과를 바탕으로 이루어낼 수 있는 것이었다.

그동안 도출된 세부과제의 채택 현황을 <표 3-3>과 같이 정리할 수 있다. 제1회 합동워크숍에서는 31개 세부과제가 제출되었고, 제2회 합동워크숍에서는 8개 의제로 나누어 토론회가 진행되었다. 그러나 집행과 성과를 체계적으로 관리하지 않아 합동워크숍 이후 진행상황에 대한 점검이 이루어지지 않았다. 제3회부터 제6회까지 합동워크숍에서 제안된 정책에 대한 천안시의 수용률은 원안수용의 경우 평균 65.5%, 원안수용과 부분수용을 합칠 경우 95%에 이를 정도로 집행부의 수용률이 높은 것으로 파악된다. 이러한 결과에 대해 공동결정과 공동책임이라는 거버넌스 요소가 대체로 잘 구현되고 있는 것으로 평가할 수 있다.

다만, 단체장 당선자의 공약 중에서 의제를 선택한 제4회와 시민단체들을 대상으로 한 공모로만 진행된 제6회가 상대적으로 세부과제에 대한 정책 채택률이 떨어졌다. 미수용은 크게 세 가지에 해당하는 것으로 확인할 수 있다. 첫째는 상위법의 근거가 없는 경우였다. 학교안전교사 양성 제도화나 기본 안전교육 의무화 등을 예로 들 수 있다. 둘째는 다른 사업과 중복되는 경우였다. 셋째는 자치단체의 재정이나 조직 등의 여건이 미비하여 곧바로 정책으로 수용할 수 없는 경우가 있었다.

표 3-3 세부과제 채택 현황

	세부과제 수	수 용	부분수용	미수용
제3회 (2013년)	19 (100%)	12 (63%)	7 (37%)	0
제4회 (2014년)	51 (100%)	30 (59%)	16 (31%)	5 (10%)
제5회 (2015년)	41 (100%)	36 (88%)	5 (12%)	0
제6회 (2016년)	27 (100%)	14 (52%)	7 (26%)	6 (22%)

자료출처: 각 연도 합동워크숍 보고서.

천안시 집행부가 수용한 세부과제 중에는 정책 차원에서 수용된 경우도 있지만, 해당 의제를 조례로 제정하는 등 제도로 안정화한 사례도 4건이 있었다. 제4회와 제5회에서 논의되었던 「천안시 마을공동체활성화지원조례」(안)은 2016년 5월에 의회에서 제정되었다. 「천안시 시내버스 등 재정지원투명성 확보를 위한 조례」는 제5회에서 제안되어 2017년 5월에 제정되었다. 그리고 도시재생 의제는 제1회부터 지속적으로 제기되어온 사안으로 「천안시 도시재생 활성화 및 지원에 관한 조례」가 2014년 10월에 제정되었다. 천안시 민주시민교육조례 연구회 발족 및 조례 제정은 제6회에서 제안되어 검토 중에 있는 것으로 확인되었다. 조례가 제정됨에 따라 그에 근거해 새로운 중간지원조직이 설립되기도 했는데, 천안시 공동체지원센터와 도시재생지원센터가 대표적인 사례이다. 상호관계적 네트워크의 수립과 제도로의 보장은 거버넌스의 성공가능성을 높이는 요인이 된다. 그렇지 않을 경우 불안정성으로 인해 그 정당성과 권위에 대한 신뢰가 확보되지 않음으로 인해 실패할 가능성이 커진다. 이러한 차원에서 협동워크숍 자체의 제도화

뿐만 아니라 그 과정에서 합의된 정책들에 대한 제도화는 중요한 의미를 갖는다.

이상과 같은 질적·양적 성과는 합동워크숍이 진행 과정에서 상호신뢰의 구축, 심의기능의 강화, 책임성의 확대, 공개성과 민주성 등이 형성된 결과로 평가할 수 있다.

2 거버넌스 특성 분석

합동워크숍은 조례에 의해 민간에 위탁되어 운영되는 준행정기관인 천안NGO센터의 주관으로 중간 수준에서 진행되는 정책네트워크 차원의 거버넌스로서 책임성, 민주성, 그리고 지속성을 중심으로 거버넌스 특성을 다음과 같이 살펴볼 수 있다.

1) 책임성

책임성의 차원에서 자치단체, 시민사회, 당사자 조직, 그리고 전문가에 이르기까지 다양한 참여자로 구성되었고, 민주적 참여도 보장되었다. 또한 논의 결과가 실제 자치단체의 정책으로 채택률도 높은 것으로 확인되었다. 합동워크숍은 천안NGO센터가 중간지원조직으로서 핵심적인 조정자의 역할을 하고 의제별로 선정된 주관단체가 중심이 되어 의제별 워크숍을 진행한다. 천안NGO센터는 분과를 조직하고 조정하는 연결자로서 역할을 하여 네트워크 조직의 특성도 갖는 것으로 볼 수 있다. 의제별 참여자는 연도별로 조금씩의 차이는 있지만 공무원, 전문가, 시민단체, 이익단체, 의회의원 등 다양한 영역에서 위원으로 참여는 위원회 거버넌스로 볼 수 있다. 그런데 이 중 이익단체의 참여와 관련해서 커티스(Curtis, 1999)는 지역 공동의 목표나 이익이 명확히 설정된다면, 공동이익과 관련된 특정 이익집단의 참여도 보장되어야 한다고 주장한다(주재복·한부영, 2006: 35). 다시 말해, 이익단체도 특정 집단의 경제적·사회적 이익을 목적으로 하지만, 공동체의 한 구성원으로서 정책 결과의 당사자이기에 이들의 참여도 보장되는 것이 타당해 보인다.

그런데 천안시의회는 제1회부터 제4회까지 후원기관이었지만 적극적인 행위자로 합동워크숍에 참가하지는 않고 의제별 해당 상임위 소속 의원들이 개별적으로 참여했다. 그런데 정책거버넌스 활동에 의회의 역할을 확립하는 것이 필요하지만, 그간의 과정에서는 그 역할을 하지 못하고 있는 것으로 파악된다. 의회는 지역시민사회의 역량을 강화하기 위해서 파편화되어 있는 시민사회와 지방정부 간의 응집성을 높이고 상대적으로 자율성을 가진 행위자들 간에 발생할 수 있는 조정자로서 정치적 역할을 할 수 있을 것이다(신희영, 2005: 23-24).

2) 민주성

민주성 차원에서는 의제설정의 개방성과 논의 과정의 민주성을 들 수 있다. 연도별 조금의 차이는 있었지만 전반적으로 공모에 의한 방식을 채택하면서 시민사회의 의사가 반영되는 방식이었다. 물론, 제4회 합동워크숍은 자치단체장의 선거 공약 중에서 의제를 선정했지만, 세부의제를 선정함에 있어 시민 설문조사 등을 통해 선별함으로써 민주성을 확보하고자 했다. 의제설정과 관련하여 구체적으로 설정 방식과 내용으로 나누어 정리할 수 있다. 우선, 의제설정 방식에서는 개최 연도별로 다른 특성을 갖는 파악된다. 이론적 논의에서 살펴본 임성학(2007)의 분류를 기준으로 할 때, 제1회와 제6회는 공모를 통한 의제설정 방식을 채택한 외부주도형, 제2회는 공모와 지방자치단체에서 제안이 동시에 이루어진 외부주도형과 내부접근형의 혼합, 제3회는 지방자치단체 내부의 제안이 중심이 된 내부접근형, 제4회는 자치단체장 공약을 대상으로 시민들의 선호를 조사한 동원형, 제5회는 공모와 지방자치단체의 제안이 동시에 이루어진 외부주도형과 동원형의 혼합된 형식으로 진행된 것으로 구분할 수 있다.

의제의 특성과 범주는 <표 3-4>와 같이 정리할 수 있다. 이에 따르면 대체로 재분배정책을 중심으로 생활밀착형 정책의제가 채택되고 있고, 이러한 결과는 합동워크숍의 목표와도 부합하는 것임을 알 수 있다.[7] 그리고 몇몇 의제의 경

---

7) 한편, 피터슨(Paul Peterson)은 거버넌스에서 다루어지는 정책을 개발정책, 할당정책, 재분배정책으로 구분한 바 있다. 개발정책은 지역사회의 경제상태를 증진시키는 정책으로 산업유치, 운

표 3-4 연차별 의제 현황

연 차	의 제
제1회 (2011년)	1. 기후변화 대응, 녹색도시가 대안이다. 2. 여성지도력 활성화 방안과 대책 3. 흥타령춤축제 의미 찾기 심포지엄 4. 원도심 재개발사업의 현황과 공공성 강화를 위한 발전 방안 5. 지역 예술 인재, 어떻게 키울 것인가 6. 로컬푸드체계 구축을 통한 지역경제 활성화 방안 7. 고교 간 교육격차와 고교입시전형 개선
제2회 (2012년)	1. 천안시 출범 50주년의 의미, 그 정신적 가치와 계승 2. 천안시 민-관거버넌스 실천체계 구축 방안 3. 천안 학교성폭력 사건으로 본 학교 내 예방책 모색 4. 원도심 재생의 정책방향과 공공성 회복 5. 천안지역 사립작은도서관 현황과 활성화 방안 6. 지역아동센터의 교육기능 강화를 위한 시민단체의 역할 7. 살기 좋은 마을 만들기 워크숍 8. 학교폭력 예방을 위한 실천 방안 모색
제3회 (2013년)	1. 주민참여예산제 활성화 방안 2. 주민자치센터 공동체사업 강화 방안 3. 주민참여형 도시재생사업 방안 4. 가족품앗이 및 공동육아나눔터사업 강화 방안
제4회 (2014년)	1. 중증장애인 활동보조 및 가사도우미 지원확대 2. 서민임대주택 보급 3. 로컬푸드 직매장 구축 및 예약직거래 활성화 4. 천안시 종합안전망 구축 5. 지역공동체(협동조합) 중심의 마을기업 육성
제5회 (2015년)	1. 농촌 마을 만들기 활성화를 위한 지원체계 구축 2. 천안시 시내버스 공공성 회복을 위한 워크숍 3. 지역사회적 경제 생태계 조성 4. 시민주도형 축제 만들기
제6회 (2016년)	1. 행복한 천안, 공존의 시민의식이 답이다. 2. 시내버스 안전하go! 편리하go! 저렴하go! 3. 학교급식을 통한 천안지역농업 활성화 방안 찾기

자료출처: 각 연도 합동워크숍 보고서.

송시스템 확장, 낙후지역 등의 재개발에 해당한다. 할당정책은 로위(Theodore J. Lowi)의 분배정책과 유사한 개념으로 경찰, 소방, 상하수도, 쓰레기와 폐기물처리, 전력시설 등 공공서비스와 편익을 제공하는 것이다. 재분배정책은 부, 소득, 재산, 권리 등을 여러 계층과 집단에 이전시키려는 정책으로 빈곤퇴치, 누진소득세, 의료보호, 노인과 장애인복지, 결식아동 지원, 산업구제 등으로 중앙정부 차원의 거시정책에 해당한다(배응환, 2007: 125-126).

우 연차별로 반복하여 지속적으로 의제로 채택되어 지속성을 보이고 있기도 하다. 이는 거버넌스의 책임성과도 연관되는 부분으로 중요한 특성이라고 할 수 있다.

그런데 이들 의제별 분과에 참여하는 참여자의 특성에 따라 도출되는 세부과제의 성격도 달라지는 현상을 발견할 수 있다. 제1회부터 제6회까지 의제 중 두 가지 사례의 비교를 통해 그러한 현상을 구체적으로 살펴볼 수 있는데, 제4회의 로컬푸드 직매장 구축 및 예약직거래 활성화 의제와 제6회의 학교급식을 통한 천안지역 농업활성화 방안 찾기 의제를 들 수 있다. 이 두 의제는 특정 산업을 대상으로 하고 있다는 점에서 다른 의제들과 다른 성격이라는 공통된 특징을 부여할 수 있지만 내용에 있어서는 다른 면을 발견할 수 있다.

우선, 참여자의 특성에서 전자의 경우 생산자, 소비자, 그리고 전문가 등 다양한 참여가 있었지만, 후자는 해당 분과의 위원 11명 중 천안시청 담당부서 공무원와 천안시의회 의원을 제외한 9명이 생산자단체 출신으로 다양성의 차원에서 현저한 차이가 있었다. 그리고 세부과제의 내용에 있어서는 제4회의 경우 물적 기반 구성과 로컬푸드 지원센터와 같은 민관협력 중간지원조직 등 제도적 기반을 구성하는 의제들이었다. 제6회의 경우는 생산자조직의 직접적인 정책개입을 중심으로 논의가 진행되었던 것으로 파악된다. 이러한 세부과제의 차이는 유사한 정책이 도입된 후 시간의 흐름에 따라 필요 의제가 달라진 것에서 원인을 찾을 수도 있지만, 참여자들의 특성이 반영된 것일 수도 있는 것으로 보인다. 즉, 제4회는 다양한 참여자들로 인해 공급자 혹은 생산자뿐만 아니라 소비자의 의견도 반영되어 자원의 재분배 특성이 일정 정도 반영이 되었다. 반면, 제6회는 소비자나 조정자로서 전문가의 참여가 결여된 상황에서 생산자의 요구가 중심을 이루었던 것이다. 따라서 앞서 커티스(Curtis, 1999)의 주장과 관련하여 실제 위원회 구성에서는 이익집단의 비중이 높을 경우 거버넌스적 심의기능의 확대보다는 직접민주주의적 대표기능이 확대되는 효과로 작용하여, 공동체 전체의 공공선의 추구와는 다른 결과를 도출할 가능성도 있기에 적절한 규모의 유지와 참여자의 다양성 확보가 필요하다.

3) 지속성

지속성 차원은 제도화와 관련된 것이다. 「천안시 민간단체 공동협력센터 설치 및 운영 조례」가 2007년 12월에 제정되었는데, 이 조례는 공익형NGO의 활동을 지원하기 위해 전국에서 처음으로 제정된 사례이다(<표 3-5> 참조). 이와 함께, 그 기능에 자치단체의 정책과정에 개입할 수 있는 내용을 명시한 최초의 조례이고, 2017년 현재 기초단체 수준에서는 유일하다.[8]

표 3-5 공익형NGO 지원 관련 조례 제정 현황

자치단체		제정시기	조례명
기초	충남 천안시	2007년 12월	천안시 민간단체 공동협력센터 설치 및 운영 조례 (2014년 12월 개정: 천안NGO센터 설치 및 운영 조례)
	광주 광산구	2012년 7월	광주광역시 광산구 공익활동 지원 조례
	충남 아산시	2015년 12월	아산시 공익사업활동 단체 지원 등에 관한 조례
	충남 공주시	2016년 6월	공주시 시민단체의 공익활동 지원에 관한 조례
	전남 나주시	2016년 6월	나주시 공익활동 활성화 및 지원에 관한 조례
	서울 강동구	2017년 7월	서울특별시 강동구 공익활동 활성화 및 지원에 관한 조례
	서울 노원구	2017년 7월	서울특별시 노원구 공익활동 활성화 및 지원에 관한 조례
광역	충청북도	2012년 7월	충청북도NGO센터 설치 및 운영에 관한 조례
	서울특별시	2013년 5월	서울특별시 시민공익활동의 촉진에 관한 조례
	대전광역시	2014년 12월	대전광역시 NGO지원센터 설치 및 운영 조례
	광주광역시	2015년 5월	광주광역시 엔지오(NGO)지원센터 설치 및 운영 조례
	대구광역시	2015년 7월	대구광역시 시민공익활동 지원 등에 관한 조례
	대구광역시	2015년 12월	대구광역시 자치행정분야 비영리민간단체 등의 공익활동 사업 지원에 관한 조례
	충청남도	2015년 10월	충청남도 공익활동 촉진 및 지원에 관한 조례
	부산광역시	2015년 11월	부산광역시 시민운동 지원 조례
	제주특별자치도	2017년 9월	제주특별자치도 도민공익활동 촉진 및 지원에 관한 조례

자료출처: 국가법령정보센터(www.law.go.kr), 검색일: 2017년 9월 30일, 검색어: 공익활동, NGO, 시민운동.

8) 최초 제정 조례에서 해당 조항의 내용은 다음과 같다.: 제5조(기능) 5. 시정발전을 위한 주요 시책의 개발 · 제안 및 시민의견조사, 6. 지역 중 · 장기발전과제 및 현안과제 논의를 위한 정책토론회 등 운영; 이후 광주광역시(2015년 7월)와 부산광역시(2015년 11월)에서 이와 유사한 기능을 포함하는 조례가 제정된 바 있다.

비록 서울특별시 양천구의 조례에서 유사한 기능을 명시하고 있지만 천안시의 조례에 비해 구체성이 떨어지고 적극적인 정책형성 기능이라기보다는 자문기구로서 기능을 제시하고 있는 것으로 파악된다.9) 세종특별자치시도 「협력적 거버넌스 체제 구축 및 활성화에 관한 조례」(제정: 2012.3)가 있지만 논의의 구체대상을 나열하여 협의(狹義)적 수준이고 운영에 있어서도 관주도형으로 파악된다. 그런데 민관합동정책워크숍은 광주광역시에서 최초로 진행된 것이었다. 광주의 경우 2001년부터 시민단체의 제안으로 시작해서 민관협력으로 발전한 사례로 볼 수 있다. 광주시의 민관합동정책워크숍은 2012년에 민간협력 우수사례 전국공모전에서 행정안전부장관상을 수상한 바 있다.10) 이에 비해 천안은 시장선거공약으로 제안되고 2000년대 초반부터 시민사회 내에서 진행된 사례로 광주광역시와 경로의 차이가 있다.11)

제5절 결 론

이 글의 분석대상인 천안시 민관합동워크숍은 조정자 역할을 하는 중간지원조직을 매개로 하여, 시민사회와 지방자치단체가 정책거버넌스를 실현한 사례이다. 천안시 민관합동워크숍은 2011년 제1회에서 2016년 제6회에 이르는 동안 다양한 실험을 통해 책임성, 민주성, 그리고 지속성에 기반을 둔 거버넌스를 형성했다.

9) 「서울특별시 양천구 거버넌스위원회 설치 및 운영에 관한 조례」(제정: 2011.3): 제4조(기능) 위원회는 다음 각 호의 사항에 대하여 연구·심의하고 구청장의 자문에 응한다. 1. 구정의 발전방향 및 정책의 의제형성, 목표설정 및 결정에 대한 의견 제시.

10) 광주NGO센터 홈페이지 검색, 검색어: 민관합동, 검색일: 2017년 9월 30일. 인터넷 주소: http://www.ngocity.org/xe/index.php?mid=sub02_07&search_target=title_content&search_keyword=%EB%AF%BC%EA%B4%80%ED%95%A9%EB%8F%99&document_srl=142679

11) 전국적 수준에서 전개되고 있는 NGO센터의 설립에 관해서는 별도의 논의가 필요한 부분으로 이 글에서는 구체적인 논의를 생략한다. 다만, 시민사회 공익활동 지원을 위한 중간지원조직에 관한 논의의 역사적 전개 과정과 의미에 관해서는 조철민(2015)을 참고할 수 있다. 그리고 광주의 사례와 천안의 사례에 관한 비교연구도 필요한 것으로 보이는데 이 역시 차후 과제로 남겨두고 이 글에서는 생략한다.

그 결과로 거버넌스 과정과 합의 결과의 제도화를 통해 정책집행의 지속가능성을 확보하고, 시민사회와 지방자치단체 간 상호신뢰를 구축했으며, 민관협동을 통해 정책역량이 강화된 것으로 평가할 수 있다. 다시 말해, 심의민주주의에 기반을 둔 거버넌스 과정을 통해 지역정치 역량이 강화되었다고 할 수 있다. 이와 같은 평가는 현대 대의민주주의의 위기를 심의민주주의 강화를 통해 보완할 수 있는 가능성이 확인된 것으로 의미를 부여할 수 있다.

반면에, 천안시 민관합동워크숍에서 몇 가지의 한계 또는 보완되어야 할 지점들도 확인할 수 있었다. 첫째, 무엇보다 민관합동워크숍을 독립적으로 조례로 제도화하는 것에 대한 고민이 필요하다. 현재는 「천안시 민간단체 공동협력센터 설치 및 운영 조례」 중 천안NGO센터 기능의 일부로 되어 있어 지속적인 운영을 위한 안정성이 충분히 확보되어 있다고 보기에는 어렵다. 둘째, 거버넌스의 결과가 이행되는 과정에 대한 지속적인 점검 절차를 마련하는 것이 필요하다. 전년도 워크숍 결과가 매년 보고되었지만, 지속적인 모니터링 체계가 수립되어 있지 않다. 셋째, 각 분과의 참여자를 구성함에 있어 해당 의제와 직접적인 이해관계가 있는 이익집단을 통제할 수 있는 참여자 구성이 필요하다. 넷째, 지방의회의 역할이 필요하다. 심의민주주의 거버넌스가 최종적으로 성공하기 위해서는 책임성을 담보할 수 있어야 하고, 이를 위해 정보의 개방과 참여의 민주성은 투입단계뿐만 아니라 산출의 단계에서도 동일하게 적용되어야 한다. 이를 위해 지방정부 수준에서 행정부와 시민사회뿐만 아니라 의회도 주요 거버넌스 참여 행위자로서 역할을 찾아야 한다. 그런데 대의의 위기는 의회기능의 위기이기도 하지만 의회 구성에 참여하는 정당의 약한 기능에서 연유하기도 한다. 정당은 정책 어젠다(agenda)의 생산뿐만 아니라 여론을 조직하고 대표하는 근원적 역할을 하는 존재이기 때문이다. 특히 분권의 시대에 지역차원에서 정당의 심의민주주의 기능의 복원은 도시정치의 민주주의 질을 높일 수 있는 중요한 요인이 될 것이다.

여론과 대중의 선호를 조직하고 의사결정 과정에 시민의 참여 등을 정치적 연대와 협력의 관점으로 이해하는 것은 도시정치의 거버넌스 형성에 중요하고, 다양한 분야를 대상으로 하는 정책네트워크의 구성과 강화는 지역 내 정치적 능력을 강화하는 필요조건이 된다. 거버넌스는 정책의제의 형성과 정책결정, 정책집행, 집행 결과에 대한 공유의 과정에 참여하는 행위자들 간의 상호작용이 갖는 민주성, 개방성, 자율성 등의 요소들이 나타나는 상호학습의 과정으로 이해해야 할 것이다. 물론 거버넌스 하에서도 여전히 최종 결정은 정부의 역할로 남게 된다. 하지만 선출된 정통성을 부여받은 존재로서 정부는 절차적 정당성을 인정받기 때문에, 거버넌스 과정에서 권한의 분산으로 그 권위가 침해받는 것이 아니라 오히려 그 권위의 강화를 이룰 수도 있다.

한편으로 심의민주주의 거버넌스가 참여민주주의와 같이 다수제민주주의 수준에서 적용될 경우 여전히 기존의 문제를 해결하기에는 한계가 있다. 직접민주주의로서 참여민주주의가 갖는 효능성은 인정되지만 다수의 의견이 반드시 공공선을 달성하지 못할 수 있기 때문이다. 심의민주주의와 거버넌스의 결합은 대중사회에서 다원화되고 다양화되어 나타나는 욕구들 간의 최대공배수를 찾아 대의민주주의의 한계를 일정 수준에서 보완할 수 있는 가능성을 내포하고 있다고 할 것이다. 이를 통해 행위 결과에 대한 책임의 문제를 두고 일어날 수 있는 갈등과 비효율성을 최소화하면서 도시공동체의 운영을 효과적으로 실행해 갈 수 있는 기반을 만들어 갈 수 있는 것이다.

이 글은 천안시 민관합동워크숍을 대상으로 현재의 대의민주의의가 갖는 심의성의 약화를 거버넌스를 통해 보완하는 과정을 살펴보면서 심의성 확대의 가능성을 확인할 수 있었다. 그럼에도 몇 가지 추가연구의 필요성이 제기되는 바이는 이 글의 한계를 보완하는 의미이기도 하다. 하나는 유사한 형태로 진행되고 있는 거버넌스 작용과의 비교를 통해 천안의 사례가 갖는 특성을 좀 더 객관화할 필요가 있다는 것이다. 광주광역시의 민관합동정책워크숍이나 여러 자치단체에서 진행 중인 주민참여예산제 사례와의 비교가 가능할 것으로 보인다. 다른 하나는 거버넌스 참가자들과 시민들을 대상으로 양적 연구방법을 적용하여 행정관청과 시민사회의 역량변화에 관해 분석하는 것이 필요하다. 이를 통해 그간의 성과와 함께 앞으로의 발전방향에 관해 구체적인 논의가 가능할 것이다.

참고문헌

고경훈(2012). “정책과정의 관점에서 바라본 Governance에 관한 연구: Best-Value 제도를 중심으로.” 『한국지방장치학회보』, 24(2): 5-35.

광주NGO센터 홈페이지(www.ngocity.org)

국가법령정보센터 홈페이지(www.law.go.kr)

권해수 · 최영출(2006). “로컬 거버넌스 이론의 실천적 제도화를 위한 검토.” 『NGO연구』, 4(2): 1-22.

김도균(2009). “공동의사결정으로서의 거버넌스와 절차적 정의: 세 가지 모델.” 『국정관리연구』, 4(2): 1-20.

김주성(2008). “심의민주주의인가, 참여민주주의인가?” 『한국정치학회보』, 42(4): 5-32.

김헌규(2015.11.16). “천안시, 충남도 민관협치 우수사례 ‘으뜸.’” 충남일보 http://www.chungnamilbo.com/news/articleView.html?idxno=345696(검색일: 2017.9.12)

김형양(2006). “로컬 거버넌스형성의 영향요인에 관한 연구.” 『지방정부연구』, 10(1): 181-203.

대전일보(2011). 2월 11일, 12월 30일.

문태현(2011). “심의민주주의적 정책결정을 위한 제도화 방향.” 『한국행정논집』, 23(1): 45-65.

박희봉(2006). “시민참여와 로컬 거버넌스.” 『한국정책과학회보』, 10(2): 1-23.

배응환(2007). “참여거버넌스와 지역NGO의 역할: 정책참여를 중심으로.” 『NGO연구』, 5(1): 113-152.

신희영(2005). “민주적 로컬 거버넌스 구성과 지방정부.” 『한국사회와 행정연구』, 16(3): 1-28.

임성학(2007). “정책결정의 거버넌스: 과정과 내용.” 『국정관리연구』, 2(1): 41-57.

임의영(2004). “행정의 새로운 개념으로서 거버넌스에 대한 비판적 고찰: 사회정치학적 관점의 변화를 중심으로.” 『한국행정과 정책연구』, 2(2): 65-83.

장동진 · 송경호(2006). “심의민주주의의 주체에 대하여: ‘대표자’, ‘위원회’, ‘시민사회’를 중심으로.” 『사회과학논집』, 37(2): 45-60.

장수찬(2011). “지방정부와 심의(審議) 민주주의의 실험: ‘타운 홀 미팅’ 사례연구.” 『경제와사회』, 90: 39-69.

장지호 · 홍정화(2010). “국내 거버넌스 연구의 동향: 국가, 시장, 시민사회의 구분을 중심으로.” 『한국사회와 행정연구』, 21(3): 103－133.
전영평(2008). “거버넌스와 지방정부혁신: 가능성과 과제.” 『국정관리연구』, 3(1): 97－114.
조철민(2015). “시민사회 공익활동 지원제도 개선을 둘러싼 논의의 지형.” 『NGO연구』, 10(2): 1－34.
주재복 · 한부영(2006). 『갈등유형별 협력적 거버넌스의 구축방안』. 한국지방행정연구원.
중앙선거관리위원회 홈페이지(www.nec.go.kr)
천안NGO센터(2011－2016). 각 연도 『천안시 민관합동워크숍 정책제안보고서』.
______(2016). 『2020 천안NGO센터 중기비전 연구 용역 중간보고서』.
「충남.넷」(2016). “천안시 매니페스토 최우수상 수상…공약실천 ‘겹경사.’” 7월 25일. http://www.chungnam.go.kr/media/mediaMain.do?article_no=MD0000948175&mnu_cd=CNNMENU00005&med_action=view(검색일: 2017.9.12)

Gutmann, Amy & Dennis Thompson(1996). *Democracy and Disagreement*. London: The Belknap Press.
Habermas, J.(1996). *Between Facts and Norms*. Cambridge/Mass.
Hyden, Goran(1999). “Governance and the Reconstitution of Political Order.” In Richard Joseph(ed.). *State, Conflict, and Democracy in Africa. Boulder*. CO: Lynne Rienner.
Kjær, Anne Mette(2007). 『거버넌스』. 이유진(역). 서울: 오름; *Governance*, Cambridge: Polity Press. 2004.
Matthews, D.(1994). *Politics for People: Finding a Responsible Public Voice*. Chicago: University of Illinois Press.
Putnam, Robert D.(1993). *Making Democracy Work: Civic Traditions in Modern Italy*. Princeton: Princeton University; 박희봉. “시민참여와 로컬 거버넌스.” 『한국정책과학회보』, 10(2): 1－23. 1995에서 재인용.
Rhodes, R. A. W.(1997). *Understanding Governance: Policy Networks, Governance, Reflexivity and Accountability*. Buckingham: Open University Press.

제 4 장

충청남도 사례2
'아산시 인권조례' 제정: 민관협력을 통한 문제해결

금홍섭

제 1 절 서 론

인권은 누구에게나 주어지는 천부적 권리로서 헌법에도 기본권으로 보장하고 있다. 우리도 지방자치제 이후 지역사회의 인권증진을 위한 다각적인 노력이 이루어지면서 인권문화의 확산, 인권보호 체계 구축, 인권교육 실시 등의 인권보호와 증진을 위한 지역사회 구성원들의 소통과 연대가 강조되고 있다. 일부 지방정부는 인권헌장과 더불어 권리 실현을 위한 추진체계를 담은 인권조례를 제정하여 구체적인 권리를 규범화하고 시민들의 권리 구제에 적극 나서고 있다(김중섭, 2010: 193). 이런 인권조례 제정은 지방정부가 인권시정을 위한 전담 기구를 설치하고 정책을 추진하며, 나아가 인권침해를 당한 피해자를 구제하는 법적 근거를 마련한다는 점에서 매우 중요하다.

법치주의를 기반으로 하는 지방행정에서 인권친화적인 지역공동체를 만드는 첫 시작은 인권규범을 만드는 데서 출발한다. 이를 위해 먼저 그 도시가 보장하고 추진해야 할 인권의 원칙과 목록 및 내용을 담은 인권헌장(Charter)을 제정하고 선포함으로써 인권친화적 공동체의 가치를 지역주민들과 공유할 필요가 있다. 실제로 세계 여러 도시와 국내 몇몇 도시에서도 지역공동체가 지향해야 할 인권의 원칙과 목록 및 내용을 담은 인권헌장을 제정·선포하고, 구체적인 규범내용으로 인권조례를 제정하여 발표하고 있다. 대표적 사례로 '도시에 대한 권리 세계헌장(World Charter on the Right to the City)'과 '도시에서의 인권보호를 위한 유럽헌장(The European Charter for the Safeguarding of Human Rights in the City)', '캐나다 몬트리올 시의 몬트리올 권리와 책임헌장(The Montréal Charter of Rights and Responsibilities)', '호주 빅토리아 주의 빅토리아 인권 및 책임헌장(The Victorian Charter of Human Rights and Responsibilities)', 그리고 우리나라에서는 '광주광역시 인권헌장', '충청남도 인권헌장' 등이 있다.[1)]

인권조례 제정은 지방정부와 지역주민들 스스로가 인권의 중요성을 깨닫고 인권친화적인 지역공동체를 만들려는 선언이자, 지역사회 구성원들과 함께 인권보호 체계를 구축하는 수단이라는 점에서 중요한 제도적 장치임에 틀림없다. 특히 인권침해 문제는 심각한 사회적 문제로 이어진다는 점에서 지방정부 스스로 주민들의 인권보호와 신장을 위한 정책과 사업을 발굴하여 추진하는 것은 지역사회 문제를 예방하기 위해서도 요긴할 수 있다.

그럼에도 불구하고 2015년 10월 기준 전국 지방정부의 인권조례 제정 현황은 전국 245개 광역 및 기초 지자체 가운데 79곳에 인권조례가 제정(32.2%)되어 있으며, 특히 기초 지자체의 228곳 가운데 63곳만 인권조례가 제정(27.6%)되어 있는 것으로 파악되고 있다(김중섭, 2015: 39). 이마저도 인권조례의 내실 있는 구성 및 운영을 살펴볼 수 있는 인권위원회 구성과 담당부서 설치의 경우 매우 형식적이거나 미흡하게 운용되고 있는 것으로 나타나고 있다. 결국 지난 2010년 경남 진주시의 인권조례 제정 이후 아직까지도 인권조례가 제정되지 않은 곳이 많고 내실 있게 운영이 되지 못하고 있는 것은, 국민의 기본권인 인권조차도 제도화되고 있지 못하고 있음을 반증하고 있는 것이다. 특히 최근 동성애 문제가 사

1) http://www.hrcity.or.kr/bbs/board.php?bo_table=B01/인권도시연구소 홈페이지.

회적 논란이 되자 인권조례의 제정을 두고 일부 지방정부의 눈치보기식 현상이 나타나는 것은, 장기적으로 인권친화적인 지역공동체 조성에 걸림돌이 될 우려가 있다.

따라서 인권조례 제정 과정에서 지방정부를 비롯하여 이해당사자들 간의 협력적 거버넌스(Collaborative Governance)는 더욱 중요해지고 있다. 특히 지방정부의 인권조례 제정이 대부분 지역NGO 또는 주민들이 주도하고 있다는 점에서도 협력을 바탕으로 하는 거버넌스는 매우 중요한 수단이 될 수 있다. 실제로 「아산시 인권보장 및 증진에 관한 조례(이하 '아산시 인권조례')」 제정 과정은 처음부터 지역NGO가 제안했던 인권조례가 순조롭게 추진된 것이 아니라, 갈등 과정 이후 지방정부 등 이해당사자와의 끊임없는 대화와 숙의 과정을 거쳐 어렵게 만들어졌다.[2] 또한 현대 사회가 직면하고 있는 빈곤, 실업, 범죄, 인종갈등, 환경문제나 청소년, 여성, 노인, 약물남용 등 사회복지 영역, 그리고 지역개발 문제 등 복잡 다양한 사회적 문제들을 해소하는 데 있어서 지방정부만의 노력으로는 불가능하다는 점에서도 거버넌스와 관련한 사례 연구가 주목받고 있다(오수길, 2006: 32–35).

이러한 배경에서 이 글은 아산시를 대상으로 인권조례 제정 과정의 추진단계별 협력적 거버넌스 형성을 분석하고 정책적 함의를 도출하고자 한다. 이를 위해 거버넌스 이론과 아산지역사회 및 지역NGO 등 행위 주체들의 특성에 대해 살펴보고, 관련 자료 및 관계자의 핵심인터뷰를 중심으로 협력적 거버넌스의 형성과정 전반에 대해 고찰해 보고자 한다.[3] 연구의 시간적 범위는 「아산시 인권보장

2) 이 글에서 언급하고 있는 지역NGO는 충청남도 및 아산시청에 등록되어 있는 보편적인 비영리 민간단체를 뜻하는 것은 아니며, 「아산시 인권보장 및 증진에 관한 조례」를 제정하는 데 주도적인 역할을 했던 아산시 인권네트워크(푸른아산21실천협의회, 아산시민연대, 아산YMCA, 아산외국인노동자지원센터) 소속 단체와 각종 활동에 적극적으로 참여했던 아산시민사회단체협의회, 아산·천안환경운동연합, 아산이주여성연대, 전교조아산지회 등을 한정하여 일컫는다.

3) 「아산시 인권보장 및 증진에 관한 조례」 제정 과정에 대한 핵심관계자의 인터뷰를 위해 아산시 지속가능발전협의회 박기남 사무국장을 만나, 사전에 전달한 질문지를 중심으로 질의응답 형식으로 인터뷰를 실시했으며, 답변 과정에서 궁금한 것에 대해서는 추가보완 질문을 통해 궁금증을 해소했다. 사전 질문지 구성은 ① 아산지역사회 특성, ② 아산지역NGO와 지역사회 관계, ③ 인권조례 제정 개요(네트워크 형성 여부, 구성, 소통방법, 권한과 책임 공유, 자원동원방법), ④ 인권조례 제정 이후 변화(시민사회, 거버넌스), ⑤ 거버넌스 이전 상황과 이후 상황 변화, ⑥ 거버넌스 진행 과정(갈등과 협력내용 포함), ⑦ 거버넌스 성과(실질적 정책효과 여부 포함),

및 증진에 관한 조례(이하 '아산시 인권조례')」를 제정하기 위해 지역NGO 내에 협의회를 결성하고 협력 과정을 통해 2015년 인권조례가 제정된 이후 후속대책 활동이 펼쳐진 2016년까지의 과정을 담고 있다. 공간적 범위는 '아산시 인권조례'가 아산지역을 중심으로 이뤄졌다는 점에서 아산지역사회로 한정한다. 이 글에서 활용된 자료는 '아산시 인권조례'를 중심적으로 추진했던 아산시지속가능발전협의회를 비롯해 아산지역NGO의 활동 자료와 핵심관계자의 인터뷰를 주로 활용했으며, 이외에도 관련 문헌이나 언론기사 등을 참조했다.[4] 연구 결과는 지금까지도 인권조례를 제정하기 위해 애쓰고 있는 다른 지역사회의 활동에 시사점을 제공할 것으로 기대된다.

다만 아산지역의 협력적 거버넌스 구조를 연구하는 과정에서 아산시와 아산시의회 등 심층적인 연구가 진행되어야 함에도 불구하고 핵심활동가의 심층면접조사에 그친 한계가 있다. 특히 모형 자체가 사회적 자본과 리더십에 초점을 두고 있어 거버넌스에서 중요하게 다루어야 할 권한배분이 소홀하게 다루어진 점 등은 연구의 한계이며 부족한 부분은 더 많은 연구자들의 후속연구를 통해 보완되기를 기대해 본다.

⑧ 최근 인권조례 폐지운동에 대한 입장 등으로 구성했다. 한편 핵심관계자 인터뷰는 2017년 9월 13일 오전 11시부터 1시까지 진행하였으며, 추가적인 질문은 수차례의 만남과 전화통화로 보완했다.

4) 푸른아산21실천협의회는 아산시와 시민단체(NGO) 간 협력을 위한 거버넌스 단체로 지난 2011년 창립되었으며, 지난 2016년 '아산시지속가능발전협의회'로 명칭을 변경하여 현재에 이르고 있다. 이 단체는 1992년 6월 유엔환경개발회의(UNCED)가 채택한 의제21(Agenda 21)의 제28장과 「지속가능발전법」 및 「저탄소 녹색 성장 기본법」, 「아산시 환경기본조례」 제19조에 따라 아산시민의 삶의 질 향상과 아산시의 지속가능한 발전을 도모하기 위해 민관협력 기구로 아산시지속가능발전협의회를 설치 운영하고 있다.

제 2 절 이론적 배경

1 협력적 거버넌스의 개념과 배경

지방자치제 이후 크고 작은 지역현안 및 정책결정 과정에서 중요한 화두가 되고 있는 거버넌스는 지방분권과 상향적(bottom-up) 의사결정 등과 함께 새로운 정부 통치체제(governing system)의 중요한 변화 중의 하나로 제시되고 있다. 바야흐로 정부(government)의 시대에서 거버넌스(governance)의 시대로 변하고 있다고 할 만큼 거버넌스는 정책환경에 커다란 영향을 미치고 있다. 이러한 현상의 배경에는 선출직 단체장의 정책결정에 대한 정당성 확보와 주민 등 이해당사자들의 참여 및 권한행사 요구의 증가, 그리고 복잡 다양한 사회현상에 대한 전문가집단들의 역할이 날로 높아지고 있기 때문인 것으로 보인다. 이에 따라 시장, 시민사회 등 민간 영역과의 파트너십을 위한 정부의 관심은 더욱 확대되고 있으며, 상호관계 증진을 위한 다양한 지원시스템과 네트워크가 확대·강화되면서 거버넌스에 대한 관심이 날로 높아지고 있다.

특히 다양한 이해당사자인 행위자들의 협력을 강조하는 거버넌스(governance)는 이해당사자들 간의 합의를 통한 문제해결이라는 특성으로 인해, 우리 사회의 다양한 사회문제나 갈등문제를 해결하는 기제로 인식되면서 연구자의 주요 연구대상이 되고 있기도 하다. 그동안 우리나라에서도 협력적 거버넌스의 개념과 다양한 분야의 사례에 적용하여 분석한 연구가 증가하면서 협력적 거버넌스에 대한 이해와 구축전략 등을 수립하는 데 도움이 되고 있다. 하지만 거버넌스에 대한 개념은 아직까지도 명확하게 이루어지지 않고 있으며, 연구자마다 우리말로 서로 다르게 옮겨 사용하고 있어, 그 개념과 관련된 조합주의(corporatism)나 정책공동체(policy communities), 경제분석 등과 같은 개념과도 연관성을 지닌다(원구환, 2003: 2). 거버넌스 연구 분야 또한 연구자들에 따라 다양한데 로컬 거버넌스(Local Governance), 리저널 거버넌스(Regional Governance), 내셔널 거버넌스(National Governance), 글로벌 거버넌스(Global Governance), 사이버 거버넌스

(Cyberspace Governance) 등 행위 주체의 수준과 범위에 따라 다양한 연구가 이루어지고 있다. 이 글에서는 학계에서 보편적으로 사용하고 있는 거버넌스라는 용어를 그대로 사용하고자 한다.

거버넌스의 등장 배경은 20세기 후반 세계화, 정보화, 민주화, 지방화라는 환경의 변화 속에서 정부의 통치시스템 변화에서 찾을 수 있다(안성호 · 배응환, 2004: 11−15). 대체로 거버넌스는 정부, 시장, 시민사회 간의 역할과 기능, 그리고 상호관계 변화를 통한 새로운 가치체계와 제도를 창출하기 위해 제시된 것으로 해석되고 있다. 서구에서 제기된 거버넌스 이론의 기본 배경은 지난 1970년대 미국 중심의 정부실패와 시장실패에서 기인한다. 즉, 획일화된 사고방식을 지양하고 정부, 시장, 시민사회 간 상호의존적(수평적, 협력적, 민주적)으로 접근하고자하는 취지에서 논의가 시작되었으나, 한국에서는 지방자치제 이후 지역공동체 수준의 시민참여의 개념과 지역발전을 위한 민관협력체계와 네트워크로 인식되고 있다(문병기, 2002: 46−53). 거버넌스는 정부주도가 아니라 시민사회의 조직역량과 자원을 활용하여 지속가능한 사회를 만들려는 시각에서 본격적으로 논의 · 도입되기 시작한 것이다.

그러나 2000년대 초반까지만 해도 거버넌스의 등장 배경은 정부실패와 시장실패에 따른 대안으로 제시되어 시장−정부라는 이분법적 사고방식에서 벗어나 정부−시장−시민사회라는 주체들 간의 상호의존적인 협력적 조직으로 이해하려는 경향(Jessop, 2000: 15, Powell, 1991)과 일방적인 정부주도와 개입을 지양하고 시장 또는 시민사회와의 분권과 소통을 통해 네트워크로 이해하려는 입장(안병영, 2000: 16−17). 또는 정책관리의 대안적 국정관리 모형(김정렬, 2000: 23)과 정책결정 및 집행관리의 서비스전달체계의 혁신으로 이해하려는 입장(Rhodes, 1996: 513) 등으로 전개되고 있었다. 그러나 최근에는 1995년 지방자치제의 본격 시행을 계기로 거버넌스의 개념정의에 대하여 보다 구체적이고 적극적인 해석이 나오고 있다. 이를테면 지역의 다양한 사회적 문제를 해결하는 방식의 하나로 지방정부와 시장, 시민사회(NGO)가 자율적으로 협력하여 공공의 사회적 문제를 해결해나가는 네트워크 형태의 운영방식(은재호 · 오수길, 2009: 34)과 지방정부 주도형 파트너십이 아닌 민간부문 조직들의 자발적인 참여와 네트워크의 역할을 강조하는 뉴거버넌스 개념을 제시하고 있는 연구(Harmon & Mayer, 1986; 김성

준 · 김찬동, 2004)들도 나오고 있는 실정이다(김도희, 2000: 71).

과거 전통적 관점의 거버넌스는 국정운영의 능률(생산성)이나 대의제 민주주의와 시장경제의 보완책으로 제시되곤 했으나(Stoker, 1998), 오늘날 거버넌스는 정부－시장－시민사회 간의 상호작용과 이를 통해 사회 스스로의 조정 · 통제 능력의 향상을 강조한다(곽현근, 2010; 박상필, 2008). 아울러 전자의 시각은 정치적 의미의 해석으로 전통적 자유민주주의 시각이라고 평가할 수 있으며, 최근 강조되고 있는 후자의 시각은 행정적 시각으로 관료제의 문제점을 극복하고자 제시된 신공공관리론과도 연계되는 개념으로 해석가능하다(원구환, 2003: 4). 결국 거버넌스는 정부, 시장, 시민사회가 보다 효율적이고 민주적인 국정운영을 위해 신뢰와 네트워크를 기반으로 상호조정하는 하나의 통치체제로 거버넌스 개념을 정의할 수 있다(김명헌, 2010: 5).

이 글에서 다루고자 하는 협력적 거버넌스는 스토커(Stoker, 1998)가 제시한 행정서비스 전달이라는 행정적 의미의 거버넌스 개념보다는 주민참여를 강조하는 오어(Orr, 1998: 227)가 언급한 협력적 거버넌스 개념에 가깝다고 볼 수 있다. 특히 거버넌스에는 갈등적 거버넌스와 협력적 거버넌스가 있는데(배응환, 2005), 이해관계가 상호배타적인 갈등과 논쟁적인 대립관계인 '갈등적 거버넌스'와 달리 '협력적 거버넌스'는 행위자들 간에 대화와 타협을 통해 통치 과정이 지속적이고 공식적으로 이루어지는 경향을 지닌다. 또한 거버넌스는 관점과 시각에 따라서도 지방정부 간 또는 중앙정부, 기업, 시민사회 등을 포함한 다양한 조직 간의 네트워크라는 구조적인 측면과 의사결정 권한을 공유하며 시민사회의 자치권 확대와 시민참여를 통하여 지방정부의 공공재를 생산하고 공급하는 과정적인 측면으로 구분할 수 있다(주재복 외, 2011).

최근에는 협력적 거버넌스를 지역사회의 사회적 문제를 해결하는 협치시스템으로 인식하면서, 조정 · 중재자 또는 대화와 숙의민주주의 과정으로 이해하는 경향도 있다. 따라서 협력적 거버넌스의 개념을 지방정부와 다양하게 증가하고 있는 자율적 비정부 조직들 간의 상호협력과 작용을 통해 지역문제를 해결하고 편익을 증대시키는 것으로 정의할 수 있다. 그런 점에서 협력적 거버넌스는 행정과 지방자치의 기본 원리라고 할 수 있는 자원의 효율적 배분을 통한 지역사회 문제를 해소하는 개념과도 상통한다고 볼 수 있다. 이런 협력적 거버넌스의 등장

배경으로는 앞서 언급한 세계화, 정보화, 민주화라는 외재적 변수 이외에도 우리나라에서는 지방자치의 실시와 분권화, 그리고 주민참여와 지역민주주의 등장이 가장 큰 변수가 되고 있다.

2 협력적 거버넌스의 구성 요건과 과정

협력적 거버넌스의 구성 요건으로 이은구(2003)는 환경적 요인, 구조적 요인, 운영적 요인 등을 제시하고 있으나, 이런 거버넌스 구성 요건은 지역 내 이해당사자들 간의 협력적 거버넌스 성공 요인에도 영향을 미친다. 먼저, 환경적 요인으로는 자원, 행위자의 특성과 관계, 사회적 자본 등과 같은 환경적 조건과 관련된 요인을 의미하며, 구조적 요인은 정보 및 전략의 공유 방식, 행위자들의 역할 및 책임의 설정, 의사결정 방식, 권한위임 방식 등 거버넌스의 구성과 관련된 요인을 의미한다. 운영적 요인은 행위자들 간의 상호작용을 조정하고 관리하는 내부의 운영규칙과 관련된 요인 등이 제시되고 있다(주재복, 2013: 357-358). 또한 스토커(Stoker, 1997: 11-16)는 거버넌스의 구성 요건으로 반대의견을 자유롭게 이야기할 수 있는 개방성(openness)과 대중의 참여를 중시하는 참여(participation), 그리고 개방성과 참여를 바탕으로 지속적인 상호협력을 강조하고 있다. 주재복·한부영(2006) 또한 참여성(participation), 투명성(transparency), 책임성(accountability)을 지역 내 협력적 거버넌스의 성공 요인으로 꼽고 있다. 이외에도 주성수(2008: 8)는 UNDP의 개념을 인용하며 민주주의, 정통성, 책무성, 투명성, 효과성 등을 기본 원칙으로 제시하고 있다.

이은구(2003), 주재복(2013) 등이 말하는 지역 내 협력적 거버넌스의 성공 요인의 경우 행위자들보다는 조건과 환경, 운영, 구조 등을 강조하고 있다. 반면 스토커(Stoker, 1997) 등은 정부 영역 이외의 자발적인 참여와 절차 등의 투명성, 그리고 행위자의 책임성을 강조하고 있다는 점에서 차별성을 찾을 수 있다. 이렇듯이 거버넌스의 성공 요인은 연구자마다 다양하게 제시하고 있지만, 그 근본적 차이는 그렇게 크지 않다. 어떤 형태로든 거버넌스는 행정과 기업, 시민단체 등 다양한 이해당사자들이 참여하고 협력하는 구조이기 때문에 근본적으로 참여 주체들 간의 네트워크가 강조되고 참여자의 책임성과 투명성, 개방성 등이 요구된다(박수진 · 윤희철 · 나주몽, 2015: 344).

'아산시 인권조례' 관련 이해집단 간의 협력적 거버넌스의 구성 요건과 이후 추진 과정을 살펴보기 위해 이 글에서는 앤셀과 개쉬(Ansell & Gash, 2008)의 모형 [그림 4-1]을 재구성해 활용하고자 한다. 앤셀과 개쉬(Ansell & Gash, 2008)가 제시한 모형 또한 앞에서 살펴본 선행연구에서 언급하고 있는 협력적 거버넌스의 조건과 내용상에서 일맥상통하고 있으나, 다만 협력단계를 <시작조건>-<과정>-<결과>로 간결하게 구분하여 제시하고 있으며, 시기와 단계에 따라 다양한 측면을 분석할 수 있기 때문에 지역사회에서 나타나고 있는 현안에 대해 분석하는 데 적실성이 있는 것으로 판단된다(조만형 · 김이수, 2009: 220). 특히 앤셀과 개쉬(Ansell & Gash, 2008)가 제시하는 협력 과정은 면대면 대화 → 신뢰구축 → 헌신성 → 이해 공유 → 중간 결과 → 면대면 대화가 선순환적으로 진행되고 있으며 외부에서 제도설계와 리더십이 촉진적으로 영향을 미치는 것으로 간주하고 있어, 지방자치가 자리 잡아 가고 있는 우리나라에서의 협력적 거버넌스를 분석하는 데 적합한 것으로 판단된다(신상준 · 이숙종 · 햄든-터너, 2015: 84).

앤셀과 개쉬(Ansell & Gash, 2008)의 협력적 거버넌스 과정을 살펴보면, 크게 초기 거버넌스의 출현(시작조건)과 협력 과정, 최종 결과물 등 세 단계의 과정을 밟는 것으로 나타난다. 첫 번째 단계인 <시작조건>에서는 권한이나 자원의 불균형 문제를 다룬다. 특정 이해당사자들이 조직이나 자원을 가지지 못할 경우 권한이나 자원규모가 약한 조직에 대한 인센티브 제공 등의 다양한 형태의 전략이 필요하다는 것이다. <제도설계> 또한 중요한데, 이해당사자들 간에 협력을 위한 분명한 기본 규약(protocol)을 만들고 이 과정에는 협력 과정의 절차적 적법성과 관련한 행위자의 참여 범위, 명확한 배경규칙, 절차의 투명성 등이 강조된다. 따라서 모든 이해당사자들이 폭넓게 참여할 수 있도록 기본 규칙 등의 제도를 설계해야 하며, 상호 신뢰구축과 대화를 통해 상호이익을 취하도록 <촉진적 리더십>의 역할이 강조될 필요가 있다(김태윤, 2012: 864).

그림 4-1 협력적 거버넌스 구축 모형 및 협력 과정

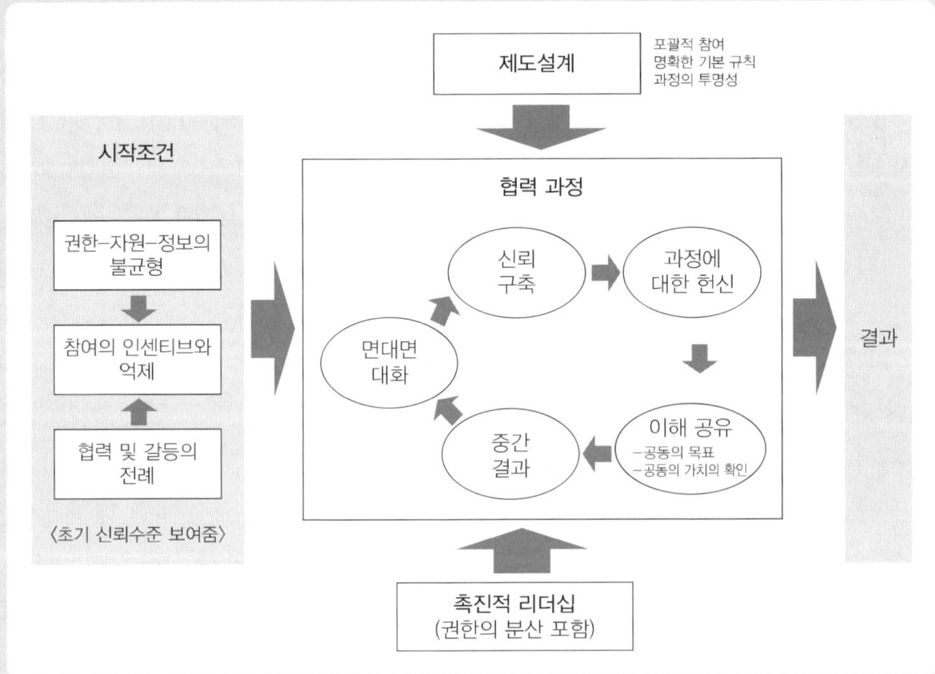

자료출처: 앤셀과 개쉬(Ansell & Gash, 2008) 재구성.

이상의 시작조건과 제도적인 설계, 그리고 촉진적 리더십이 형성되면 다음단계인 <협력 과정>에도 영향을 미치게 된다. 협력 과정은 [그림 4-1]의 경우처럼 <면대면 대화-신뢰구축-과정에 대한 헌신-이해의 공유-중간 결과물> 등의 5단계로 순환된다. 이중에 심층적 의사소통이라고 할 수 있는 '면대면 대화'는 이해당사자들 간의 상호신뢰와 존중을 통해 공통의 이해를 공유하는 헌신 과정으로 협력적 거버넌스의 중요한 성공 요인이 될 수 있다(Gilliam et al., 2002). 특히 신뢰구축을 통한 헌신 과정은 적대적 갈등관계의 전례도 극복하는 수단이 될 수 있다. 마지막으로 협력의 목적과 장점이 상대적으로 구체적이고, 협력으로부터 작은 결과물이 도출될 때 협력은 계속 이어질 수 있으며, 이런 작은 성과는 성공적인 협력적 거버넌스를 형성하는 기폭제가 될 수 있다(Chrislip & Larson, 1994; 김태윤, 2012: 864 재인용).

3 연구방법과 분석틀

이 글에서는 '아산시 인권조례' 관련 각종 자료와 핵심관계자의 인터뷰 자료를 상호보완적으로 구성하여 '아산시 인권조례' 제정 과정에서 드러난 협력적인 거버넌스의 요인과 함의를 분석하고자 했다. 이를 위해 다양한 영향 요인들을 탐색·분석하고자 앤셀과 개쉬(Ansell & Gash) 모형에서 제시하고 있는 협력적 성공 요인들을 수정 없이 적용하여 사례를 분석하고자 했다. 분석 자료는 질적 자료로서 신뢰도 및 타당성 확보를 위해 다음의 기법을 활용하였다. 먼저 인터뷰 대상자의 동의 하에 인터뷰를 녹취하였으며, 인터뷰 당시 상황 및 발언의도 등을 명확히 하고자 녹취한 내용을 24시간 이내에 전사(transcription)하였다. 자료분석을 위해 전사한 자료와 수집된 관련 문헌, 회의록, 보고서, 신문기사 등의 자료를 반복적으로 비교분석하였다. 아울러 핵심관계자의 인터뷰 이외에도 '아산시 인권조례' 제정운동에 함께했던 제3자와의 전화인터뷰를 통해 멤버체크를 하여 연구의 신뢰도와 타당성을 높이기 위해 노력했다.[5)]

이를 바탕으로 '아산시 인권조례' 제정 사례에서 협력적 거버넌스의 요인과 과정을 분석하고자, 앞에서 살펴본 이론을 토대로 각 요소를 연역적으로 추출하여 <표 4-1>과 같은 분석틀을 구성하여 제시하였다.

표 4-1 '아산시 인권조례' 제정에서의 협력적 거버넌스의 분석틀

1. 협력적 거버넌스 시작조건 분석
− 영향력의 불균형
− 참여 인센티브
− 갈등과 협력의 전례 여부
2. 촉진적 리더십
− 지방자치단체장
3. 제도적 설계

4. 협력적 거버넌스 협력 과정 분석
− 면대면 대화
− 신뢰형성
− 협력 과정에 대한 헌신
− 이해의 공유
− 중간 성과
5. 결과

5) 멤버체크는 2017년 9월 13일 핵심관계자 인터뷰 이후부터 이 글 작성이 완료되는 시점까지

제3절 사례 소개-'아산시 인권조례' 제정운동의 개요 및 배경

'아산시 인권조례' 제정운동은 시민단체 주도로 지난 2012년부터 시작되었으며, 지방자치 발전과 지역주민들의 인권증진을 함께 도모하고자 하는 방안으로 출발하였다. 이런 배경에는 지금의 아산시지속가능발전협의회(당시 푸른아산21실천협의회) 등 시민단체의 헌신적인 활동도 한몫을 했겠지만, 지난 1990년대 이후부터 기존 온천 및 농촌배후 도시라는 이미지에서 탈피하여 산업도시로 급속하게 변모한 아산지역의 인구사회학적인 환경의 변화도 무시할 수 없다. 그 결과 「아산시 인권보장 및 증진에 관한 조례」라는 긴 명칭의 '아산시 인권조례'가 지난 2015년 3월 16일 제정되었다.

'아산시 인권조례'는 지난 2011년 푸른아산21실천협의회가 만들어지고, 그 다음해인 2012년 「아산시 인권교육활동가 양성 과정」 프로그램에 참여했던 지역 NGO 활동가들이 제안하면서 시작되었다. 푸른아산21실천협의회 등 4개의 시민단체와 윤금이 아산시의회의원, 아산시 정책담당관 등은 '아산시인권네트워크'를 구성하고, '아산시 인권조례' 제정을 위한 본격적인 활동에 돌입하게 된다. 이들은 이후 네 차례의 준비회의와 시민토론회 등을 통해 '아산시 인권조례' 제정을 아산시의회에 의원발의로 청구하였으나, 아산시의회 상임위원회에서 2013년 7월과 10월 각각 부결되는 우여곡절을 겪기도 했다. 그러나 이들은 '아산시인권네트워크'를 중심으로 '아산시 인권조례' 제정의 필요성을 지속적으로 알린 끝에 지난 2015년 3월 4일 아산시의회에서 「아산시 인권보장 및 증진에 관한 조례」(안)이 원안 가결되었다.

'아산시 인권조례' 제정을 주도한 '아산시인권네트워크' 조직에는 푸른아산21실천협의회(현 아산시지속가능발전협의회), 아산시민연대, 아산YMCA, 아산외국인노동자지원센터, 아산시의회, 아산시정책담당관 등이 참여하고 있다. '아산시

<시작조건－협력 과정－결과>에 이르는 전 과정에서 인터뷰 및 자료로 확인되지 않는 내용은 수시로 면대면 또는 전화통화로 확인하였고, '아산시 인권조례' 제정 과정에 적극적으로 참여했던 아산시민연대 김지훈 전 사무국장과 시민사회단체협의회에 참여하고 있는 천안아산환경운동연합 서상옥 사무처장을 대상으로 이루어졌다.

표 4-2 '아산시 인권조례' 제정 과정

연도/일시	활동 내용
2012.11	'아산시 인권조례' 제정 및 인권네트워크 구축 토론회 개최 (주관 / 푸른아산21실천협의회)
2012~2017년 현재	아산시 인권교육활동가 양성 과정(총 6회) – '인권21' 강사단 모임운영 – 찾아가는 인권교육(총 12회) – 찾아가는 인권인형극 개최(총 4회, 137명)
2013.1~7	인권조례 준비회의(총 4회)
2013.2	인권조례 준비를 위한 아산시와의 정책협의
2013.4	'아산시 인권조례' 어떻게 만들것인가? 시민토론회
2013.6	「아산시 인권보장 및 증진에 관한 조례안」 상임위 **1차 부결**
2013.10	「아산시 인권보장 및 증진에 관한 조례안」 상임위 **2차 부결**
2013.11	아산시 학교 다문화 이해 교육에 대해-이주여성이 수다로 풀다, 이야기마당
2014.9	아산시 인권도시 어떻게 만들것인가? 정책토론회
2014	아산시 한여름밤 인권영화제 개최
2015.3	「아산시 인권보장 및 증진에 관한 조례안」 본회의 **원안 가결**
2015.4	'아산시 인권조례' 시행을 위한 정책토론 간담회
2016.8	성매매 집성촌 장미마을 지속가능발전 방향과 당면과제 시민토론회 – 각종 대책회의 및 간담회

인권네트워크'에 참여하고 있는 구성원들의 성격과 기능은 서로 상이함에도 불구하고 인권보호와 증진을 위한 '아산시 인권조례' 제정을 주요 공통목표로 설정하였다는 점에서 주목된다. 초창기에는 시민단체와 아산시의회 윤금이 의원이 주도적으로 '아산시 인권조례' 제정을 이끌었으며, 아산시 정책담당관의 경우 시민단체와의 협력적 거버넌스 차원에서 지속적으로 참여하면서 '아산시 인권조례' 제정에 긍정적인 역할을 하게 된 점도 '아산시 인권조례' 제정 과정의 특이점이다.

'아산시 인권조례' 제정은 아산시를 비롯 지방정부 구성원들에게 인권보호와 증진의 실행 책임을 명확히 부여하는 의미를 지닌다. 특히 아산시는 인권위원회를 구성하고 관련 예산 및 전담공무원을 배치하는 것을 인권조례 제정 과정에 참여했던 시민단체들과 협의하고 진행했다는 점에서도 의미가 컸다. 또한 그 과정에서 아산시 인권교육활동가 양성 과정을 통해 배출된 '인권21' 강사단이 아산시

공무원은 물론 17개 읍 · 면 · 동을 대상으로 순회 인권교육을 진행하여 아산지역 주민들의 인권인식을 확산하는 산파 역할을 담당했다.

그동안 새로운 지역공동체와 지역발전 방안으로 지방정부와 지역NGO 등 이해당사자들 간의 바람직한 거버넌스 구축의 필요성은 꾸준히 강조되었지만, 지역사회와 관련한 거버넌스 연구는 이론적, 규범적인 수준에 머무르거나 정부 중심의 국가단위 또는 광역단위 거버넌스 연구에 그친 경향이 크다. 따라서 이 글은 지방자치시대에 있어 지역주민들의 복리증진과 지역발전을 위한 동인으로서의 지방정부와 지역NGO의 관계와 특성을 협력적 거버넌스의 관점에서 고찰하고자 하는 목적으로, 1990년대 이후 급격한 도시화와 산업화를 거치면서 지역 공간 구조 및 인구사회학적인 성장과 변화를 겪고 있는 충청남도 아산시를 연구대상지로 선정하게 되었다.

아산시는 충청남도 북부에 위치하고 수도권에 인접한 지역으로 1986년 1월 1일 온양읍이 온양시로 승격분리되었다가, 1995년 1월 1일 아산군과 온양시가 통합되어 아산시가 되었으며 2읍 9면 6동을 관할하고 있다. 아산시는 1980년대까지만 해도 온양온천을 중심으로 농촌을 배후에 둔 온천휴양 도시였으나, 1990년대 이후 수도권의 경계가 충남북부지역으로까지 확장되면서 전기, 자동차 산업의 거점지역으로 발돋움하여 제조업 고용인구가 급격히 증가하고 도시인구가 빠르게 유입되는 성장기를 보였다(조영재, 2014: 128). 아산시 인구는 2017년 8월 현재 외국인 포함 총 324,094명으로 충청남도에서는 천안시 다음이며, 인구증가율의 경우 충청남도에서는 가장 높은 것으로 나타났다. 이 중 외국인은 15,310명으로 다른 도시지역에 비해 높은 외국인 인구비중을 보이고 있으며, 이들 중 상당수가 제조업에 종사하고 있는 것으로 조사되고 있다.

따라서 분출하고 있는 인권수요에 능동적으로 대응하고, 다문화사회에 대비한 외국인 이주자들을 포용하기 위한 일환에서도 '아산시 인권조례' 제정은 시기적으로도 적실성을 띠고 있다. 특히 도시인권 및 권리운동은 1960년대 말 프랑스 등 서구의 사회운동에서 시작되었으나, 최근에는 전 세계적으로 신자유주의적 논리를 비판하는 담론으로 도시에 대한 권리 및 인권증진 운동이 새롭게 조명받고 있는 점에서도 지역NGO 주도의 '아산시 인권조례' 제정운동은 주목받고 있다(강현수, 2011: 13-15).

제 4 절 협력적 거버넌스 분석

1 '아산시 인권조례' 제정 과정의 주요 행위자 분석

'아산시 인권조례' 제정 과정이 처음부터 순탄하게 진행된 것은 아니었다. 지역NGO들의 기대와 달리 아산시와 아산시의회의 인권조례에 대한 인식부재 및 소극적 태도는 '아산시 인권조례' 제정의 걸림돌이 되었다. 따라서 다양한 이해당사자들을 포함하여 대화와 타협을 바탕으로 이뤄지는 협력적 거버넌스 과정은 '아산시 인권조례' 제정의 성공여부의 중요한 요소였다. 특히 협력 과정에 참여하는 주요 행위자를 파악하고 분석하는 것은 협력적 거버넌스의 주요한 요소이다. 이런 협력적 맥락에서에서 살펴본 주요 행위자는 다음과 같다. 특정 문제나 쟁점에 영향을 주거나 받는 사람, 그리고 책임이 있는 사람, 이들에 의해 영향을 받는 사람, 좋은 대안과 전략을 발전시키는 데 필요한 지식과 관점을 가진 사람, 대안과 전략을 집행하거나 방해하는 힘과 자원을 가지고 있는 사람들을 의미한다(Chrislip & Larson, 1994: 65; 신상준 · 이숙종 · 햄든-터너, 2015: 91 재인용).

이상의 내용을 바탕으로 '아산시 인권조례' 제정 과정에서의 주요 행위자는 크게 시민단체, 아산시의회, 아산시, 중재자 등 네 부류로 구분할 수 있다. 시민단체의 경우 '아산시인권네트워크'에 참여하고 있는 푸른아산21실천협의회, 아산시민연대, 아산YMCA, 아산외국인노동자지원센터 등의 소속 단체들이 주도적인 역할을 했으며, 또한 아산지역에서 활동하고 있는 아산시민사회단체협의회, 아산 · 천안환경운동연합, 아산이주여성연대, 전교조아산지회 등의 단체들이 각종 활동에 적극적으로 참여했다. 하지만 이들 NGO의 경우 회원규모 등의 면에서 열악한 수준에 머물고 있었기에 '아산시 인권조례' 제정 과정은 결코 순탄치 않았다. 그럼에도 불구하고 이들은 아산시가 신흥 산업도시로 부상하는 과정에서 차별과 인권문제가 발생하고 있는바, '아산시 인권조례' 제정을 통해 시민들의 인권의식을 높이고, 아산시가 인권도시로 지향하는 데 핵심적인 역할을 했다고 평가할 수 있다.

이 가운데 푸른아산21실천협의회는 2011년 창립과 함께 '아산시 인권조례' 제정을 위한 주요 사업과제를 제시하고, '아산시인권네트워크'를 구성·운영하여 '아산시 인권조례'가 제정될 수 있도록 시작단계부터 협력 과정, 결과에 이르기까지 중추적인 역할을 했다. 푸른아산21실천협의회는 시작단계에서 아산시의회 의원과 아산시 정책담당관이 참여하는 토론회를 개최하여 처음으로 '아산시 인권조례' 제정을 제안하였고, 지역NGO와 함께 '아산시인권네트워크'를 만들어 지속적인 교육과 홍보활동을 펼쳤다. 지난 2015년 '아산시 인권조례'가 제정된 이후에도 아산시가 인권도시로 지향할 수 있도록 관련 사업과 예산을 반영하고 전담부서와 전담공무원이 배치될 수 있도록 주도적인 역할을 하였다.

이후 이들은 '아산시인권네트워크'를 중심으로 정책토론회와 워크숍을 개최하고 아산시 인권교육활동가 양성, 찾아가는 인권교육 및 인권강사단(인권21) 운영, 사전투표소 인권영향 평가 실시 및 결과 분석 등의 활동을 하였다. '아산시인권네트워크'는 아산지역 시민단체뿐만 아니라 아산시의원과 아산시 정책담당관이 참여하여 시작단계에서부터 거버넌스 형태로 운영되었다. 또 '아산시 인권조례'(안)에 대한 협의 및 검토, 아산시인권위원회 구성, 인권 관련 사업 및 활동을 기획·추진하기 위한 별도의 협의기구를 구성하는 등의 '아산시 인권조례'의 내실 있는 운영을 도모하는 데도 핵심적인 역할을 했다.

'아산시 인권조례' 제정을 하는데 아산시의회의 역할도 결코 적지 않았다. 물론 '아산시 인권조례'를 제정하는 과정에는 시작단계에 아산시의회 윤금이 의원이 개인 자격으로 참여했지만, 푸른아산21실천협의회 각 분과에 아산시의회 의원들이 각각 참여하고 있었다. 처음부터 푸른아산21실천협의회가 아산지역 NGO는 물론 아산시의회와 아산시 각 분야별 정책담당자가 참여하는 협력적인 거버넌스 기구로서의 성격을 지니고 있었다는 점에서 아산시의회의 역할을 결코 과소평가해서는 안 될 것으로 보인다. 실제로 2014년 지방선거 이후 '아산시인권네트워크'에 참여하는 담당 시의원이 교체되었음에도 불구하고 협력적 거버넌스 체계가 훼손되지 않고 그대로 유지되었던 점도 다음해인 2015년 3월 '아산시 인권조례'가 제정될 수 있었던 배경이 되고 있다. 물론 아산시의회 전체적으로는 시작단계(2012년 이후)에서 '아산시 인권조례' 제정에 대해 소극적인 태도를 보였다. 이후 협력 과정에서 시의원들의 공감대가 점차 높아지면서 '아산시 인권조례'의 제정에 긍정적인 영향을 미친 것으로 보인다. 이런 배경에는 2014년 6월 지방자치선거에서 상대적으로 진보적인 정당의 후보들이 대거 아산시의회로 진출하면서 의회 정당분포가 역전된 것도 '아산시 인권조례'를 제정하는 데 유리한 환경이 되었던 것으로 분석된다.

'아산시 인권조례' 제정 과정에 아산시의 역할 또한 무시할 수 없다. 푸른아산21실천협의회가 '아산시 인권조례' 제정을 처음 제안할 당시부터 아산시 정책담당자가 참여했으며, 이후 아산시의회에서의 조례 제정 과정과 인권조례 제정 이후 관련 사업을 펼치는 일에도 큰 역할을 했다. 물론 아산시 또한 처음부터 '아산시 인권조례' 제정에 대해 적극적이었던 것은 아니었다. 핵심관계자와의 인터뷰에서 확인한 결과 시작단계에서 아산시는 인권조례 제정에 대한 인식이 낮아 소극적으로 참여했지만 2013년 조례 제정이 부결되고, 2014년 지방선거 이후부터 협의 과정에서 '아산시 인권조례' 제정에 대해 능동적으로 태도가 바뀌었다고 한다. 이런 배경에는 민선5기에 '아산시 인권조례' 제정운동에 적극적으로 참여했던 윤금이 전 아산시의원이 민선6기 아산시 정책보좌관으로 들어가면서 지역 NGO와 아산시 간 가교역할을 하게 된 것이 컸다고 한다. 더 나아가 2014년 지방선거에서 당선된 복기왕 아산시장이 초선 때와는 달리 인권조례 제정 등 각종 지역현안에 대해 적극적인 태도를 취한 것도 '아산시 인권조례'를 제정하는 데 한몫을 한 것으로 보인다. 실제로 핵심관계자의 인터뷰 과정에서 2013년 '아산시 인권조례'가 시의회에서 부결되고, 2014년 재추진 여부를 논의할 때부터 아산시가 적극적(능동적)으로 바뀌었다고 강조하고 있어 재선에 당선된 복기왕 아산시장의 리더십 변화가 영향을 미친 것으로 풀이된다.

'아산시 인권조례' 제정 과정에 영향을 미친 중재자로는 인권 관련 전문가들을 비롯해 외곽조직을 예시할 수 있다. 이를테면 '아산시 인권조례' 제정 과정에서 각종 토론회와 교육 등이 이루어졌을 때 참여했던 이상재 대전충남인권연대 사무국장, 김형완 인권정책연구소 소장, 박춘섭 충남사회적경제지원센터장, 현은숙 충남연성인권상담센터 소장, 강현수 중부대 교수 등을 언급할 수 있다. 이들은 먼저 '아산시 인권조례' 제정의 필요성과 다른 지역의 사례를 전문가적 시각에서 전달하고, 중요한 국면에서 아산시장이나 시의원들을 적극적으로 설득하는 중재자 역할을 통해 아산시가 인권도시를 지향할 수 있도록 이론적인 뒷받침 역할을 수행하였다.

2 협력의 시작조건

1) 영향력의 불균형 해소

협력적 거버넌스 과정에 참여하는 이해당사자들 간에 권한과 영향력 등의 종합적인 역량이 상대적으로 미흡하다면 협력 과정에서 주어진 역할을 수행하지 못하고 중도에 포기, 결국 협력적 거버넌스 초기 환경이 형성되지 않을 수 있다. 반대로 상대방의 권한이나 영향력이 너무 강해도 협력적 거버넌스 기반이 붕괴될 수 있다. 지방정부는 민간 영역의 NGO나 주민들의 권한과 영향력에 비해 상대적으로 비교우위의 권한과 영향력을 지니고 있다. 지방자치제 이후 자치단체장의 의지에 따라 정책결정 여부가 판가름나는 경우를 우리는 그동안 수도 없이 목도한 바 있다. 그런 점에서 지방정부를 비롯한 이해당사자들의 협력은 매우 중요한 시작조건이었다.

'아산시 인권조례'를 제정하는 초기 과정에서는 아산시와 아산시의회, 그리고 아산지역NGO들 간 지역의 인권현안을 바라보는 인식의 격차와 영향력의 불균형 문제가 상존하고 있었다. 1990년대 이후 아산시는 급속한 산업화와 도시화를 겪으면서 외지인과 외국인 비율이 높아졌다. 기존 농촌·농민 문제를 비롯해 노동, 이주노동자 문제와 결혼이주민 등의 차별문제와 인권문제가 발생하는 가운데서도 지역사회 차원의 인권문제 해소를 위한 자치역량은 발휘되지 못하고 있었다. 지역NGO들이 산재한 지역의 인권문제에 대해 권한과 영향력이 부재한 상황에서도 '아산시 인권조례' 제정을 아산시와 시의회에 제안하면서 협력적 거버넌스의 시작조건이 만들어진 것이다.

2) 유인책-인센티브

'아산시 인권조례' 제정 과정에서 협력적 거버넌스 구축에 참여하도록 유인한 인센티브는 다음과 같다. 지역NGO 관점에서 협력적 거버넌스 구축에 아산시와 아산시의회가 참여하도록 유인한 인센티브로는 첫째, 지역NGO가 인권의제를 중요한 지역사회 의제로 부각시켜 아산시와 시의회가 협력적 거버넌스 구축에 참여할 수밖에 없는 환경을 조성하는 유인책을 만들었다. 인권의제를 지역사회 의제로 만드는 것은 아산시와 시의회 모두 부담스러운 문제임에 틀림없다. 실제로 시작단계에서 아산시와 시의회가 '아산시 인권조례' 제정에 대해 소극적이었던 것에서도 확인되고 있다. 그러나 사회적 문제로 대두되고 있는 농민, 노동자, 외국인노동자, 다문화가정 등의 사회적 문제를 외면할 수 없는 가운데, 지역NGO가 '아산시 인권조례'(안)을 협의 · 검토하자는 제안에 대해 아산시와 아산시의회가 외면할 수만은 없었을 것이다. 둘째, 아산지역NGO가 '아산시 인권조례' 제정 과정에서 아산시와 시의회를 대상으로 끊임없이 토론하고 협의하는 과정 또한 협력적 거버넌스 구축을 위한 유인책이었다. 실제로 핵심관계자 인터뷰 과정에서 아산지역NGO는 스스로 거버넌스 역량이 높다고 판단하고 있었으며, 반면 아산시와 시의회의 경우 지역NGO를 행정의 도우미 수준으로 과소평가하고 있는 가운데, 지역NGO가 앞장서서 '아산시 인권조례' 제정을 제안하고 끊임없는 협의와 토론을 통해 아산시와 시의회를 거버넌스의 장으로 유인한 것도 인센티브의 일종으로 볼 수 있다.

아산시 및 아산시의회의 관점에서의 협력적 거버넌스 구축에 아산지역NGO들이 참여하도록 유인한 인센티브로는 첫째, 아산시는 민간단체 보조사업을 통해 지역NGO가 펼치고 있는 활동을 지원하고 있다. 요컨대, 푸른아산21실천협의회의 거의 모든 사업비와 경상경비는 아산시에서 예산을 편성 · 집행하고 있으며, 일부 시민단체의 경우도 사업비의 일부를 아산시에서 공모사업을 통해 조달 · 집행하고 있다. 그런 점에서 '아산시 인권조례' 제정을 위한 협력적 거버넌스 구축 과정의 긍정적인 요인이자 유인을 위한 인센티브로 평가할 수 있다. 둘째, 권한 및 영향력의 불균형 문제가 상존하고 있는 가운데 '아산시 인권조례' 제정을 위한 아산지역NGO들의 제안에 아산시와 의회가 참여하여 지역NGO가 추구하는 목적에 부합하는 활동을 했다면 이 또한 협력적 거버넌스 구축을 위한 인센티브 과정으로 평가할 수 있다.

3) 갈등과 협력의 전례 여부

아산지역NGO와 아산시 간 인권문제를 둘러싸고 갈등경험과 지역현안 관련 협력 및 갈등경험이 존재하고 있다. 먼저, 인권문제와 관련한 갈등경험으로는 노동인권 관련 갈등경험을 제시할 수 있다. 아산지역 내에 있는 유성기업과 갑을오토텍의 장기간의 노사갈등, 현대자동차 사내하청 문제, 삼성노동자 백혈병 문제 등의 노동인권 문제 관련, 지역NGO와 노동단체들은 사측의 불성실 단체교섭과 불법 직장폐쇄, 불법적인 폭력사태에 대해 아산시의 보다 적극적인 역할을 주문했으나, 아산시로부터 만족할 만한 답변을 듣지 못하면서 지역NGO와 아산시 간의 갈등경험으로 남아 있었다.

이외에도 지역NGO와 아산시 간에 지역현안 관련 갈등 및 협력경험도 존재하고 있었다. 지난 2000년대 중반 이후 지역NGO가 어린이도서관건립추진위원회를 발족하고 아산시에 제안하여 만든 시립아산어린이도서관 설립경험과 지난 2011년 충남지역에서는 처음으로 주민발의로 만들었던 「친환경학교급식 지원조례」 제정경험의 경우, 거버넌스 구축 과정에서의 협력경험으로 전례된다. 아산시 외암리 민속마을 인근에 군부대가 사격장을 조성하는 것에 대해 지역NGO들이 반대운동을 통해 무산시켰던 경험과 아산시의 유일한 해안지역인 걸매리에 아산시가 매립계획을 세우자, 지역NGO들이 갯벌 매립 반대운동을 펼쳐 무산시킨 사례의 경우 협력적 거버넌스 구축 과정의 대표적인 갈등 전례라 볼 수 있다.

아산지역NGO와 아산시 간의 일련의 갈등 및 협력전례를 통해 거버넌스 관련 다양한 경험축적과 함께 지역NGO 내의 구성원들 간 신뢰구축 등의 사회적 자본 확충은 이후 협력적 거버넌스 구축에 긍정적인 영향을 미쳤을 것으로 사료된다. 실제로 핵심관계자 인터뷰를 통해 아산지역NGO의 개별역량은 인접한 천안지역 NGO에 비해 상대적으로 약하지만, 아산지역의 경우 노동단체 등 진보적 NGO와 시민단체가 서로 연대하고 신뢰관계를 구축하여 각종 지역현안에 대한 대응역량은 상대적으로 높다고 스스로 평가하고 있었다. 만약에 아산지역NGO 간 운동의 이념 및 방향성이 서로 다르고, 조직규모나 활동방식이 상이하여 이들 간에 상호신뢰가 형성되어 있지 않았다면 협력적 거버넌스 구축의 걸림돌이 됨은 물론, '아산시 인권조례' 제정 과정에서도 상당한 어려움이 있었을 것으로 판단된다.

3 협력의 과정[6)]

1) 면대면 대화

면대면 대화는 이해관계자들 간 심층적인 의사소통을 통해 상호이익을 획득할 수 있는지를 확인하는 기회이다. 이 글에서 다룰 면대면 대화의 행위 주체는 아산지역NGO와 아산시의회, 아산시이다. 이러한 행위 주체들 간에 면대면 대화는 상호주의에 입각한 회의개최와 토론회 등의 다양한 접촉을 통해 확인할 수 있다. 시기별 주요 내용을 살펴보면 다음과 같다.

먼저 2012년 11월 26일 푸른아산21실천협의회 주관의 '인권조례 제정 및 인권네트워크 구축 토론회'는 아산지역NGO뿐만 아니라, 아산시의회 윤금이 의원과 아산시 정책담당관이 참석한 가운데 개최되었다. 이 자리에서 발제를 맡은 김지훈 아산시민모임 사무국장이 윤금이 아산시의원에게 '아산시 인권조례' 제정과 '아산시인권네트워크' 구축을 요청하면서 '아산시 인권조례' 제정 과정은 시작되었다고 볼 수 있다. 이후에 푸른아산21실천협의회, 아산시민연대, 아산YMCA, 아산외국인노동자지원센터, 아산시의원, 아산시 정책담당관 등이 참여하는 '아산시인권네트워크'가 구성되었으며, 이후 두 차례에 걸쳐서 아산시 인권교육활동가 양성 과정을 통해 총 32명의 강사단을 배출했다. 여기까지가 협력 과정에서 참여하는 이해당사자들 간의 이해관계와 가치 및 정보 등을 확인하는 발견(discovery)

6) 이 글에서는 협력 과정을 살펴보기 위해 아산시지속가능발전협의회의 내부자료와 지역NGO(시민사회단체협의회, 아산지속가능발전협의회, 아산YMCA, 천안아산환경운동연합)의 총회자료집과 관련 자료, 언론보도자료, 기타 인터넷 검색자료 등을 참고했으며, 핵심관계자의 인터뷰를 통해 답변을 보충, 분석하는 것으로 대신했다.

표 4-3 '아산시 인권조례' 제정 과정 주요 행위자 분석

단 계	연도/일시	활동 내용
가치 및 정보 등을 확인하는 발견(discovery)	2012.11	'아산시 인권조례' 제정 및 인권네트워크 구축 토론회 개최
	2012.11	'아산시인권네트워크' 구성 – 지역NGO, 아산시정책담당, 윤금이 시의원
	2012~2013	아산시 인권교육활동가 양성 과정(총 2회) 인권교육 총 20여 차례 이상 진행
조례 제정에 대한 문제를 명확히 하는 정의(definition)	2013.1~4	인권조례 준비회의(총 3회)
	2013.2	인권조례 준비를 위한 아산시 정책협의
합의되는 숙의 (deliberation)	2013.4	'아산시 인권조례' 어떻게 만들것인가? 토론회 – 강현수 중부대 교수 발제
	2013.11	다문화, 이주여성이 수다로 풀다. – 이해당사자들 간담회 형태로 진행
결정(determinations)	2013.7	인권조례 준비회의(1회) – 인권조례 초안 확정 및 토론회 준비
	2014.9	아산시 인권도시 어떻게 만들것인가? – 전문가들을 초청 정책토론회 개최

의 단계로 볼 수 있다. 2013년 1월부터 7월까지 총 세 차례의 '아산시 인권조례' 준비회의를 개최하고, 아산시와의 정책협의를 통해, '아산시 인권조례' 제정의 필요성과 추진계획에 대해 논의하고, 인권조례 초안에 대한 검토와 토론회를 준비하였다. 여기까지는 '아산시 인권조례' 제정에 대한 문제를 명확히 하는 정의(definition) 단계의 특징을 지닌다. 이후 2013년 4월 '아산시 인권조례' 어떻게 만들 것인가?란 주제의 토론회를 개최하여 아산시, 아산시의회 담당자도 주제발제와 토론자로 포함시켜 이해당사자들 각각의 입장을 듣는 것과 함께, 외부전문가를 참여시켜 객관적인 시각에서 '아산시 인권조례' 제정에 대한 의견을 듣는 시간을 가졌다. 2013년 11월 다문화 문제에 대해 이주여성들이 직접 참여하는 '수다로 푸는 이야기 마당'을 개최했다. 이 과정은 참가자들 간 상이한 의견이 합의되는 숙의(delibertion) 단계이다. 마지막으로 결정(determinations) 단계로서 그동안 협의했던 '아산시 인권조례'(안)을 최종 확정하고 전문가들을 초청, 향후 조례 제정 추진방향에 대해 논의했다.

면대면 대화 과정에서 관심있게 살펴봐야 할 점은 각 행위자들의 '아산시 인

권조례'를 바라보는 시각에 분명한 차이가 있었던 점이다. 푸른아산실천21협의회를 비롯 시민단체의 경우 인권조례 제정을 통해 지역의 산적한 노동현안이나 다문화 문제 등을 해결해야 한다는 분명한 지향점을 제시하고 있었다. 하지만 푸른아산실천21협의회에 당연직으로 참여했던 아산시 정책담당자의 경우 '아산시 인권조례' 제정에 대한 공감대나 인식이 상대적으로 낮았다. 반면 아산시의회 윤금이 의원의 경우 처음부터 푸른아산실천21협의회 등 시민단체와 긴밀히 공조하면서 '아산시 인권조례' 제정에 대해 적극적이었으나, 아산시의회의 의원분포가 보수적인 정당의 의원수가 더 많아 조례 제정을 위해서는 동료 시의원들을 설득해야 하는 과제를 안고 있었기 때문에 지속적인 대화가 필요했다.

이상과 같이 '아산시 인권조례'를 제정하기 위해서는 이해당사자들 간 지속적인 면대면 대화가 반드시 필요한 과정임을 알 수 있다. 면대면 대화 과정이 성공하기 위해서는 운영 과정에서 정확한 정보를 제공하고 상호공유해야 한다. 실제로 '아산시 인권조례' 제정 과정은 이해당사자들 간 면대면 대화 과정에서 정확한 정보를 제공하여 이해당사자 상호 간에 이견을 좁혀 상호신뢰를 구축하였으며, 이후 '아산시 인권조례' 제정에 적극적으로 참여하는 헌신의 과정으로 이어질 수 있었다.

2) 신뢰형성

신뢰는 협력적 거버넌스에서 가장 중요한 요인 중에 하나이다. 지방정부와 지역NGO는 지역사회에서 밀접하게 상호작용을 한다. 상호협력을 통해서 지역현안에 대한 문제해결 역량을 높이고, 협력적인 거버넌스를 구축하기 위해서는 무엇보다도 지방정부와 지역NGO 간의 상호신뢰를 회복하는 것이 급선무이다(금홍섭, 2012: 36).

그러나 핵심관계자의 인터뷰는 '아산시 인권조례' 제정 과정에 참여한 이해당사자인 지역NGO, 아산시, 아산시의회 간 시작단계에서의 신뢰관계가 그렇게 두텁지 않았던 것으로 분석된다. 특히 아산시와 아산시의회가 상대적으로 지역NGO에 비해 '아산시 인권조례'(안)에 대해 전체적으로 미온적이었던 것으로 보인다. 실제로 2013년 7월과 9월 두 차례에 걸쳐서 '아산시 인권조례'가 아산시의회 상임위원회 회의에서 부결될 때까지 아산시와 아산시의회는 인권조례의 필요성에 대한 공감대보다는 '인권' 이슈에 대한 부담이 컸던 것으로 보인다. 아산시청 공무원들이나 시의회 의원들의 대체적인 반응이 인권조례 제정에 대한 필요성에 대해 공감하면서도, 충청권에서 가장 먼저 인권조례를 제정하는 것에 대한 부담을 느꼈던 것으로 보인다. 반면 '아산시인권네트워크'에 참여하고 있는 지역NGO들은 아산시나 시의회와 달리 인권조례 제정에 대해 매우 적극적이었다.

또한 지역NGO 간 신뢰도는 그들 스스로 높게 평가하고 있었다. 이들의 조직규모나 역량은 인근도시인 천안이나 대전광역시에 비해 낮지만 각종 지역현안 관련 협력경험이나 대규모 노동쟁의에 대한 공동대응경험 등으로 인해 지역NGO들 간에는 상대적으로 높은 신뢰역량을 발휘하고 있다고 스스로 평가하고 있었다. 핵심관계자 인터뷰를 통해 그런 배경을 유추해보면 지역NGO는 스스로 거버넌스 역량을 높게 평가한 반면, 아산시나 아산시의회의 경우 지역NGO의 역량을 과소평가한 나머지 '아산시 인권조례' 제정에 대해 소극적이었던 것으로 파악된다. 2010년 민선4기 이후부터 자치단체장이 바뀌면서 아산시와 지역NGO 간에 환경, 개발, 행정투명성, 예산 관련 갈등이 점차 줄어들어 갈등 요소는 감소했지만, 여전히 지역의 노동현장이나 몇몇 사회적 갈등현안으로 말미암아 긴장관계는 형성되어 있는 상황이었다. 그러다가 2013년 두 차례나 '아산시 인권조례'가 시의회에서 부결되자 자치단체장을 비롯 아산시의 태도가 먼저 바뀌기 시작하고, 특히 2014년 지방선거를 전후해서는 아산시와 아산시의회가 '아산시 인권조례' 제정을 적극적으로 추진하면서 급물살을 타게 된 것으로 보인다.

종합하면 '아산시 인권조례' 제정 과정에서 시작단계에 미온적이었던 아산시와 시의회가 이후 적극적인 태도변화를 가져온 데에는 2014년 지방선거 이후 바뀐 지역정치 환경도 한몫을 했지만, 무엇보다 '아산시 인권조례' 제정에 대한 지역NGO의 적극적인 추진의지와 지속적인 설득 활동, 그리고 협력적 거버넌스 구축의 필요성을 끊임없이 강조하고 지방정부와 시의회에 구애한 데서 그 근본 원인을 찾을 수 있다. 어쩌면 이들 이해당사자들 사이에 면대면 대화 과정과 활동이 가미되지 않았다면 상호 간 신뢰형성은 불가능했으며 '아산시 인권조례' 제정은 어려웠을 것으로 보인다. 이를 통해 협력적 거버넌스의 형성에 있어서 이해당사자들의 상호신뢰의 중요성을 가늠할 수 있을 것이다.

3) 협력 과정의 헌신

지역NGO와 지방정부는 지역현안을 둘러싸고 밀접하게 상호작용을 한다. 지방정부와 그 지역사회 내 자발적인 참여집단 및 시민들이 보다 민주적이고 효과적인 지역사회를 만들기 위해 수평적 관계의 상호작용을 통해 지역문제를 스스로 해결하는 것을 협력적 '거버넌스 체제'라 말한다. 이러한 측면에서 '아산시 인권조례' 제정 과정을 살펴보면 지역NGO와 지방정부 등의 이해당사자들 간 인식차이는 존재했지만 지속적인 대화와 토론을 기반으로 '아산시 인권조례'를 제정한 것으로 평가할 수 있다.

핵심관계자의 인터뷰와 관련 자료를 살펴보면 이들은 조례 제정을 위해서 이해당사자들의 의견을 상호공유하고 협력하기 위해 부단히 노력하였다. 즉, 인권조례 의제를 형성하고 주도하는 과정에서 아산시와 시의회, 그리고 지역NGO들은 서로 간에 의견을 청취하고 조례안에 대해 협의하고 검토하는 등 합의하려는 최소한의 자세를 유지하고 있었다. 특히 2013년 두 차례나 '아산시 인권조례'가 시의회에서 부결되었을 때도 이들은 차분하게 향후 대책을 논의하기 위한 마지막 준비회의와 전문가들이 참여하는 정책토론회를 기획 추진하는 등 협력적 거버넌스가 훼손되지 않도록 상호 노력했다. 뿐만 아니라 2015년 '아산시 인권조례'가 제정되기까지 초창기 2년 간은 비영리민간단체 공모사업을 통해 각종 교육 및 토론회 관련 일련의 비용을 푸른아산21실천협의회가 부담했으며, 이후부터는 아산시가 관련 활동 예산을 분담하는 방식으로 진행되었다. 이런 역할 분담을 통해 지역NGO의 어려운 재정현실을 극복하면서 오랜 기간 동안 '아산시 인권조례' 제정운동은 지속가능했다.

종합하면 2012년 '아산시 인권조례' 제정을 위한 토론회 개최 이후부터 네 차례의 준비회의와 토론회, 정책간담회 등 아산시와 시의회, 그리고 지역NGO들 간에 갈등이 없었던 것은 아니지만, 전문가들이라고 할 수 있는 중재자들이 갈등을 조정하고 상호 간의 입장을 이해함으로써 '아산시 인권조례'가 제정될 수 있도록 수평적 관계에서 노력했다. 특히 인권 관련 전문가들로 참여했던 중재자들은 2013년 시의회에서의 인권조례(안) 부결 이후 정책토론회 등 공식·비공식 기회를 통해 아산시장과 시의원들에게 '아산시 인권조례' 제정의 필요성을 강조하고,

장기적으로 아산시가 인권도시로 나아가는 것이 도시이미지를 재고하는 데 도움이 될 것임을 누차 강조함으로써 중재자로서의 협력과 헌신 과정을 보여주었다.

4) 공동의 이해와 목표 공유

공동의 이해와 목표 공유는 공동의 문제에 대해 동의하는 것을 의미하는 것으로 합의도출을 위한 전제라고 할 수 있다. 물론 공동의 이해와 목표를 공유한다고 해서 곧바로 합의가 도출되는 것은 아니라고 할 수 있다(조만형 · 김이수, 2009: 230). 이러한 배경 하에 공동의 이해와 목표 공유 과정을 살펴보면 다음과 같다.

'아산시 인권조례' 제정 과정에서 공동의 이해와 목표를 공유하는 것은 인권조례(안)을 확정하여 최종 제정하는 것이다. 이 문제에 대해서는 아산시나 시의회, 지역NGO 모두 이견이 없었다. 하지만 '아산시 인권조례' 제정 이후 아산시인권위원회 구성, 관련 사업 예산반영, 인권 관련 전담공무원 배치여부 등의 사안에 대해서는 아산시와 시의회, 지역NGO 모두 서로 다른 입장과 태도를 견지했다. 그럼에도 '아산시 인권조례' 제정 과정 및 이후에도 관련 이해당사자들 간에 지속적인 면대면 대화를 통해 관련 정보의 공유 등의 이해 · 공유 과정을 거쳐, 2013년 7월 인권조례 준비 제4차 회의에서 '아산시 인권조례'(안)을 최종 확정했다. 또 2014년 9월(아산시 인권도시 어떻게 만들 것인가?)과 2015년 4월('아산시 인권조례' 시행을 위한 정책토론회) 두 차례의 정책토론회를 통해 관련 문제에 대해 상당부분 이해를 공유하는 계기를 마련했다.

이런 공동의 이해와 목표의 공유 과정은 2015년 3월 「아산시 인권보장 및 증진에 관한 조례」가 아산시의회 본회의를 통과한 이후에 관련 후속대책을 마련하는 데 별다른 어려움 없이 추진가능했던 배경이 되기도 했다.

4 최종 결과물

협력적 거버넌스를 통해 만들어진 성과가 아산시와 시의회, 그리고 지역NGO 등 각 주체들의 입장에서 어떤 효과를 나타냈는지를 중심으로 살펴보았다. 먼저 아산시의 경우 '인권도시 아산'이라는 도시이미지 제고에 도움이 된 것으로 보인다. 또한 1990년대 이후 아산시의 인구사회환경의 변화로 인해 야기된 인권문제에 대해 사전예방 및 사후대책까지 모색할 수 있는 계기를 '아산시 인권조례'를 통해 마련했다는 점도 이번 협력 과정의 수확 중 하나이다. 더 나아가 인권조례 후속대책으로 추진된 인권교육 등의 각종 프로그램을 통해 아산시민들의 인권감수성과 공감대를 높였고, 향후 아산시가 인권 관련 시책을 추진하는 데도 크게 기여한 것으로 평가된다.

아산시의회의 입장에서도 아산시와 지역NGO들과 함께 상호주의 관점에서 토론하고 협의하면서 '아산시 인권조례'를 제정한 것은 매우 큰 성과이다. 더 나아가 아산시의회가 지역NGO와의 협력적 거버넌스를 통해 만든 '아산시 인권조례'는 지방자치 정신의 결과물이자 시의회에 대한 시민들의 신뢰를 얻는 데도 기여했다. 특히 아산시의회는 '아산시 인권조례' 제정을 위한 협력 과정의 시작단계에는 상대적으로 소극적이었던 아산시의 태도를 지적하면서 중재자 역할을 자임하기도 했다. 또 지역NGO들과 함께 '아산시인권네트워크'에 처음부터 끝까지 함께하면서 결국 지난 2015년 3월 의원발의로 '아산시 인권조례'를 제정한 것도 매우 큰 성과 중 하나이다.

지역NGO의 입장에서도 '아산시 인권조례' 제정 과정에서 얻은 성과는 결코 적지 않다. 먼저 지역NGO들이 주도했던 '아산시 인권조례' 제정 과정을 통해 아산시의 인권자치 역량을 높이는 데 기여했고, 이를 계기로 아산시와 시의회로부터 협력적 거버넌스의 파트너로 인정받아 이후 각종 지역현안 활동에 지역NGO가 적극 참여하면서 영향력을 확장하고 있는 것도 성과 중 하나이다. 특히 '아산시 인권조례' 제정 이후 아산시에 인권위원회를 구성하고 관련 사업의 발굴 및 예산을 반영하고 전담공무원을 배치하는 등의 성과는 인권조례를 제정하고 있는 전국의 어느 지역에서도 찾아볼 수 없는 아산시만의 특징이며, 이 또한 지역NGO

들의 성과라고 볼 수 있다. 특히 '아산시 인권조례' 제정 이후 인권에 대한 일반 시민들의 시각과 인식이 달라졌고, 노동현안을 대하는 공무원들의 인식마저도 달라졌다는 평가를 받고 있어 아산지역 전체의 인권역량이 높아진 점도 지역 NGO의 성과로 평가된다.

표 4-4 각 행위자별 협력적 거버넌스의 성과

행위자	주요 과정(배경)	성 과
아산시	• 공모사업을 통해 지역NGO의 인권교육프로그램 지원 • 시작단계부터 거버넌스협의체에 담당 공무원 참여 • '아산시 인권조례' 제정 이후 인권 관련 사업과 예산, 전담공무원 배정 • 다양한 집단이 참여하는 '아산시 인권위원회' 구성	• 인권교육 통해 아산시민들의 인권감수성 및 공감대 형성 • 공무원들의 지역NGO 및 인권현안에 대한 인식 변화 • 아산시의 각종 인권시책 추진에 기여 • '인권도시 아산' 이미지 제고 • 인권문제 사전 예방 및 사후대책 마련
아산시 의회	• 시작단계부터 거버넌스협의체에 적극적으로 참여 • 아산시와 지역NGO 간 중재자 역할 통해 갈등조정 및 대안제시	• 적극적인 참여와 중재자 역할로 시민의 대표성 과시 • 인권조례 제정을 통해 지방의회에 대한 시민신뢰 회복
지역 NGO	• '아산시 인권조례' 제정을 제안하고, 거버넌스협의체 구성 • 관련 사업 및 예산 확보로 조례 제정 운동 지속적인 추진 • 중재자 역할을 할 수 있는 전문가들을 참여시켜 갈등을 최소화	• 인권현안에 대한 지역사회 인식변화 • 협력적 거버넌스 파트너로 인정받음 • 적극적인 참여로 아산시 인권자치 역량을 높이는 데 기여 • '아산시 인권조례' 제정으로 지역NGO의 지역사회 영향력을 높이는 데 기여

5 사례분석 종합

이상과 같이 '아산시 인권조례' 제정 과정은 관련된 이해당사자들이 모두 참여하여 진행된 협력적 거버넌스의 전형적인 사례를 보여주고 있다. 특히 농촌을 배후에 둔 지방의 중소도시의 협력적 거버넌스 구축 사례를 살펴볼 수 있었다는 점에서 그 의미가 크다.

이 글에서 협력적 거버넌스 구축 모형으로 제시한 앤셀과 개쉬(Ansell & Gash, 2008)의 <시작조건－협력 과정－결과물>과 '아산시 인권조례' 사례연구에 대한 적합성 여부를 살펴본 결과, 상당부분 적합성을 띠고 있는 것으로 판단된다. 실제로 본 연구의 사례 지역인 아산시와 지역NGO 간 권한과 자원의 불균형 문제와 참여 유인을 위한 인센티브, 그리고 갈등과 협력경험 등을 대체로 자세하게 설명할 수 있었다. 또한 협력 과정에서도 <면대면 대화 → 신뢰구축 → 헌신성 → 공동목표 및 이해 공유 → 중간 결과 → 면대면 대화> 순으로 진행되고 있는 것으로 나타났다. 특히 '아산시 인권조례' 제정운동이 시작될 때부터 지역NGO와 아산시, 시의회 의원이 함께하면서 이후 추진 과정에 사소한 갈등과 논란은 있었지만, 상호신뢰 구축 → 헌신 → 공동의 목표와 이해 공유를 통해 최종 결과물을 만들어내는 과정으로 이어졌다. 이 글에서 제시한 모형과 차이점을 보인 것은 중간 결과를 통한 선순환 과정 없이 '아산시 인권조례'는 곧바로 제정되면서 최종 결과물을 만들어 냈다는 점이다. 이런 배경에는 '아산시 인권조례' 제정운동의 시작단계부터 지역NGO는 물론 아산시와 시의회가 참여했으며, 최종 결과물에 이르기까지 상호주의적 관점에서 신뢰를 쌓고 헌신하면서 인권조례 제정이라는 공동의 목표와 이해를 공유했기 때문에 가능했다고 판단된다.

또한 '아산시 인권조례' 제정을 둘러싸고 지역NGO와 아산시, 시의회 간 협력적 거버넌스 구축을 통해 지방행정의 효율성을 제고하고, 이해당사자 간 상호보완을 통해 행정의 시너지를 창출할 수 있었다. 더 나아가 '인권'이라는 민감한 의제를 조례로 제도화할 수 있었던 배경 또한 협력적 거버넌스가 있었기에 가능했다. 특히 다양한 이해와 요구가 분출하고 있는 오늘날 지방자치시대에 지역 내 이해당사자들 간의 협력은 매우 중요하다. 따라서 지방정부는 촉진적 리더십의 발휘를 통해 지역의 새로운 의제를 형성하고 지역문제를 해결하기 위한 다양한 분야의 협력적 거버넌스 구축을 시도해야 한다. 이를 위해 면대면 대화를 활성화하고 공동의 목표와 이해를 공유하며 이를 토대로 생산적인 결과물을 도출하는 것이 필요하다. 이러한 과정에서 촉진적 리더십의 역할은 이해당사자들 간의 접촉면을 넓히기 위한 장을 정기적으로 만들고, 관련 분야의 정확한 정보를 제공하여 공동 목표와 이해를 공유하여 상호신뢰를 구축하기 위해 부단히 노력해야 한다. 아울러 협력적 거버넌스 구축이 훼손되지 않도록 하기 위해서는 끊임없이 소통하고 갈등을 조정하기 위한 논의가 이뤄져야 하며, 나아가 합리적인 원칙과 기준을 설정하는 것도 매우 중요하다고 판단된다.

제5절 결 론

이 글은 협력적 거버넌스 구축의 성공 요인 및 과정을 분석하기 위해 '아산시 인권조례' 제정 과정에서의 지역NGO와 아산시, 아산시의회 등의 협력적 거버넌스 구축 과정을 앤셀과 개쉬(Ansell & Gash, 2008)가 제시한 모형을 통해 살펴보았다. 연구 결과 이 글에서는 지방자치시대에 분출하는 지역현안을 해결하기 위해서는 다양한 이해당사자들이 참여하는 협력적 거버넌스가 필요하며, 성공적인 협력적인 거버넌스가 구축되고 운영되는 데 필요한 요인들을 입증할 수 있었다.

따라서 앤셀과 개쉬(Ansell & Gash, 2008)의 협력적 거버넌스 구축 모형에서 제시하고 있는 변수에 대한 함의분석 결과는 다음과 같다. 첫째, 협력적 거버넌스가 성공하려면 이해당사자들 간에 신뢰가 형성되어 있어야 한다. 모형의 시작조건에서 제시하고 있는 권한 및 자원의 비대칭성을 극복하기 위해서는 명확한 정보가 제시되고 공유되어야 하며, 다양한 참여를 위한 행정·재정적인 인센티브의 제공 등이 이루어져야 할 것이다. 이를 통해 이해당사자들 간에 최소한의 신뢰가 형성되어야만 협력적 거버넌스가 성공할 수 있다.

둘째, 이해당사자들 간 문제에 대한 인식을 명확히 공유하고 참여할 수 있는 장이 마련되어야 한다. 공동목표와 이해가 공유되려면 이해당사자들의 참여가 보장되어야 하며, 지역사회 현안에 대한 토론과 논의가 일상적으로 이루어질 수 있도록 법과 제도를 정비하고 서로 다른 이견에 대해서는 상호주의 관점에서 토론하고 협의하면서 조율·조정 과정을 밟아 나가야 협력적 거버넌스는 성공할 수 있다.

셋째, 협력적 거버넌스 구축 과정에서 촉진자 역할을 하는 자치단체장의 역할이 크다는 점은 이번 연구에서 다시 한 번 확인할 수 있었다. 선행연구 등 다른 지역 사례에서도 자치단체장의 촉진자적 리더십에 따라 협력적 거버넌스의 성패를 다툰다는 점에서, 자치단체장의 역할은 매우 중요하다.

넷째, 이 글에서는 크게 부각되지 않았지만 지역사회의 특성도 협력적 거버넌스 구축의 성공여부를 가름한다. 지역사회의 자율적인 자치역량보다 청와대와 국회를 중심으로 하는 중앙정치의 영향력이 크고 지연, 혈연, 학연 등의 연고주의의 영향력이 비대해진 지역공동체에서는 이해당사자들 간의 상호주의적 협력적 거버넌스는 제약이 많을 수밖에 없다. 따라서 비대해진 중앙정치 권력을 바꾸기 위한 개헌 및 지방자치법 개정 등의 법과 제도의 개선과 함께, 지역민주주의와 지역정치를 활성화하기 위한 제도적·행태적인 관점에서의 개선이라는 후속적인 노력도 선행되어야 할 것이다.

다섯째, 협력적 거버넌스 역량구축은 많은 시간과 경험의 축적 속에서 그 효과가 나타나고 증진된다는 점에서, 협력적 거버넌스의 역량구축을 위한 지역사회의 다양한 분야에서의 노력이 지속적으로 이루어져야 한다. 더 나아가 협력적 거버넌스 역량을 강화하기 위한 지역사회 차원의 시민교육 등의 다각적인 노력도 선행되어야 한다. 특히 민선자치시대에 있어서 지방정부와 지역NGO 간의 거버넌스 역량은 지역문제를 해결하는 커다란 변수가 된다는 점에서도, 지방정부와 지역NGO는 갈등해결, 신뢰형성, 정보공유와 같은 관계 관리기술(relationship management skills)을 습득하고, 다양한 이해당사자들과의 협력적 파트너십 형성 등의 역량구축을 위해 노력해야 한다.

지방자치제 이후 우리나라에서의 협력적 거버넌스 구축 사례는 다양하게 찾아볼 수 있다. 하지만 지방의 중소도시의 사례를 연구한 경우는 드물었다는 점에서 이 글이 시사하는 바는 크다. 이 글의 한계점은 무엇보다 사례연구의 방법과 다양한 사례 및 지역에 적용하는 데 있어서 적실성에 있을 것이다. 특히 이 글에서 중요하게 다루지 못했지만 협력적 거버넌스에 미치는 많은 요소 중에 지역사회의 특성과 정치환경의 변동은 결코 간과할 수 없다는 점에서 더 깊이 있게 살펴보지 못한 아쉬움이 크다. 이런 한계에도 불구하고 이 글은 지방의 중소도시 지역에서 지방정부와 지역NGO 간 협력체계를 강화하고 협력적 거버넌스를 구축하는 데 시사점을 제공할 것으로 기대해 본다.

참고문헌

강현수(2011). “도시 연구에서 정의와 권리담론의 의미와 과제.” 한국공간환경학회. 『공간과 사회』, 제35호: 5-41.

곽현근(2010). “대전시 거버넌스의 진단과 과제: 거버넌스 참여 주체들의 인식을 중심으로.” 한공공관리학회. 『한국공공관리학보』, 24(4): 185-210.

금홍섭(2012). “정책과정에서의 지역NGO와 지방정부 간 협력적 거버넌스 관계구축에 관한 연구: NGO활동가와 공무원 간 인식차이를 중심으로.” 한남대학교 행정복지대학원 석사학위논문.

______(2015). “NGO활동 진단 및 평가와 개선방향 모색: 대전참여자치시민연대 20년 활동평가를 중심으로.” 한국NGO학회. 『NGO연구』, 10(1): 94-136.

김대건 · 오수길(2006). “한국행정연구의 패러다임 변화: 한국행정연구자 분석과 거버넌스를 중심으로.” 『한국행정학회 춘계학술대회 발표논문집』. 23-36.

김도희 · 정준금(2006). “울산지역 로컬 거버넌스의 성과와 한계: 주민참여예산제와 주민배심원제를 중심으로.” 한국행정학회. 『한국행정학보』, 15(3): 68-89.

김명헌(2010). “지방정부와 NGO 간의 거버넌스 형성의 영향요인 분석: 경상남도를 중심으로.” 창원대학교 대학원 박사학위논문.

김정렬(2000). “정부의 미래와 거버넌스, 신공공관리와 네트워크.” 한국행정학회. 『한국행정학보』, 34(1): 21-39.

김중섭(2015). “인권조례와 지역사회의 인권발전.” 『현상과 인식』, (겨울호) 39(4): 39-71.

______(2010). “인권도시 만들기와 인권조례 제정운동: 진주시 사례를 중심으로.” 『한국공간환경학회 학술대회 논문집』. 193-205.

김찬동(2005). “로컬 거버넌스의 구축방향과 전략: 서울시의 사례를 중심으로.” 『한국지방정부학회 추계학술발표 논문집』.

김태윤(2012). “국책사업 유치과정에서의 협력거버넌스: 대구 · 경북지역의 첨단의료복합단지유치과정을 중심으로.” 한국행정학회. 『한국행정학보』, 24(4): 857-884.

문병기(2001). “미국의 로컬 거버넌스: 그 사례를 중심으로.” 대한지방공제회. 『지방행정』, 50(577): 46-53.

박상필(2008). 『NGO와 정부 그리고 정책』(개정판). 파주: 한울.

박수진 · 윤희철 · 나주몽(2015). “로컬 거버넌스 관점에서 지방의제21 마을만들기 실천

사업의 고찰: 푸른광주21협의회의 내집앞마을가꾸기사업을 중심으로.” 한국거버넌스학회. 『한국거버넌스학회보』, 22(2): 337-359.

배응환(2005). 로컬 거버넌스: 갈등에서 협력으로. 지방행정연구원. 『지방행정연구』, 19(2): 187-216.

신상준 · 이숙종 · 햄든-터너(2015). “협력적 거버넌스의 성공요인 및 과정: 인천광역시 주민참여예산제도 조례 개정 사례를 중심으로.” 한국지방자치학회. 『한국지방자치학회보』, 27(2): 79-111.

안병영(2000). “21세기 국가역할의 변화와 국정관리.” 『계간사상』, (봄호).

안성호 · 배응환(2004). 『지방거버넌스와 지방정책』. 서울: 도서출판 다운샘.

오수길(2006). 『민관협력의 거버넌스』. 한국학술정보.

원구환 외(2003). 『로컬 거버넌스』. 서울: 법문사.

은재호 · 오수길 편(2009). 『한국의 협력적 거버넌스』. 서울: 대영문화사.

조만영 · 김이수(2009). “협력적 거버넌스 구축에 관한 실증적 연구: 광명시와 구로구 간 환경기초시설 빅딜 사례를 중심으로.” 『한국사회와 행정연구』, 20(2): 215-239.

조영재(2014). “지역공간구조와 농촌지역 인문사회적 변화의 관계연구.” 한국농촌계획학회. 『농촌계획』, 20(4): 127-135.

주성수(2008). “민주적 거버넌스와 시민사회-정부와 시민사회 파트너십을 중심으로.” 한양대학교 제3섹터연구소. 『시민사회와 NGO』, 6(1): 5-33.

주재복 외(2011). 『지방자치단체의 협력적 거버넌스 재설계 방안』. 서울: 한국지방행정연구원.

주재복 · 한부영(2006). 『갈등 유형별 협력적 로컬 거버넌스의 구축방안』. 서울: 한국지방행정연구원.

Ansell, C., & Gash, A.(2008). Collaborative governance in theory and practice. *Journal of Public Administration Research and Theory*, 18(4): 543-571.

Gilliam, A., Davis, D., Barrington, T., Lacson, R., Uhl, G. & Phoenix, U.(2002). The Value of Engaging Stakeholders in Planning and Implementing Evaluations, *AIDS Educaiton and Prevention 14*(*Suppl. A*). 5-17.

Jessop, Bob(2000). “Government Failure.” In Gerry Stoker(ed.). *The New Politics of British Local Governance*. London: Macmillan Press Ltd.

Rhodes, R. A. W.(1996). “From Institutions to Dogma, Tradition, Electicism, and

Ideology in the Study of British Public Administration." *Public Administration Review*, 56(6): 507-516.

Orr, Kevin(1998). "Rethinking the Purpose of Local Government." *Local Governance*, 24(3): 225-236.

Stoker, Garry(1998). "Public-Private Partmenrships and Urban Governance." In Jon Pierre(ed.). *Partnerships in Urban Governance*. London: Macmillan Press Ltd. 34-51.

______(1997). "Redefining Local Demoracy." In L. Pratchett & D. Wilson, *Local Democracy and Local Government*. Basingstoke, Macmillan.

〈기타 자료〉

걸매리 갯벌 관련 언론보도
http://blog.naver.com/PostView.nhn?blogId=eco_gnome&logNo=70143651570

걸매리 갯벌 관련 언론보도
http://chungnamsisa.com/detail.php?number=32924&thread=45

아산시의회 홈페이지 http://www.asansicouncil.go.kr/main/index.html

아산시청 홈페이지 http://www.asan.go.kr/

아산지속가능발전협의회 홈페이지 http://www.greenasan21.or.kr/

인권도시연구소 홈페이지 http://www.hrcity.or.kr/bbs/board.php?bo_table=B01

제 5 장

충청북도 사례

청주시 화장장 건립의 갈등관리

라미경

제1절 서 론

급속하게 전개된 세계화, 정보화, 민주화는 탈집중, 분권화 요구의 증대와 함께 시민사회의 성장을 일으키는 동력이 되었다. 이러한 국제환경의 변화는 결국 기존의 국민국가 중심의 통치체제의 약화에 대한 논의를 가져왔으며, 현대 대의민주주의의 약점을 보완하는 새로운 정책결정 방식으로서의 거버넌스에 대한 이론적 논의로 발전·전개되었다. 이른바 거버넌스가 시장실패와 정부실패 이후 후기산업사회의 다양한 사회문제를 해결하고 개인의 삶의 질을 높이기 위한 중요한 공공관리의 제도적 장치로 자리 잡고 있다는 것을 의미한다.

거버넌스의 등장은 공식적 권위를 지닌 정부의 한계를 드러내는 동시에 시민사회의 성장, 곧 NGO의 출현과 역할의 증대를 의미한다. 특히 우리 사회에 있어서도 자치시대 이후 풀뿌리 사회 변혁의 한 주체로서의 NGO의 활동이 괄목할 만한 발전을 가져오고 있어, 지역사회에 있어서의 사회변화의 한 주체로서 역동성을 보여주고 있다(김호기, 1995).[1)]

지역의 개발시대 도래로 산업체가 들어서고, 이에 따른 지역경제의 활성화가 기대되면서 이를 환영하는 소위 핌피현상(PIMFY: Please In My Front Yard)이 일반적인 추세였으나, 이후에는 자기 생활 공간과 재산 주변에 산업체나 혐오시설이 들어서는 것을 싫어하는 님비현상(NIMBYs: Not In My Back Yard Syndrome)이 보편화되고 있다. 그동안 생활 수준이 놀랄 만큼 향상되었고 교육기회도 대폭 확대되었으나 환경 수준은 악화일로를 걷고 있기 때문에, 여기서 나타나는 부정합성이 이러한 의식과 가치관의 변화를 유발시키는 동인으로 작용하고 있다. 또한 개발시대에 급속하게 진행된 도시화 과정 속에서 도시하부구조의 건설은 미진하고 도시지역의 생활환경은 날로 열악해지고 있는 것이 사실이다.

지역사회에서 발생되는 다양한 유형의 공공문제는 더 이상 관주도로 해결할 수 없는 상황이 되었고 이를 해결하기 위한 다양한 행위자가 등장하게 되었다. 청주지역에서도 지난 20여 년 동안 생겨난 NGO 가운데 몇몇 단체들은 자기 고유의 활동 영역을 개척해내면서 독자적인 위치를 차지할 정도로 비약적으로 압축성장을 했다. NGO는 지방자치단체와 더불어 지역문제 해결에 있어서 중요한 역할을 하게 되었다. NGO와 자치단체 관계는 공공의 문제를 해결하는 데 신축성과 상호의존성의 이념을 도입하는 것으로 파트너십을 중시하고 있다. NGO와 지방정부 간의 파트너십에 기초한 로컬 거버넌스는 지방자치시대에서 직면하고 있는 복잡하고 유동적인 각종 사회문제를 해결하는 중요한 메커니즘이 될 수 있다.

로컬 거버넌스의 성격은 지역사회문제 유형에 따라 범주화할 수 있는 지방정책 유형의 분석을 통하여 파악할 수 있다. 지역사회문제 범주에 따라 유형화되는 지방정책 유형분석은 그들에 관련되는 행위자의 수와 유형, 행위자의 관계구조, 행위자의 영향력 분포 등으로 설명할 수 있다.

---

1) 김호기(1995)는 지역NGO가 질적 · 양적으로 크게 성장한 배경을 1987년 6월 민주항쟁 이후 우리 사회의 장기적 · 중단기적 구조변화와 긴밀히 연관되어 있다고 본다. 이런 구조변화는 경제적 요인, 정치적 요인, 지방정치적 요인, 그리고 시민사회 내부적 요인으로 나누고 있다.

NGO가 참여하는 로컬 거버넌스는 공적 권위의 이중화 또는 파편화, 행위 주체들 간의 갈등 등 여러 가지 문제를 유발할 수 있다는 비판적 시각이 있다. 그렇다면 지금 자치단체와 NGO는 어떤 방향으로 서로의 관계를 설정해가고 있는가? 또 NGO가 거버넌스 메커니즘에서 어떤 역할을 수행할 수 있으며, 그것이 '실질적인 거버넌스'를 지향하는가?

거버넌스와 NGO는 이념적, 혹은 가치의 유사성을 갖고 있으며 참여, 자율, 자치, 합의, 신뢰, 다양성, 협력, 소수자 보호, 시민성 계발 등은 NGO에서 중시하는 것이기도 하다. 많은 사례의 거버넌스 메커니즘에서 NGO는 중요한 행위자로 참여하게 된다.

따라서 이 글은 거버넌스에 관련된 논의들을 정리하고 로컬 거버넌스 하에 지역사회의 문제를 둘러싼 행위자 간의 갈등과 그 해결 방안을 청주시 화장장 건립의 사례를 중심으로 분석·평가해 보고자 한다. 그간 혐오시설로 인식되어 지역주민의 반발과 국비반납 등 20여 년 동안 우여곡절을 겪었던 청주시의 최대 현안사업 중 하나였던 청주시 화장장 건립사업을 조명해 보면서 로컬 거버넌스 메커니즘의 성공 요인을 살펴보고자 한다. 특히 청주시 화장장이 건립되는 시점(2003~2007년)까지 로컬 거버넌스의 주요 행위자였던 청주시의 협력적 리더십, 상호작용을 촉진하고 갈등을 조정한 NGO, 그리고 지역시민사회의 사회적 자본을 고찰하고, 나아가 로컬 거버넌스의 원활한 작동을 위해 필요한 과제를 제시하고자 한다. 연구방법에서는 청주시와 청주시의회에서 제공하는 각종 자료를 살펴보는 문헌연구와 그 당시 사업을 추진했던 공무원과 지역주민의 인터뷰를 부가적으로 사용하였다.

제2절 거버넌스와 NGO의 이론적 배경

1 거버넌스의 개념과 특징

거버넌스 개념은 사람들마다 다양한 입장에서 상이한 수준으로 정의되고 있다. 개념정의의 수준에 따라 거버넌스는 협의의 정의와 광의의 정의로 구분할 수 있다(Jessop, 1999: 4). 협의의 거버넌스 의미는 최근 새롭게 등장한 것이라기보다는 오래전부터 국가나 시장기제와는 별도로 존재해 왔던 자연스러운 조정양식의 원형으로써 기존의 국가 중심의 위계적 조정양식이 한계를 드러내는 국면에서 다시 주목받고 있는 것이라고 볼 수 있다. 즉, "공식적 권위 없이도 다양한 행위자들이 자율적으로 호혜적인 상호의존성에 기반을 두어 협력하도록 하는 제도 및 조종형태"로 정의하고 있다(Kooiman & Vliet, 1993: 50－70). 이러한 협의의 거버넌스는 논의의 초점을 시민사회에 두고 있는 것이 특징이라 할 수 있다. 광의의 거버넌스 개념은 정부 중심의 공적조직과 사적조직의 경계가 무너지면서 나타나 새로운 상호협력적인 조정양식을 의미하는 것으로 여기에는 시민사회의 각종 조직, 시장의 기업, 준공공조직, 준기업조직 등 다양한 행위자들이 포함되어 있다.

종합적으로 거버넌스가 지향하는 바는 첫째, 정치적 거버넌스의 사회적 양식에 관심을 둔다. 다시 말해서, 정부나 정부 이외의 제도 및 조직들의 앙상블을 통해 정치적인 문제들을 해결하는 데 일차적인 관심을 두고 있다. 둘째, 문제해결 및 위기관리의 문제와 직접 관련된 효과성이다. 효과성은 조직적이면서 개별적인 목표를 실현하는 능력으로 역량을 필요로 하기 때문에 적절한 도구, 의사결정의 적시성이 있어야 한다. 셋째, 구체적인 문제와 관련된 집단적인 의사결정 과정 및 그 결정의 투명성이다. 투명성은 정보의 자유로운 흐름에 기초하는 것으로 과정, 제도, 및 정보가 관심을 갖는 사람들에게 직접적으로 접근가능한 것이어야 하고, 그것을 이해하고 모니터하기 위해 충분한 정보가 제공되어야 한다. 마지막으로 전통적으로 선출된 정치인들과 관료들에게만 제한된 정책결정 과정에 시민들의 참여를 확대시키고 시민에 대한 정부의 책임성을 높여야 한다. 이러한 정향들 때문에 이 이론은 절충주의를 벗어나지 못하고 이론의 '전 단계'에 머물러 있다는 비난도 받는다. 그러나 거버넌스 이론은 정치 및 경제 주체들이 중간(meso) 수준에서 상호조정 및 협상하는 과정과 구조를 설명하는 새로운 접근방법으로 많은 경험적인 연구를 통해 널리 그 유효성을 인정받고 있다(강민 · 김욱경, 2000: 83-90).

거버넌스 범주에는 정부정책이나 NGO가 접촉하는 프로그램 시행상 필요한 정보를 제공하는 것과 '관심영역'을 일컫는다. '관심영역'은 NGO가 참여하여 거버넌스가 하는 일들의 성격을 규정하고 그 영역 안에서의 NGO의 역할 및 비중 등을 이해하는 데 도움이 되는 하부범주로 규범 및 정책설정, 정책수행, 계약자 및 조정자 등을 포함한다.

일반적 거버넌스에 비해 로컬 거버넌스는 지방자치를 바탕으로 하는 지방정부에 지역주민이나 NGO가 보다 적극적이고 자치적으로 참여할 수 있는 이론적 토대를 제공한다(라미경, 2009: 93-95). 지역적 수준에서의 로컬 거버넌스는 단순히 거버넌스 이론의 국지적 적용이라는 의미를 넘어 직접민주주의 체제로의 전환을 위한 실천적 연습이라는 측면이 있다. 로컬 거버넌스는 지역사회의 의사결정 권한의 공유, 지역시민의 자치권과 독립성의 함양, 시민참여를 통해 시민사회를 발전시키는 방법이며, 이는 지방정부의 권력구조를 전환하는 과정이다(전종섭, 2000). 이러한 로컬 거버넌스는 논의의 초점을 시민사회에 두고 있는 것이 특징이라 할 수 있다. 즉, 정부가 지도적 역할을 할 수 없는 영역에서 협력적 행동을 필요로 하는 문제를 다루는 데 유용한 조정기제로서 거버넌스에 주목하게 되었고, 시민문화의 강화, 자발적 행동의 촉진, 민주주의를 향한 사회기반의 개선 등에 초점을 맞추고 있다.

2 거버넌스와 NGO

거버넌스 하에서 정부는 다른 행위자들과의 협의 권력을 갖는 데 누가 통치하느냐보다 어떻게 통치하느냐가 더 중요한 관건이다. 즉, 거버넌스의 중요한 원칙은 사회문제를 해결함에 있어서 정부 이외의 다양한 행위자들의 참여, 이들 간 상호작용, 수평적 파트너십, 협력적 네트워크 등이다(서현진, 2009: 186). 거버넌스 하에서 다양한 행위자들은 정책의 공공성을 지향하며 참여해야 한다.

거버넌스에서 NGO의 역할은 조정과 중재이다. 조정과 중재는 이들이 갈등이 존재하고 상호작용이 교착상태에 빠져 있을 때 수행된다는 점에서 촉진과 구분이 된다. 조정의 한 가지 특징은 특정 결과에 도달하는 책임이 참여하고 있는 당사자들에게 있다는 점이다. 조정은 갈등에 관련되지 않는 동시에 갈등 당사자 어느 한쪽과도 관련이 없는 한 당사자에 의해 수행된다. 이때 중립적인 지위는 지켜져야 한다. 조정은 자발적으로 일어날 수 있다. 그러나 어떠한 경우에는 그들 당사자들이 특정인을 지정하여 조정자의 역할을 수행할 수 있도록 요청할 수도 있다.

지역 수준 거버넌스 하에서 NGO의 역할은 다음 몇 가지로 설명할 수 있다. 첫째, 자치단체의 투명성과 정보 확산의 제고이다. NGO는 지방정부의 정책결정과 집행에 대한 감시와 입법활동으로 자치단체의 투명성을 확보하고 정보의 지역 내 확산을 제고할 수 있으며 이는 결과적으로 좋은 거버넌스에 기여하고, 정부정책의 추진에 대한 압력을 행사하고 투명성을 요구함으로써 소외층의 권익옹호의 역할을 한다(주성수, 2000: 184). 둘째, 공공서비스와 재정지출의 질과 효율성을 높여주는 데 기여하며 좋은 거버넌스를 지향한다. 공공서비스 정책형성 과정부터 참여해서 재정과 집행에 이르는 모든 과정에 자치단체와의 파트너로 성과를 올리는 동시에 일반시민의 욕구 충족에 기여한다. 셋째, 자치단체의 공공업무와 시민들의 관심을 모으고 이들의 참여를 유도하는 것이다. 전통적인 이익집단들은 재정과 조직력으로 정책결정에서 막강한 영향력을 행사하지만 일반시민들은 정책결정에서 배제된 집단으로 남아왔다. NGO는 시민들을 정치적 영역으로 끌어들이고 시민적 이슈를 조직화함으로써 무력감을 극복하고, 주체적 · 참여적 행위자로 전환시켜 준다.

거버넌스는 정책과정에 시민을 참여시키고 권한과 책임을 공유하여 공공문제를 해결하는 시스템이다. 따라서 기존에 정부가 단독으로 정책을 결정하던 방식과는 달리 참여민주주의(participatory democracy), 토의민주주의(deliberative democracy), 다원민주주의(plural democracy) 등 급진적 민주주의의 이념을 수용하게 된다(박상필, 2008: 251－258). 이는 지역의 오래된 갈등문제를 정책과정이라는 공론화 속으로 이해관계자를 참여시킴으로써 해결할 수 있게 한다.

3 NGO와 자치단체의 협력 모델

새로운 거버넌스 시각에서 자치단체와 NGO의 관계는 NGO를 자치단체의 정책과정의 단순한 협력자 혹은 파트너로 보는 데 있는 것이 아니다. 또한 이들의 관계는 자치단체의 각종 위원회에 NGO 대표들이 참여해서 자문을 하거나 각료로 입각한다든지 하는 관계, 또 새로운 법에 의해 NGO들이 자치단체로부터 사업에 필요한 재정지원을 받는 정도에서의 거버넌스는 아니다(주성수, 2000: 7－8). 자치단체와 NGO의 관계는 자치단체와 NGO의 공조 업무가 잠정적으로 경제발전과 정치적 민주주의의 공고화를 위한 프로젝트의 전반적인 과정에 관련되며, 각각의 프로젝트의 배경에 따라 계속해서 최상으로 지속되는 공조의 예술이 형성되어야 한다(Turner & Corbacho, 2000: 109－120).

자치단체와 NGO의 관계 유형은 크게 네 가지로 나누어 살펴 볼 수 있다(안성호, 2004: 73).[2] 첫째, 자치단체 주도 모델(Government Dominant Model)이다. 자치단체가 재정과 정책에 있어서 주도적인 역할을 하는 것으로 일반적으로 복지국가와 같은 개념이다. 자치단체주도형은 본질적으로 조세체계와 자치단체의 고용에 의한 재정조달과 활동을 하고 있다.

둘째, 이원적 모델(Dual Model)이다. 이원적 모델은 자치단체와 NGO 재정과 활동에 있어서 광범위하게 펴져 있기는 하나, 두 부문이 각각 분리된 독자적인

2) 정부와 NGO의 관계 유형은 학자에 따라 달리 나타난다. 기드론(B. Kramer Gidron)은 재정공급 및 승인 주체의 기준에 의해 정부주도형, NGO주도형, 이원형, 협동형으로 나뉘고, 코스톤(Jennifer Coston)은 제도적 다원주의에 대한 정부의 수용 및 거부 정도에 따라 억압형, 대항형, 경쟁형, 계약형, 제3자정부형, 협동형, 보충형, 협력형 등으로 나눈다. 신희권은 자금조달과 통제, 의사소통의 접촉 정도에 따라 통합된 의존형, 분리된 의존형, 통합된 자율형, 분리된 자율형 등으로 유형화하고, 박상필은 NGO의 재정과 활동의 자율성에 따라 협력형, 자유형, 종속형, 권위주의적 억압, 민주적 포섭으로 나눈다.

영역을 가지고 있기도 한 유형이다.

셋째, 협력 모델(Collaborative Model)이다. 자치단체와 NGO의 관계는 자치단체와 NGO 둘 다에 의해 중요한 역할을 한다는 것이다. 그러나 여기서 자치단체와 NGO는 개별적으로 일하기보다는 함께 행동한다. 협력형은 자치단체가 재정을 책임지고 NGO가 실질적인 활동을 담당한다. 이러한 모델은 특히 미국에서 매우 광범위하게 퍼져 있다. 이 모델은 자치단체와 NGO 간의 협상력과 재량의 정도에 따라 두 가지로 나눌 수 있다. 하나는 NGO가 자치단체의 활동 프로그램의 대리인(agent)으로서 자율적인 활동과 재정력을 갖고 있지 않는 것으로 협력적 대리인형(collaborative vender model)이고, 다른 하나는 NGO가 재정과 활동의 자율성을 갖고 있으면서 활동 프로그램을 주도하거나 정치적인 과정을 통해 그러한 자율성을 더욱 키워나가는 모델로 공동협력형(collaborative partnership model)이라고 한다.

넷째, NGO 주도 모델(NGO dominant Model)이다. 이것은 자치단체주도형과는 반대적인 개념으로 NGO가 재정과 활동분야에 있어서 지배적인 역할을 하는 것이다. 이러한 모델은 전형적으로 사회 복지공급에 있어서 이데올로기나 분파적인 이유로 자치단체주도의 반대편이나, 또는 사회 전반에 일반화되지 못한 부분에서 나타난다.

가장 바람직한 역할 유형은 자치단체가 NGO에 대한 지원은 있으되, NGO의 자율성이 최대로 존중한다는 측면에서 세 번째의 협력형 모델이다. 구체적으로 NGO는 자치단체와의 관계에 있어서 조직적 위상의 독립성 및 자율성에 따라 기본적으로 그 성격이 결정되며, 또한 단체의 활동 내용이 자치단체정책에 협조·동의하는 단체인가, 그렇지 않으면 자치단체정책에 대한 사안별 협조 내지 비판적 입장을 취하면서 대안적 논리를 개발하는 단체인가에 따라서도 성격이 달라진다. 협력형은 자치단체가 정의사회와 복지사회를 구현하기 위해 상당한 책임을 맡고 있지만, 자치단체의 기능을 확대하는 것은 관료주의의 경직성과 비효율성을 초래하므로 NGO를 지원하여 국가와 시장이 미치지 못하는 영역이나 부분을 보완하도록 한다. 물론 자치단체에 의한 재정지원이 편파적이거나 NGO의 활동의 자율성을 침해하지 않도록 하는 제도적 장치가 필요하다. 즉, 자치단체가 NGO를 지원할 만한 힘을 가지고 있을 정도로 강하기도 하지만, NGO의 자율성을 침해하지 않을 정도로 약할 필요가 있다(Vogel, 1980: 618).

제 3 절 화장장 건립의 갈등과 해결 과정

1 청주시 화장장 건립의 배경 및 전개단계

1) 건립 배경

청주시의 화장장 건립사업은 화장장 건립의 필요성에도 지역주민의 강력한 반대와 저항으로 아무런 진전을 보지 못하고 답보상태에 머무르고 있다가 해결된 대표적인 사례이다. 당초 청주시의 화장장은 1980년까지만 해도 시외곽이라고 할 수 있는 흥덕구 개신동에 설치되어 운영 중이었으나 분진과 환경오염, 시설노후 등의 이유로 1985년 3월 이를 폐쇄하고, 그 자리에 현대화된 시설로 건립코자 보조금을 받아 추진하였다. 개신동 주민들은 집단민원을 제출하게 되고 수년에 걸쳐 이월되어 착수조차 하지 못하고 지나오다가, 결국 1987년 개신동 지역의 개발로 화장장 건립사업을 포기하고, 보조금을 반납하였던 사업이었다.

청주시의 경우 현재 화장률은 화장장의 미비, 화장시 인근지역으로의 이동부담 등의 원인으로 25% 정도의 비율을 나타내어 전국 평균보다 낮은 상태이나, 청주시 당국은 향후 5년 이내에 전국 평균을 상회하는 40%대에 달할 것으로 예상하고 있었다. 이 경우 화장 수요는 현재 1일 10구에서 5년 이후 15구 정도로 늘어날 것으로 예상된다. 이러한 예상을 바탕으로 할 때 앞으로 장묘문화 변화는 물론 시민의 불편 해소를 위해서라도 화장장 설치는 시급한 현안임에 틀림이 없다.

화장장의 폐쇄로 인해 청주시와 청원군 등 70만 명의 인근주민들이 대전이나 충주[3]의 화장시설을 이용해야하는 하는 등 불편과 부담으로 그동안 새로운 화장

3) 충주시의 화장장은 1967년 설치되어 지금까지 사용되고 있으나 시설의 노후로 현재 이전신축

장 설치의 필요성이 지속적으로 제기되어 왔다. 게다가 정부의 장묘문화 개선정책 시행으로 화장장의 설치가 시급해짐에 따라, 청주시는 지난 1999년부터 다시 화장장의 설치를 추진하여 왔다. 청주시 화장장 건립은 설치예정지역 주민들의 극심한 반대와 저항으로 설치하지 못하고, 확보했던 국비마저 2차에 걸쳐 반납하는 등 사업추진이 난항에 처해 있었다.

2) 전개단계

청주시 화장장 건립갈등 단계는 크게 세 단계로 나누어 살펴볼 수 있다. <표 5-1>은 청주시 화장장 갈등 사건 일지이다. 첫째, 갈등발생기(2003.1~2003.3)로 청주시가 화장장 조성계획을 수립·확정한 후부터 월오동 산4번지로 화장장 건립 후보지가 확정 발표되기까지의 시기이다. 답보 상태에 있던 화장장 문제는 2002년 청주시장의 사업에 대한 의지가 표출되자 구체화되었고 사업진행은 일사천리였다. 화장장 조성계획 수립 초기, 최초 15개 화장장 입지 후보지역에서 6개 지역으로 압축되는 과정에 월오동 지역이 포함되었다. 2003년 1월 청주시가 화장장 조성계획을 수립·확정한 후부터 3월 초 화장장 건립 후보지가 확정 발표되면서 월오동 주민들은 '월오동 주민반대추진위원회(이하 반추위)'를 구성하여 적극적인 반대 활동을 벌였다. 화장장과 인접하게 될 자연부락인 월오동 주민들은 후보지역 구분 없이 기존의 연대감을 공유하며 자신들을 화장장 건설 시 가장 큰 피해를 보는 집단으로 규정하고 다른 지역과 차별화를 시도하였다.

그러나 화장장 건립 후보지 3곳 중 제1후보지인 월오동 산4번지가 최적지로 검토되면서 주민들 간 갈등이 증폭되었다. 지역주민 간에는 연령에 따른 차이가 나타났는데 젊은층은 경제적 보상을 요구한 반면, 노년층은 청주시에 대한 불신을 바탕으로 화장장 건립 자체를 반대하였다(인근주민과의 대화).[4] 지역주민들

사업이 진행 중에 있다. 현 화장장은 충주시 안림동 산57-38, 설치 1967.10.30, 화장로 4기이다. 현 화장장의 이전계획은 사업기간 2001~2004년, 예산 138억 원, 부지 28,488m^2, 화장장 2,853m^2(화장로 8기, 분향실, 수골실 등), 납골당 3,061m^2(납골안치 36,000기), 주차장, 진입로, 녹지공원 등이다.

4) 노년층에서 나타난 청주시에 대한 불신은 1997년 완공된 묘지공원의 조성 시 주민들이 시에 요구한 사항 중 석물운영권과 식당운영권이 당시까지 이행되지 않았고, 청주시장의 화장장 건립 취소 번복, 화장장 건립에 따른 보상시설의 설치에 관한 예산이 청주시 1년 예산의 절반을

은 화장장 건설에 따른 지역이미지 실추, 지역발전의 저하, 분진 등의 피해, 정신적 · 재산적 피해를 우려했다. 반면 청주시의 경우는 당시 정부가 추진하던 장묘문화 개선사업의 중요성과 월오동 화장장 건립의 정당성 및 필요성을 강조하면서 지역주민을 설득해나갔다.

둘째, 갈등심화기(2003.3~2004.6)로 '월오동 주민반대추진위원회' 저항이 가장 컸던 시기이다. '월오동 주민반대추진위원회'는 청주시의 정책에 적극적인 반대 활동을 벌이면서 갈등이 증폭되었다. 이 가운데 월오동과 인접한 청원군 낭성면 주민들이 새로운 이해관계자로 등장하였다. 새로운 이해관계자의 등장이 월오동 지역주민의 분열은 잦아들게 했으나, 반추위를 중심으로 지역주민들의 시위, 투쟁, 정치적 압박은 더욱 강해졌다. 반면 청주시는 토론회와 간담회를 주요 수단으로 하는 공동의 문제해결을 갈등관리 방법으로 선호하였다. 동시에 화장장의 안정성에 대해 일반시민들에게 지속적인 홍보활동을 했고 국내 · 외 장묘시설 견학을 진행했다.

셋째, 갈등완화기(2004.12~2007.10)로 '월오동 주민반대추진위원회'가 '월오동 주민협의체'로 전환된 시점부터 화장장 준공시점까지이다. 청주시는 '월오지역 종합개발기본계획'을 수립하고 지속적으로 주민간담회와 설명회를 개최해 주민을 설득하고, 2004년 12월부터 2007년 4월까지 지역주민들을 대상으로 국내 · 외 장사시설을 견학시킴으로써 주민들의 위험인식을 줄여나갔다. 이와 같은 변화의 상징적 사건은 2004년 6월 반추위가 자체회의를 통해 '월오동주민협의체'로 전환된 것이다. 그 결과 지역주민들에게 청주시는 약속을 어기고 주민들의 희생만을 강요하는 집단으로부터 대화나 협상이 가능한 대상으로 바뀌었다. 이에 청주시는 화장장 설치예정지역인 주민들의 요구를 수용하고 지역이미지를 제고시킬 수 있는 친환경적인 방법으로 시공할 것을 약속하고, 시의회와 시민단체, 언론 등도 화장장문제를 둘러싸고 공청회 개최, 지역주민 설득, 공유재산관리계획승인안을 통과시키는 등 다양한 활동을 펼쳐 왔다.

청주시의 노력과 더불어 청주시의 화장장 사업 내용은 그동안 부단한 사업내용에 대한 재검토와 기간의 소요로 인해 많은 변화가 있었다. 이후 청주시의 최대 현안사업인 화장장 건립이 주민들과의 협의를 통해 순조롭게 진행되고 있

넘는 3천억 원으로 책정하는 등 보상대책이 과대포장된 것에 기인한다.

으며 주변지역의 이미지 개선사업인 남부노인복지마을과 주변공원 조성사업도 본격 추진되었다.

청주 화장장은 사업비 200억여 원을 투입해 청주시 상당구 월오동 산4번지 일원 부지 2만 3천 600평에 지상 3층 2천 509평 규모로 화장장(화장로 8기), 납골당(1만 위), 장례식장(5실), 관리동, 동산 등 환경친화적인 최첨단 시설로 건립이 추진되어 앞으로 20년 이상 시설 확장 없이 청주권 시민들이 편리하게 이용할 수 있는 종합 장묘시설이다. 청주시는 월오지역 주민협의체와 협정을 체결하고 본격 공사를 추진해 부지 내 무·유연분묘 이전과 벌목 작업을 마치고 부지 조성을 위한 흙쌓기와 보강토 등 토목공사를 순조롭게 진행되었다. 청주시는 이에 따라 2007년 10월 화장장 건립을 완공했다. 화장장 건립사업이 모두 마무리되면서 대전이나 경북 김천 등지를 이용하던 청주권 주민들의 시간·비용의 절감은 물론

표 5-1 청주시 화장장 갈등 사건 개요

시 기	일 정	사건 내용
갈등발생기	2003.1.23	청주 화장장 조성계획 수립·확정
	2003.1.29	청주시는 사업추진 용이성 분석 결과 월오동을 최적지로 판단
	2003.2.7	후보지 인근주민과 청주시청의 두 차례 대화
	2003.2.26	'화장장반대대책위원회' 명단 제출, 시청방문
	2003.2.27	화장장 기본계획 시민공청회 개최
	2003.3.10	월오동 산4번지 화장장 건립 후보지 확정발표
갈등심화기	2003.3~2003.12	청주시 장묘문화 개선 홍보활동 전개
	2003.3.24	'월오동 화장장 반대추진위원회' 통합
	2003.4.11	청주시, 지역주민, 시민단체 토론회
	2003.5.16	청주시-월오동 지역주민 간담회 3회 개최
	2003.9.22	청주시, 지역주민, 시민단체 토론회
	2003.10.23	충북대학교, 화장장 관련 정책세미나
	2004.6	화장장 건립당위성과 필요성 확산, 월오동주민추진협의체 전환
갈등완화기	2004.12.15~12.30	월오동 지역주민 1, 2, 3차 국내 장사시설 견학
	2004.12.28~2005.1.5	월오동 주민 중국 상해, 장가계, 소주 해외 장지시설 견학
	2005.5.18	월오동 주민과 청주시 간 화장장 건립 협정식 체결
	2007.10	화장장 준공

한 곳에서 모든 장묘 절차를 마칠 수 있어 장묘문화의 변화가 있었다. 또한 지역이미지 개선사업으로 월오동 일원이 청주시민들의 여가취미활동 공간으로 조성되어 화장장 입지로 오히려 지역이미지가 크게 개선되었다.

2 행위자의 범주와 이해관계

특정 정책영역에서 정책결정 과정을 분석하기 위해서는 참여자가 누구인가라는 정책행위자를 식별해야 한다.[5] 이 화장장 건립사업 사례의 관련된 행위자는 청주시, 청주시의회, 설치예정지 주민, NGO, 언론 등이다. <표 5-2>에 화장장을 둘러싼 행위자와 이해관계자들의 역할을 나타내고 있다.

첫째, 그동안의 화장장 추진경과를 보면, 청주시는 지난 1985년 기존 개신동

5) 지방자치단체가 당면한 문제해결을 위하여 서로 대립되는 이해관계를 조정·타협하여 공동의 목표를 설정하고 그 목표 달성을 위하여 복잡한 상호작용의 과정을 거치는 것을 정책과정이라 한다. 정책과정은 학자에 따라 다양하게 분류하고 있으나 대체적으로 정책입안(정책의제설정), 정책결정, 정책집행, 정책평가 등 4단계로 구분하고 있다.
① 정책입안 단계에서의 NGO 참여
정책입안이란 정부가 제반사회 문제를 정책적으로 해결하기 위하여 사회문제를 정책문제로 채택하는 것을 의미하는데, 이 과정에서 지역NGO의 역할은 적극적인 의사표명이며 그 수단은 간담회나 공청회, 청원 등이 있다.
② 정책결정 과정에서의 NGO 참여
정책의제로 채택된 문제를 해결하기 위해서는 대안탐색과 대안선택 등의 과정을 거친다. 이 과정에서 민간영역이 각종 위원회 참여 등을 통해 의견을 개진하고 있으나 이는 의사결정 기구가 아닌 자문기능에 국한되고 있다.
③ 정책집행 과정에서의 NGO 참여
지방자치단체가 제공하는 각종 공공서비스의 공급 과정에 공동생산 방식의 지역NGO 참여가 이루어질 수 있으며, 이 경우 NGO측의 노력제공과 그에 따른 공공기관의 투입 감소로 인한 공공서비스의 생산성을 향상시킬 수 있다. 그 외에도 지역NGO의 자원봉사활동 등이 있다. 자원봉사활동은 지방자치단체가 제공하는 공공서비스의 미약한 부문에 NGO 등 민간의 역량을 적극 활용함으로써 취약한 공공기능을 보완할 수 있다.
④ 정책평가 과정에서의 NGO 참여
정책평가 단계에 있어 지역NGO의 활동은 자료나 정보의 제공을 통하여 공식적 평가자에게 영향을 미치게 하거나 직접 평가에 참여 또는 수행하는 방식이 있다. 서구 선진국의 경우 1980년대 후반에서 1990년대 초부터 자치단체의 성격이 기업가적 행정이나 신관리주의(new managerialism)로 변모하는 과정에서 더욱 강조되고 있다.

표 5-2 화장장 건립을 둘러싼 행위자 및 이해관계

번 호	행위자	이해관계자 역할
1	청주시	오랜 숙원사업인 화장장 건립
2	시의회	조례 제정, 청주 화장장 조기 건설 촉구 및 항의
3	지역주민	해당지역 화장장 반대: 이미지 실추, 발전저하, 분진 등 이유
4	시민단체	참여자 간 네트워크 형성, 조정자·촉진자, 자원성 동원
5	언론	의사소통, 청주시 장묘문화 개선 홍보 역할

화장장의 폐쇄 후, 그 지역 내에 재신축을 추진하였으나 지역주민의 반발로 취소한 후, 사업진행을 하지 못하였다가, 보건복지부의 강력한 장묘문화 변화정책 부응하여, 지난 1999년 3개년의 계획으로 화장장의 설치를 다시 추진하게 되었다. 그동안 설치예정지를 청주시 외곽인 월오동[6]으로 정하여 추진하였으나, 인근주민의 강력한 반발로 인해 사업추진을 하지 못하고, 국비보조금 5억 7천여 만 원을 반납한 바 있다.

장례에 대한 시민들의 불편의 목소리가 높아지자[7], 청주시는 2002년 민자유치사업으로 화장장 건립사업을 추진, 60억 원을 들여 2004년까지 청주 근교에 화장장을 건립키로 하였다. 청주시는 사업자에게 시설 설치비를 해주는 조건으로 사업을 추진하였으나, 공모 사업자가 나서지 않아 민자유치 계획도 역시 무산된 바 있다. 이후 청주시는 설치예정지에 대한 주민반발과 선정 과정의 시민참여, 투명성 확보를 위해 설치예정지를 재선정하기 위해, 지난 2002년 10월 적정 후보지 발굴과 현지조사를 재실시하였다. 또한 2003년 2월 27일 후보지 5개소에 대한 시민 공청회를 개최하였고, 후보지를 접근성, 경제성, 동질성, 자연 친화성, 시민 정서성 등을 이유로 역시 월오동 목련공원(공원묘지) 내로 확정한 바 있다. 청주시는 화장장이 설치되면 도로확장, 기반시설 정비, 주민숙원사업 지원, 타지에서 화장 시 드는 비용 절감, 최첨단 시설 등의 경제적, 기술적 혜택이 있을 것이라

6) 청주시 상당구 월오동으로 기존에 목련공원이라는 공동묘지가 종성되어 있는 곳이다. 설치예정지는 주변인가로부터 2km 정도 떨어져 있고, 반경 3km에 200세대, 760명의 주민이 거주하고 있다.

7) 기존에 운용되었던 화장장인 정수원의 폐쇄가 1988년에 이루어진 후 화장장을 위해 지역주민이 인근 충주, 대전, 김천 등을 이용하면서 타 지역 이용주민에 대한 비용부담과 장거리 이동에 따른 불편이 발생하자 그 필요성이 더 증진되었다.

판단했다. 본 사업은 그동안 사업추진의 필요성에도 추진의 어려움으로 인해 지역 내 많은 논의가 있어 왔다.

둘째, 화장장에 대한 청주시의회의 의견은 통일된 의견이라 할 수 없으나, 화장장 설치가 지지부진한 데 대해 그 추진을 지속적으로 촉구하고 있는 상황이었다. 2002년 10월 청주시의회 특별위원회에서는 화장장을 조기 설치하라고 촉구한 바 있으며, 청주시의회 시의원들도 시정질문을 통해서 빈번하게 화장장의 조기 건립을 촉구하였다(2001년 3월 정문안 의원, 2002년 12월 김홍식 의원). 류성훈 의원은 “청주시의 화장장 건립사업은 원칙적으로 찬성하지만 방법론에 있어서는 문제가 있다”고 전제하고 “과거 월오공원 조성당시 이 지역주민들과의 협의사항에 대해 시가 이행해야 하고, 이것이 지켜진 후 화장장 건립에 대한 지역개발 및 주민숙원사업에 대한 본격적인 논의가 이뤄져야 한다”고 주장했다. 결국 청주시 의회는 공유재산관리계획승인안을 통과시키면서 화장장문제 해결에 박차를 가하게 되었다. 또한 2005년 청주시가 이행가능한 구체적 보상사업의 약속과 주민의 요구사업에 대한 수용가능성 여부를 뒷받침할 수 있는 조례 제정에 시의회가 역할을 했다.

셋째, 화장장 설치와 관련한 주변주민들의 반대는 계속되었다. 주민들은 월오동 주민을 중심으로 대책위원회를 구성하고 화장장 건립에 적극 반대하고 있으며 인근 청원 낭성주민들도 반대운동에 가세하였다. 이들은 목련공원 조성으로 인해 재산상 · 정서상 막대한 피해를 입고 있는 상황에서 또 혐오시설이 들어온다는 것은 말도 안 된다는 주장이다. 뿐만 아니라 지역이미지 실추, 발전의 저하, 분진 등의 피해를 우려하는 전형적인 지역의 님비현상(NIMBYs)인 것이다. 이들은 수차에 걸친 대규모 반대집회와 청주시, 시의회, 감사원, 환경부, 보건복지부, 기획예산처, 충청북도 등에 화장장 반대 진정서를 제출하는 등 주민반대 움직임이 활발하게 전개하고 있다.

이들의 반발은 행정에 대한 불신이 큰 데도 원인이 있는 것으로 나타나는데, 주민들은 “지난 1998년 1월 개장된 월오동 목련공원의 조성 당시, 청주시가 주민들에게 한 약속 중 석물판매를 비롯하여 식당운영, 일용직 인부 고용 등 약속이 전혀 이행되지 않고 있다”고 하며, 또한 “공원묘지 건립 당시 시가 ‘화장장은 건립하지 않겠다’고 약속했는데 이를 스스로 어긴다는 것은 주민들을 우롱하는 처사"(화장장 건립 후보지 인근주민과의 대화 자료, 2003)라는 주장하고 있다. 마찬가지로 지난 1998년 이곳에 화장장을 추진했다가 주민반발에 부딪히자 화장장을 하지 않기로 했다가 또 다시 같은 지역에 화장장을 추진하는 것도 반발의 이유이기도 하다(심준섭 · 김지수, 2010: 245-248).

또한 청주 화장장 건립사업은 그동안 청주시 월오동 주민들에게는 사업비를 지원해주고 화장장 건립지에서 월오동보다도 더 가까운 낭성면에는 지방자치단체가 다르다는 이유로 사업비지원 등 주민요구사항이 해결되지 않아 집단민원이 제기된 상태이다. 인근지역인 청원군은 청주 화장장 문제와 관련해 낭성면 현암리 주거환경 정비사업 10억 원, 낭성면 주민자치센터 건립 5억 원, 실내체육관 건립 9억 원 등 모두 53억 5천만 원의 주민숙원사업비 지원을 요청했다.

넷째, 지역시민단체이다. 정책과정이란 지방자치단체가 당면한 문제해결을 위하여 서로 대립되는 이해관계를 조정 · 타협하여 공동의 목표를 설정하고 그 목표 달성을 위하여 복잡한 상호작용의 과정을 거치게 된다. 정책과정은 학자에 따라 다양하게 분류하고 있으나, 대체적으로 정책의제설정, 정책결정, 정책집행, 정책평가 등 4단계로 구분하고 있다. 정책의제설정이란 정부가 제반사회 문제를 정책적으로 해결하기 위하여 사회문제를 정책문제로 채택하는 것을 의미하는 데 이 과정에서 지역NGO의 역할은 적극적인 의사표명이며 그 수단은 기자회견, 서명, 캠페인 등이 있다. 사실 의제설정 과정에서 본다면 사회적 이슈가 정책의제로 채택되는 것은 전 과정 중의 하나에 불과하다. 그러나 다양한 사회적 이슈를 제기하고 정책의제로 되기 이전에 사회적 의제로 등장하는 것이 의제설정에서 매우 중요하고, 이때 시민단체들이 중요한 역할을 하게 된다. 청주시 화장장 건립의 경우는 이미 오래전부터 장묘문화에 대한 이슈가 사회적으로 공론화되어 있었기 때문에 시민단체는 정책결정 과정부터 참여했다고 볼 수 있다. 화장장 건립 갈등심화기에 경제정의실천시민연합(경실련), 장묘문화개혁 지역사회네트워크 시민포럼은 반추위를 중심으로 화장장 건립 백지화만을 주장하는 지역주민과 신속하게 화장장 입지 결정을 하는 것만이 갈등의 비용을 최소화한다는 방안을 갖는 청주시와의 갈등을 해소하기 위해 해당지역 주민들, 청주시 담당공무원과의 간담회 자리를 마련하고 청주시와 해당지역 주민들이 참여하는 세미나를 개최하는 등 조정자 · 촉진자의 역할을 했다.

다섯째, 지역언론이다. 대부분의 경우 언론은 사회갈등의 성패를 결정지을 만큼 갈등의 사회적 관리와 정치화의 핵심 통로 역할을 한다. 그런 이유로 사회 갈등상황에서 언론보도는 갈등 당사자는 물론이고 전체 사회의 관심사가 되기 마련이다(김동규, 2000: 6). 언론보도에서 갈등과 관련된 이슈들을 공공의제로 만드는 데 중요한 위치를 차지한다고 보았다. 최근 들어 사회적 갈등과 언론의 이러한 구조적 연관관계가 더욱 일반화되는 특성이 보이고 있다. 특히 사회의 민주화와 다원화가 진전되고 시민사회가 발달하면서 사회갈등의 유형이나 내용도 이전보다 훨씬 복합적이며 다양화하고 일상화되는 특성을 보이고 있다. 지역신문을 비롯한 방송사들은 청주시 화장장 건립을 둘러싼 청주시와 해당지역 주민들의 갈등양상을 일반시민들에게 보도함으로써 일반시민들의 관심을 불러일으켰다.

3 행위자의 상호작용

본 사례에 있어서 청주시의 사업결정에 영향을 미치는 관련자는 청주시와 시의회, 시민단체, 설치예정지 주민, 지역언론 등이다. 이 사업의 대상인 화장장은 혐오시설로 지방자치의 실시, 주민들의 권리 의식강화, 시민단체의 대변 활동 등으로 사업예정지의 결정이 그 무엇보다도 사업의 성패를 좌우하는 요소이다. 본 사업의 초기 정책 수립단계에 있어서는 청주시와 중앙정부의 영향력이 컸으며, 이 단계에서 사업추진의 여부와 사업의 내용 등이 결정이 되었다고 할 수 있다. 그러나 최초 기존 화장장의 폐쇄 이후, 이전 설치 예정지의 주민반대로 계획이 무산된 뒤에 본 사업은 청주시 이외 다른 정책참여자들의 영향을 많이 받게 되었다고 할 수 있다.

자치단체와 NGO는 갈등과 협력의 양면성 속에서 상호의존적인 비판적 파트너십을 형성하고 있다. 여기에서 자치단체에 대하여 NGO는 정책이해관계를 정책결정에 반영시키는 영향력을 행사하였다. 이러한 상호작용과 영향력관계를 형성하는 데는 자치단체와 NGO가 갖고 있는 권력자원의 영향을 받았다.[8] 자치단

8) 일반적으로 학자들이 들고 있는 로컬 거버넌스에서 전통적 권력자원으로는 토지, 노동, 돈 등

체는 정보제공과 여론을 동원하여 자기편으로 끌어들이는 조직연합 등의 자원흐름과 간담회와 회의를 통하여 영향력을 행사하였다. 반면 이에 대응하는 NGO는 자원흐름면에서 전문적 정보제공, 기자회견 등의 여론동원, 지역주민과 NGO의 도움을 받는 집단연합, 시위 등으로 영향력을 행사하였다. 즉, 자치단체와 NGO는 뒤베르제(Moris Duverger)가 정부에 대한 집단의 이익투사방법으로 논의한, 권력 수준으로의 직접행동과 대중 수준으로의 간접행동을 병행하여 활동과 영향력을 행사한다. 양자 간에 상호작용을 하는 과정에서 자치단체는 NGO의 활동을 무시할 수 없게 되고 결국 자치단체는 NGO의 정책이해를 수용하게 된다.

초기단계에 있어서 청주시는 다른 사업에 비해 본 화장장 건립사업은 우선순위를 높게 두었지만, 주민들의 거센 항의와 반발로 무산되자 소극적인 입장에 머물렀다. 초기단계에서 시의회 의원과 전문가인 교수, NGO 등의 줄기찬 노력이 사업진행에 속도를 높이게 하는 역할을 하였다. 특히 사업의 본격적인 추진단계의 사업예정지 결정에는 15개 지역에서 6개 지역으로 선정하는 과정에서 지역간 서로 유치하려는 경쟁으로 인해 사업추진이 오히려 난항을 겪고 사업규모까지 검토하는 등 어려움을 겪지만, 이는 결국 청주시의 사업 확대에 큰 영향을 미치게 되었다.

청주시는 해당지역 주민들의 요구에 대해 화장장 시설을 최대한 자연친화적이고 무연, 무색, 무취의 현대적인 시설로 건립하여 인근 피해를 최대한 줄이는 한편, 주민불편 사항과 숙원사업을 해결, 주민복지사업 추진, 지역이미지 개선사업 추진, 자체수익사업 지원, 시설운영권 부여 등 인센티브 제공과 함께 예정지 인근주민들과 대화창구 개설, 설명회 개최, 주민 선진지 견학 등 지속적으로 설득해 나갔다.

구체적으로 시는 2005년 5월 18일 화장장 건설 예정지인 상당구 월오동 주민

을 들고 있다. 예컨대 로즈(R. A. W. Rhodes)는 정부 간 관계 분석에서 공공부문조직의 요구에 사용할 수 있는 자원으로는 권위, 돈, 정당성, 정보, 조직을 제시하고, 리치와 스미스(Leach & Smith)는 로컬 거버넌스의 중요한 권력자원으로 사회자본을 들고 있다. 결국 로컬 거버넌스가 원활하게 작동하기 위해서는 토지, 조직, 돈, 인력, 정당성, 정보 등과 같은 여러 자원들도 중요하지만, 신뢰와 네크워크 또는 규범이라는 사회자본이라는 자원도 중요하게 인식된다. 왜냐하면 지역사회는 다양한 행위자들이 존재하고 상호이해관계 속에서 거래가 일어나고 있고 로컬 거버넌스의 능력을 증진시키기 위해서는 지역사회를 구성하는 행위자들이 상호작용을 하는 데 상호성과 신뢰 및 네트워크와 같은 사회자본이 중요하기 때문이다.

들과 '화장장 추진 협정식'을 갖고 화장장 건설에 따른 지역이미지 개선을 위해 '월오종합개발기본계획'을 발표하고, △1만 6천여 평 규모의 노인복지마을 조성, △목련공원 내 7만 8천여 평 규모의 주변위락공원 조성, △화장장 준공 후 월오동 주민협의체 장례식장 운영 관련 조례 제정, △남부노인체육공원 인접지역 취락지구 도로기반시설 구축, △주민소득사업 지원 영농기반 시설 구축 등 9개 사항의 지원사업을 약속했다.9)

1차로 시도된 이전 사업이 1987년 취소된 이후 다시 추진되기까지 상당한 기간 동안은 시민이나 전문가로부터 그 필요성이 지속적으로 제기되어 왔고, 1999년 사업 재시도는 이들 참여자의 역할이 반영된 것이라 할 수 있으며, 중앙정부의 강력한 장묘문화 정책이 큰 영향을 미친 것이라 할 수 있다. 1999년 이후의 사업추진에는 설치예정지 주민의 반발과 일부 시민단체의 동조반대 등이 정책에 큰 영향을 끼쳤다.

결국, 지역사회 문제를 둘러싼 청주시 화장장 건립사업에 있어서의 의사결정 유형은 1차 취소된 경우는 시장의 독주가 주민과 시민단체의 세력에 의해 견제되는 유형이었지만, 1999년 이후 사업추진은 시장주도유형으로 주민과 시민단체의 협조를 이끌어내는 유형이다. <표 5-3>에서 보는 바와 같이 청주시 화장장 건립을 둘러싼 지역사회의 문제는 청주시와 지역주민 간의 갈등으로 오랜 기간 공방을 벌였지만, 시의회, 언론, NGO의 역할로 지역사회의 문제를 해결한 사례

표 5-3 청주시 화장장 건립사업에 있어서의 참여자들의 영향력

참여자	상위 정부	시장	담당 실국장	국회 의원	시의원	지역 경제인	언론	대학	교육감	이익 집단	NGO	주민
영향력	●	●●	●●		●		●				●●	●●

9) 청주시는 상당구 월오동 산4번지 일원 3만 3천여m^2 부지에 142억 5천만 원을 투입, 화장장 10기와 납골당·장례식장을 건립하기 위해 지난 7월 화장장 설계 작품 공모를 실시해 당선작을 선정했다. '자연속의 공원화'라는 전국 최대 규모의 청주 화장장을 건설하기 위해 여러 개의 공모 작품 중 (주)신성종합건축이 설계한 작품을 선정했다. 선정된 당선작에는 청주 화장장 기본설계 및 실시 설계권이 주어지며 우수작과 가작에는 각각 1천만 원과 500만 원씩의 상금을 수여했다.

이다.

제 4 절 화장장 건립사업의 성공 요인

1 거버넌스 메커니즘의 작동

청주시 화장장 건립사업이 성공하게 된 주요 요인은 로컬 거버넌스 메커니즘이 작동되었기 때문이다. 청주시와 지역주민은 모두 기본으로 시민공청회나 주민과의 대화에 참여하여 문제를 해결하고자 하는 '공동의 문제해결(joint problem solving)' 방식의 갈등해결을 선호하였다.

> "인근지역 주민의 공감대 형성과 관련해서는 시는 해당지역 주민설명회를 통한 인근 주민과의 지속적인 대화를 실시하고 …… 화장장 건립과 관련된 사항은 인근주민 누구와도 시기와 장소를 가리지 않고 대화할 것이다."
>
> (청주화장장 건립백서, 2008).

거버넌스 메커니즘의 작동에는 청주시와 청주시 외의 행위자가 참여하는 조직의 구성과 네트워크를 통한 소통의 증대 및 자원성의 동원이 핵심적 요소임을 알 수 있다. 즉, 청주시의 협력적 리더십, 청주시와 시민 간의 갈등을 조정하고 상호작용을 촉진시켜 준 NGO, 청주시의 지속적인 사업진행을 독려하고 조례 제정에 힘을 쏟은 시의회, 시민들이다.

1) 청주시의 협력적 리더십

화장장 건립이라는 사업은 공공업무로써 청주시가 최종적으로 책임을 지게 되어 있다. 따라서 아무리 거버넌스 시스템에 입각하여 민관협력에 의해 후보지 선정을 진행한다고 하더라도, 각 행위자 간의 상호작용을 매개하는 청주시의 역할이 제대로 작동하지 않으면 정책을 효과적으로 달성하기 어렵다. 심지어 거버넌스를 지향하는 복합조직(heterarchy)이 형성되었다고 하더라도 참여자는 다양한 이해를 가지고 있어서 내부 갈등에 의해 의견이 조정되지 않는 경우도 허다하다. 따라서 화장장 건립이라는 일종의 혐오시설 건설과 관련된 사업의 완성은 청주시청의 적극적이고 적절한 노력이 일정한 영향을 미쳤다.

우선, 청주시는 2003년 3월부터 화장장 건립을 둘러싼 행위자들의 갈등이 본격화되자 언론을 통해 청주시의 장묘문화의 문제점과 개선을 알리는 홍보활동을 전개해 나갔다. 언론은 갈등이 되고 있는 화장장에 대한 이슈를 보도함으로써 공공의제로 지역주민에게 전달하였다. 또한 적극적으로 지역주민과의 간담회, 시민공청회를 주도해 나갔으며, 경실련과 장묘문화개혁 지역사회네트워크 시민포럼이 주관하는 토론회에 참여하고 경청하였다.

청주시는 해당지역 주민들의 요구에 대해 화장장 시설을 최대한 자연친화적이고 무연, 무색, 무취의 현대적인 시설로 건립하여 인근 피해를 최대한 줄이는 한편, 주민불편 사항과 숙원사업을 해결, 주민복지사업 추진, 지역이미지 개선사업 추진, 자체수익사업 지원, 시설운영권 부여 등 인센티브 제공과 함께 예정지 인근주민들과 대화창구 개설, 설명회 개최, 주민 선진지 견학 등 지속적으로 설득했고 지역주민의 갈등을 해소시켜 나갔다.

2005년 해당지역 주민들과의 갈등이 완화되어가고 화장장 건립을 위한 협정을 준비하는 과정에서 청주시는 시의회가 이행가능한 구체적 보상사업의 약속과 주민의 요구사업에 대한 수용가능성 여부를 뒷받침할 수 있는 조례를 제정하는 데 협력하였다.

2) 갈등을 조정하고 상호작용을 촉진시켜 준 NGO

청주시 화장장 건립에 있어서 지자체는 게임관리 또는 상호작용 과정에서 전략적인 합의형성을 위한 조건들을 만들어내는 데 목표를 둘 수 있다. 이 경우에 있어서 네트워크 관리자들은 하나의 촉진자로서 역할을 수행한다. '상호작용을 촉진'한다는 것은 많은 활동들을 포함하는데, 이 모든 활동들이 절차적인 성격을 지니고 있다(Susskind & Cruikshank, 1987: 152). 서스킨드(Lawrence Susskind)와 크루생크(Jeffrey Cruikshank)는 촉진자는 거의 완전한 업무수행 절차에 초점을 두고 있다고 지적한다. 즉, 만나는 시간과 장소의 합의, 적절한 만남의 장소 주선, 회의록 유지, 대화 수준 모니터 등을 들 수 있다. 합의형성을 위한 조건을 제고하는 데 촉진자는 워크숍을 조직하거나 서베이(survey) 수행, 브레인스토밍(brain-storming) 개최, 역할연기법 사용, 집단적인 이미지를 형성할 수 있다. 이러한 활동들은 문제 사안에 대한 이해, 아이디어의 다양성, 상호견해를 평가할 수 있다는 능력 및 공동의 문제해결에 대한 몰입능력을 증진시키는 데 기여한다.

청주시 화장장 건립 과정에서 지역시민단체는 청주시와 해당지역 주민들과의 갈등을 조정하기 위해 여러 차례 간담회를 주관하였으며 적절한 만남이 이루어질 수 있도록 장소, 시간, 모니터링 등을 했다. 시민단체는 해당지역 주민들 간의 서로 다른 요구를 조정하기 위해 노력했다. 즉, 젊은층은 월오동의 화장장 건립의 필요성에 동의하면서 경제적 보상을 요구한 반면, 노년층은 청주시에 대한 불신과 분진 피해에 대한 인식으로 화장장 건립을 반대했다. 특히 장묘문화개혁 지역사회네트워크 시민포럼은 청주시와 지역주민이 참여하는 토론회를 주관하였고 학자와 전문가를 동원해 화장장 사업 관련 정책세미나를 진행하였다.

앞서 거버넌스와 NGO에서 언급했듯이 NGO의 역할은 지역사회 내에서 다양한 주체들과 협의하고 논의하면서 이해관계를 조정하는 것과 관련된다. 이는 NGO의 고유한 역할이다. 즉, NGO는 시민사회를 무대로 하여 지역의 다양한 주체, 즉 청주시, 시의회, 언론, 전문가, 지역주민, 시민단체 등을 화장장 건립이라는 갈등이슈와 관련된 사업으로 끌어들이고, 입장을 상호조율하며, 협력관계를 통해 사업을 민주적으로 추진하고 평가하는 역할을 하게 된다. 지역사회 내에서 NGO의 조정역할이 어느 정도 가능하고, 또한 실제 이루어질 수 있을지는 지역사회 내의 권력구조나 역학관계에 따라, 또한 사안의 성격에 따라 다를 것이다.

3) 지역 시민사회의 사회적 자본 구축

청주시의 화장장 건립에 있어서 지역 시민사회의 사회적 자본 축적은 지역경쟁력 제고에 중요한 근간이 되었다. 사회자본은 개인 또는 집단 간의 다양한 측면을 의미하기 때문에 학자마다 강조하는 측면에 차이가 있다.[10] 그러나 사회

자본은 행위자 간의 관계구조에 내재하는 것으로 인식될 수 있다(Coleman, 1990: 300−321). 즉, 사회자본은 여러 사람들 간의 관계에서 사람들이 공통의 목적을 위해 조직 내에서 결속하고 함께 일할 수 있는 능력이다. 퍼트넘(Robert D. Putnam)은 사회 효율성을 높이는 신뢰, 규범, 네트워크와 같은 사회조직의 특성을 사회자본으로 정의한다(Putnam, 1993: 167).

화장장 건립을 둘러싼 갈등은 청주시, 시의회, 시민단체, 해당지역 주민들과의 신뢰, 설득, 협력의 결과이다. 청주시는 해당지역 주민 설명회를 통한 인근주민과의 지속적인 대화를 실시하고 화장장 건립과 관련된 사항은 인근주민 누구와도 시기와 장소를 가리지 않고 대화하고 설득했으며, 이는 지역주민들에게 청주시에 대한 불신을 상쇄시키는 데 중요한 역할을 했다. 여기에 시민단체는 청주시와 지역주민들과의 만남을 주선하고 양측의 의사소통이 원활이 이루어질 수 있도록 장을 마련해 주었다.

2003년 12월부터 2007년 4월까지 월오동 주민대상으로 실시한 국내・외 선진지 장사시설 견학은 주민들의 위험인식을 감소시켰다. 즉, 화장장 건설에 따른 지역주민의 위험인식은 '지역이미지 실추', '발전의 저하', '분진', '재산적・정서적 피해' 등이다. 해당지역의 대표자 및 주민들이 다양한 형식의 홍보, 설명회, 선진지 견학에 참여하였기 때문에 시민사회의 자원활동이 공공업무에 활발하게 동원되었다.

경실련과 장묘문화개혁 지역사회네트워크 시민포럼과 같은 시민의 자발성에 기초한 다양한 모임이나 활동들이 사회공동체에 대한 관심, 신뢰, 네트워크를 형성해 종국으로 문제해결에 기여했다. 특히 수평적인 연대적 결사체에의 참여를 통한 네트워크 형성은 핵심적인데 이로부터 상호호혜성과 타인에 대한 신뢰를 학습할 수 있기 때문이었다.

'월오동 화장장 반대추진위원회'의 지속적인 반대 활동에도 화장장 건립의 당위성과 지지가 확산된 것은 일반시민들에 대한 장기적인 홍보를 통해 화장장 건립에 대한 정책지지를 강화시켰고, 혐오시설에 대한 이념적 반대보다는 보상대

---

10) 사회자본은 긍정적인 측면과 부정적인 측면을 같이 갖고 있다. 개인 또는 조직 간의 신뢰와 협력을 통한 공동체 형성이 전자에 속한다면 마피아집단이나 연고집단 내의 독특한 구조와 행동양식에 의한 사적 이익 추구는 후자에 속한다.

상 여부가 확실히 정해지는 것 등 때문이다. 현실적으로 존재하는 지역공동체는 공공서비스에 대한 접근의 동질성, 시민성, 권리로서의 참여의식 등 세 가지 주요 핵심들 간의 결합관계의 결과이다.

사회적 자본과 네트워크는 지역주민들과 지방정부의 다양한 참여 형태를 전제하고 있어 참여성도 제고할 수 있고, 청주지역 시민들의 공공이익 추구의 집단행동의 딜레마도 해결할 수 있어 효율적이라고 할 수 있다.

2 원활한 로컬 거버넌스 작동을 위한 과제

원활한 로컬 거버넌스가 작동되기 위해서는 첫째, 지방의회와 NGO 간의 연계강화를 통해 지방의회가 활성화되어야 한다. 청주시 화장장 건립과 관련하여 청주시의회는 특별위원회를 구성하여 청주시가 지속적으로 화장장 건립에 박차를 가할 것을 촉구하고 몇몇 의원들은 시정질의를 통해 문제해결을 요구하였다. 이처럼 지방의회가 주민대응성을 높이고 위상을 강화하기 위해서는 지방의원의 지방의정활동에 대한 평가작업이 동시에 이루어져야 한다. 또한 지방의회와 NGO는 상호연계 보완하여야 할 것이다. NGO는 화장장 건립에 대한 정책전문성이나 주민에 대한 대응성이 높고, 시의회는 화장장 건립 시 필요한 조례 제정이나 지방정부 감시 권한을 갖고 있다. 즉, 지방의회는 정책전문성의 결핍, 도덕적 정당성의 결핍 등의 한계를 NGO의 혁신적 사고, 분야별 정책전문성, 높은 도덕성 등으로 보완할 수 있을 것이다(윤주명, 2002: 29).[11] NGO는 대표성의 한계, 집행기관에 대한 정보의 한계, 공식적 정책결정 권한의 미비점을 지방의회를 통해 보완할 수 있을 것이다.

둘째, NGO는 주민과 자치단체 간의 관계를 중시하는 지방정부 중심체제를 강화하는 방향에서 진로를 모색해야 한다. NGO는 지방자치단체가 지역의 업무

11) 지방의회와 NGO 간의 연계강화의 긍정적 효과에 대해 윤주명(2002)은 다음과 같이 지적한다. 상호 간의 자원 공유, 연계의 효과로 양자 간 신뢰의 구축, 거래비용 감소 효과, 문제해결 능력 향상, 상대에 대한 통제의 제도화 효과, 집행기관에 대한 통제력 향상, 서로의 위상 강화 등이다.

를 처리하는 데 국가기관의 도움을 받지 않고 주민의 적극적 참여 속에 지방자치단체 간의 감독 없이 수평적 관계에서 진정한 분권화된 행정을 추구할 수 있도록 지원해 주어야 한다. 2005년 1월 청주시가 조례 제정을 통해 지역주민들에게 넘겨준 석물운영권은 지역주민과의 관계개선에 큰 영향을 미쳤다. 당시 이러한 행보는 법에 저촉되는 것으로 매년 중앙정부로부터 주민들에게 석물운영권을 회수하라는 원상복귀 조치명령을 받았음에도 이를 거부하면서까지 지역주민과의 관계개선에 상당한 노력을 하였다(김광구, 2009: 107). 로컬 거버넌스 하에서 NGO의 역할은 정치 · 행정에의 참여 조장, 투명성과 정보 유용성의 제고, 지방정부 성과의 향상에 대한 기여 등으로 제시되고 있다(주성수, 2000: 183-185). 즉, 정치와 공공업무에 시민들의 관심을 모으고 이들의 참여를 유도하는 기능, 정책결정과 집행에 관한 투명성과 정보유용성을 높여주는 것, 공공서비스와 재정지출의 질과 효율성을 높여 주는 것이다. 또한 NGO는 지방정부기관에 대해 조직화된 이해당사자로 참여하고 영향력을 행사한다. 그렇게 함으로써 지방정부의 정통성을 강화시키고 공직자들과 일반시민들 간의 신뢰관계를 구축시키는 데 기여한다(Manor, 1999).

셋째, 시민참여를 확대함으로써 지방민주주의 발전을 모색해야 한다. 사회적 자본과 네트워크는 지역주민들과 지방정부의 다양한 참여 형태를 전제하고 있어 참여성도 제고할 수 있고, 청주지역 시민들의 공공이익 추구의 집단행동의 딜레마도 해결할 수 있어 효율적이라고 할 수 있다. NGO는 시민과 자치단체 간의 관계를 중시하는 지방정부 중심의 거버넌스 체제를 강화하는 방향에서 진로를 모색해야 한다. 따라서 NGO는 자발적 주민참여를 도모하기 위한 정책을 제공해야 한다. 즉, NGO 내부 참여 관련 조직의 확충, 시민교육 관련 기구 및 제도의 확충 및 정비, 자체평가(최진혁, 2001: 272-273),[12] 참여에 대한 구성원의 수용성 강화문제에 대한 고찰이 있어야 한다.

12) NGO가 국가와 시장의 실패를 해결할 수 있는 기제가 되기 위해서는 자기활동에 대한 냉철하고 합리적인 평가가 이루어져야 한다. NGO의 자체 평가를 위해 일곱 가지 절차를 통하여 문제해결 모델로서의 정책방안을 제시할 수 있다. 즉, 문제점 확인 → 원인분석 → 해결안 선택 → 계획안 형성 → 활동들의 계획화 → 집행 → 통제 및 평가.

제5절 결 론

지금까지 로컬 거버넌스 하에 지역사회의 문제를 둘러싼 행위자 간의 갈등과 그 해결 방안을 청주시 화장장 건립의 사례를 중심으로 분석해 보았다.

로컬 거버넌스의 성격은 지역사회문제 유형에 따라 범주화할 수 있는 지방정책 유형의 분석을 통하여 파악할 수 있다. 지역사회문제 범주에 따라 유형화되는 지방정책 유형분석은 그들에 관련되는 행위자의 수와 유형, 행위자의 관계구조, 행위자의 영향력 분포 등으로 설명할 수 있다.

청주시 화장장 건립의 초기단계에 있어서 청주시는 다른 사업에 비해 본 화장장 건립사업이 우선순위를 높게 두었지만 지역주민의 강한 반발로 인해 소극적인 입장에 머물렀다고 할 수 있다. 그러나 이 초기단계에서 시의회 의원과 전문가인 교수, NGO 등의 줄기찬 노력이 사업진행에 속도를 높이게 하는 역할을 하였다고 할 수 있다. 특히 사업의 본격적인 추진단계에서의 사업예정지 결정에는 지역 간 서로 유치하려는 경쟁으로 인해 사업추진이 오히려 난항을 겪고 사업규모까지 검토하는 등 어려움을 겪지만, 이는 결국 청주시의 사업 확대에 큰 영향을 미치게 된다.

청주시의 화장장 건립의 관련된 주요 행위자는 청주시와 청주시의회, 설정지역 주민, NGO, 언론 등이다. 청주시는 지역주민들과 만나 지속적으로 보상사업의 약속과 주민의 요구사업에 대한 수용가능 여부, 불가능한 경우에는 합당한 근거와 이유를 제시하면서 지역주민들의 반대 명분을 줄여나갔다. 청주시는 2003년 3월부터 12월까지 홍보활동 전개, 공청회와 간담회 개최, 선진지 현장답사 및 전문가의견 수용, 주민의견 수렴 등 다양한 노력을 기울였다. 시의회는 청주시가 이 사업을 조기달성할 수 있도록 촉구하고, 2005년 해당지역 주민들의 보상요구를 뒷받침할 수 있는 조례 제정을 했다. 경실련을 포함한 NGO는 자치단체와 협력·비판관계를 유지하면서 화장장 문제를 해결하기 위해 기자회견, 캠페인, 간담회 주선, 세미나 개최 등 다양한 방법으로 조정자, 중재자, 촉진자 역할을 했다. 지역주민들은 사업 초기에 지역 내 혐오시설인 화장장 건립과 이전 청주시에 대한 불신으로 강력한 저항을 보이다가 청주시의 적극적인 설득, 전문가의견 수렴,

NGO의 조정역할 등으로 '화장장반대추진위원회'를 '주민협의체'로 전환하면서 청주시와 화장장 건립 협정서를 체결한다. 언론은 청주시와 해당지역 주민들과 관련된 이슈들을 공공의제로 만드는 데 중요한 역할을 했고, 화장장 건립이 준공될 때까지 의사소통의 창구, 장묘문화 개선의 홍보를 담당했다.

결국 청주시 화장장 건립사업이 성공하게 된 주요 요인은 로컬 거버넌스 메커니즘이 작동되었기 때문이다. 특히 청주시의 협력적 리더십, 청주시와 해당지역 주민들의 상호작용을 촉진하고 갈등을 조정한 시민단체, 그리고 시민사회의 사회적 자본 축적이 그 요인이다.

지역경쟁력을 제고시킬 수 있는 로컬 거버넌스의 원활한 작동은 거버넌스 주체들이 어떻게 서로 간에 자율적인 협력체제를 구성하고 이를 운영하는가가 성공의 관건이라고 할 수 있고 이를 위해서는 다음 몇 가지가 필요하다.

첫째, 지방통치 과정에서 로컬 거버넌스 체제에 공공부문 외에 민간부문과 제3부문의 원활한 참여를 위해서는 자치단체의 자율성이 확보되어야 한다. 로컬 거버넌스의 실질화를 위해서는 자치단체가 지역사회문제를 스스로 해결할 수 있는 권한을 확보하는 것이 필요하다. 자치단체의 권한확보는 중앙정부가 지방정부와 권력을 공유하겠다는 인식을 토대로 권한부여와 권한이양을 해야 한다.

둘째, 로컬 거버넌스가 원활하게 작동되려면 시민사회의 성숙, 즉 자발적 결사체의 활성화가 필요하다. 일반적으로 시민사회는 국가와 개인을 연결시켜주는 중개조직을 의미하는 것으로 자발적 결사체가 대표적이다.

셋째, 로컬 거버넌스의 활성화를 위해서는 사회자본의 축적이 필요하다. 퍼트남(Robert R. Putnam)은 시민참여의 규범과 네트워크를 특징으로 하는 사회자본을 효과적인 거버넌스를 위한 전제조건으로 제시한다. 사회자본은 시민성의 규범 위에서 형성된다. 왜냐하면 사회자본은 시민들 간에 존재하는 사회적 상호관계에 기초하기 때문이다. 사회구성원 간의 관계에서 자발적 결사체, 신뢰, 반응성, 협동 등과 같은 사회자본이 형성된다. 사회자본은 지방정책과정에서 행위자들이 가지고 있는 이해관계를 조정하고 협동을 유도하는 정치적 자원이다.

넷째, 로컬 거버넌스 체제를 운영하는 데 자치단체 조직의 리더들의 리더십 중요하다. 이들의 역할은 이해관계자들의 협력체제를 구축하는 데 결정적이다. 최고 지도자 혹은 조직의 리더가 정보의 공유를 보장할 수도 있고, 각 이해관계자들의 자치역량을 육성할 수도 있는 것이다. 각종 거버넌스 체제 내부에서의 갈등상황이 일어났을 때 조직의 리더들은 적극적인 중재자로 개입할 수 있다.

마지막으로 로컬 거버넌스를 위해서는 시민문화의 성숙이 요구된다. 참여민주주의를 발전시키기 위해서는 시민문화의 성숙이 요청된다. 시민문화의 성숙을 위해서는 시민과 자발적 결사체의 정치관심과 정치효능 및 정치참여를 증대시켜야 하고, 이에 대응하는 자치단체의 반응성을 높여야 한다.

참고문헌

강민 · 김욱경(2000). "한국에서 금융관리 거버넌스의 딜레마." 『한국정치학회보』, 34(3): 83-90.

김광구 외(2009). "공공갈등의 성공적 관리를 위한 지표 연구." 『한국지방행정학보』, 6(1): 106-110.

김동규(2000). "사회갈등 보도의 새로운 방향찾기." 『한국언론학보』, 45(1): 6.

김호기 엮음(1995). 『시민사회와 시민운동』. 서울: 한울.

라미경(2009). "거버넌스의 현재적 쟁점." 『거버넌스학회보』, 16(3): 93-95.

박상필(2001). 『NGO와 현대사회』. 서울: 아르케.

______(2008). 『NGO와 정부 그리고 정책』. 서울: 한울.

서현진(2009). 『동아시아 거버넌스』. 서울: 도서출판 대경.

심준섭 · 김지수(2010). "갈등 당사자의 프레임과 변화 과정 분석." 『행정논총』, 48(4): 243-253.

안성호(2004). 『지방거버넌스와 지방정책』. 서울: 도서출판 다운샘.

윤주명(2002). "지방의회와 NGO의 연계를 통한 지방의회의 정책능력향상 방안연구." 대전/충남행정학회 하계학술대회 발표문.

전종섭(2000). "시민사회의 뉴거버넌스." 김영섭 외. 『위대한 사회를 위하여』. 서울: 법문사.

주성수(2000). 『글로벌 거버넌스와 NGO』. 서울: 아르케.

______(2001). "거버넌스 시대의 정부와 NGO." 한국NGO학회 춘계학술대회. 서울.

청주시(2008). 청주목련원(화장장) 건립백서. 청주지방법원 결정문. 2006.9.18. 청주지방법원 결정문(2006카합465 화장장건립공사중지가처분).
______(2003). 지역주민과 시민단체와의 토론회 자료. 2003.4.11.
______(2003). 화장장 건립 관련 시민공청회 자료. 2003.2.27.
______(2003). 화장장 사업 관련 정책 세미나 자료. 2003.10.23.
______(2003). 화장장 건립 관련 주민 동향과 여론 자료.
______(2003). 화장장 건립 후보지 인근주민과의 대화 자료. 2003.2.27.
최진혁(2002). "지방자치의 발전을 위한 지역NGO의 역할과 과제." 충청정치학회 · 충청국제정치학회 합동 연례학술회의 발표문.

Coleman, James(1988). "Social Capital in Creation of Human Capital." *American Journal of Sociology Supplement*, 94. S95－S120: 300－321.

Gidron B. Kramer & M. Salamon(1993). *Government and the third sector: Emerging Relationship in Welfare State*. San Francisco: Jossey－Bass.

Gordenker, Leon & Thomas G. Weiss(1996). "Pluralizing Global Governance: Analytical Approaches and Dimensions." In Leon Gordenker & Thomas G. Weiss(eds.). *NGOs, the UN, and Global Governance*. Boulder & London: Lynne Rienner Publishers.

Jessop, B.(1999). "The Changing Governance Welfare: Recent Trends in Its Primary Functions, Scale, and Modes of Coordination." *Social Policy and Administration*, 33(4): 3－4.

Kooiman, J. & Van M. Vliet(1993). "Governance and Public Management." In K. A. Eliassen & J. Kooiman(eds.). *Managing Public Organization*. London: Sage Publisher.

Putnam, Robert D.(2000). *Bowling Alone: The Collapse and Revival of American Community*. New York: Simon & Schuster.

Rhodes, R. A. W.(1997). *Understanding Governance: Policy Networks, Governance, Reflexibility and Accountability*. Buckingham: Open University Press.

Salamon, L(1994). "The Rise of the Nonprofit Sector." *Foreign Affairs*, 73(4), July/August.

Turner, S. & Corbacho(2000). "New Roles for the State?" *International Social Science Journal*, 163: 109－200.

Vogel, D.(1980), "The Public－interest Movement and the American Reform Tradition." *Political Science Quarterly*, Vol.95, Winter: 618.

제 6 장

광주시 사례

광주시 푸른길공원 조성: 시민참여를 통한 의사결정

이경희 · 박미경

제 1 절 머리말

1987년 6월 항쟁을 기점으로 한국 시민사회의 급격한 성장으로 인해 민주화 운동단체가 시민사회의 주류를 이루었던 광주지역에서도 무등산보호단체협의회, 광주환경공해연구회, 광주경실련 등 다양한 시민운동단체가 출현하였다. 특히 광주환경공해연구회는 1993년에 환경운동연합이라는 전국 조직의 창립에 참여하면서 서울, 울산 등의 축적된 공해추방운동 경험을 공유받아 각종 환경이슈를 지역사회에서 주도하게 되었다.

1992년에 브라질 리우데자네이루에서 개최된 '유엔환경개발회의(UNCED)'는 리우선언과 함께 그 실천강령으로 의제21을 채택하였고, 지방정부의 역할로서 지방의제21을 추진하도록 하였다.[1] 리우회의가 환경의제를 다루는 유엔정상회의라는 점에서 지방의제21 추진은 시민운동 중에서 환경단체 의제에 포함되었다. 또한 '주민 · 기업 · 지자체가 협의'하도록 하고 있는 지방의제21 추진방식은 광주지역 환경단체들이 환경이슈를 전개해 나가는 데 거버넌스형 활동방식을 제안하고 선도하는 계기가 되었다.

본격적인 지방자치제가 실시된 1995년, 리우회의 NGO포럼에 민간대표단을 파견했던 광주환경운동연합은 광주지역 시민단체 및 전문가와 함께 '지방의제21 추진위원회'를 조직하고, 광주광역시에 지방의제21 추진을 위해 주민 · 기업 · 지자체 협의기구로로서 '푸른광주21협의회'를 발족할 것을 제안하였다. 광주시 당국은 이 제안을 받아들여 시민운동가, 전문가, 기업가, 공무원 등이 참여하는 (사)푸른광주21협의회를 1995년 10월에 발족하였다. 또한 이듬해에는 운영비를 편성해 지방의제21 추진을 전담할 민간 사무국을 가동하였다. 그런데 이후 푸른광주21협의회에 참여하고 있는 환경단체와 전문가들은 광주광역시가 협의회의 위상을 환경실천사업을 수행하는 위탁기관 정도로 취급하는 것에 반발하게 되었다. 이에 대해 광주광역시가 명확한 대안을 찾지 못하면서 깊은 갈등이 지속되자, 결국 푸른광주21협의회는 해체되었다. 설립된지 겨우 1년이 지난 후였다.

푸른광주21협의회의 해산은 그 설립을 최초 제안했던 광주환경운동연합을 비롯해 광주지역 환경단체에 뼈아픈 경험으로 남게 되었다. 환경단체들은 이미 1994년에도 제2순환도로 건설계획의 1구간인 무등산 관통구간의 노선변경을 요구하면서 해당부지를 점거해 2개월 간 천막농성을 벌이는 등 광주광역시와의 극한 대립을 경험한 바 있다. 또한 1996년에도 도립공원 무등산 주변 광주호 개발과 제1수원지 온천개발계획으로 촉발된 무등산의 개발과 보전 논쟁이 광주시와 환경단체 간 치열하게 전개되어 사회적 갈등으로 확전되고 있었다.

다행스럽게도 양 당사자들은 간간이 대화를 이어가고 있어서 광주시가 환경기본조례에 푸른광주21협의회 추진과 관련한 근거를 만들도록 하였고, 마침내 1998년 12월에 푸른광주21협의회를 재창립하였다.

해체의 아픔을 가졌던 구성원들은 시행착오를 반복하지 않도록 다각도로 노

1) 「의제21」의 제28장은 '의제21을 지원하기 위한 지방정부의 역할'로서 21세기의 지속가능한 개발을 지방차원에서 실현하기 위해 주민 · 기업 · 지자체가 협의해 행동계획(지방의제21)을 만들도록 하고 있다.

력하였다. 갈등이 첨예하거나 이해당사자들 간의 대립이 팽팽한 이슈들은 거버넌스 의제에서 다루지 않거나, 상호협력이 가능하면서 추진이 용이한 의제들을 우선하여 지방의제21의 활동을 견인해나갔다. 그럼에도 민선시대의 단체장 치적 쌓기로 평가되는 각종 개발계획 추진으로 크고 작은 환경문제가 발생하였고, 그에 따라 광주광역시와 주민 간의 갈등은 여전하였다.

1998년에 도심철도 이설로 남겨진 폐선(철도)부지를 어떻게 활용할 것인가가 광주지역의 주요 이슈로 등장하게 되었다. 그러다가 광주광역시가 폐선부지에 지상고가방식의 도시철도 2호선 부지로 활용을 검토하는 용역을 발주하면서 폐선부지의 활용이 지역의 환경갈등 이슈로 급부상하게 되었다. 폐선부지에 대해 푸른길, 녹도 등 친환경적 활용을 제안한 환경단체들과 경전철을 도입하려는 광주광역시 간의 갈등은 용역보고회 성격의 공청회가 주민을 동원한 환경단체들에 의해 무산되는 등의 극한 대립 양상에까지 이르렀다. 하지만 결국 광주광역시는 시민들의 뜻에 따라 폐선부지를 푸른길로 조성할 것을 발표하였다. 2000년 12월 11일의 일이었다.

첨예한 대립과 갈등의 정점에서 얻게 된 '폐선부지 푸른길로의 정책결정'은 시민단체와 지방정부 간에 새로운 방식의 관계설정이 필요하다는 동기부여가 되었다. 마침 환경단체들이 지방의제21을 구현하면서 협력의제와 대립의제를 구별하는 전략을 취하고자 하였고, '푸른길이라는 도시공간 조성사업'을 지방정부와의 거버넌스 의제로 추진하기로 한 것이다. 즉, 지방정부와 시민사회 간의 갈등으로 인해 거버넌스 운영 자체가 위기에 봉착하는 것을 피하는 전략을 유지하면서 푸른길운동을 시민참여 방법으로 원만하게 추진하려는 것이었다.

시민참여는 건전한 시민사회를 형성할 뿐만 아니라 지역사회의 개인과 집단, 또는 조직을 협동적 관계로 만들고, 집단적인 관계에서도 문제해결을 위해 집단행동을 촉진하는 효과가 있다. 따라서 시민참여는 시민사회를 건설하고, 지역사회 거버넌스를 용이하게 하며, 지역사회 문제해결을 위한 시민의 능력을 제고시키는 것과 직접적인 관계가 있다(박희봉, 2006). 물론 시민참여 거버넌스를 도시정책과 접목하는 것은 시민사회나 행정의 패러다임 전환과 함께 시민사회 및 지방정부 양자의 역량을 필요로 한다. 근래 시민참여를 통한 거버넌스의 운영은 공공정책의 결정에만 머무르지 않고 정책집행에까지 확대되고 있다. 도시공간의 개발·재생·관리 과정에 참여할 수 있는 대상이 과거에는 행정가, 전문가 중심이었으나, 최근에는 시민참여 패러다임으로 전환되고 있는 것이다.

이 글은 '폐선부지의 녹지조성'에 관한 로컬 거버넌스 사례로서, 광주광역시 푸른길공원이 시민참여로 도시계획 결정이 이뤄지는 과정을 분석하였다. 푸른길 녹지설계와 조성, 나아가 녹지관리에 시민참여가 이뤄지도록 지방정부와 시민사회가 각각 어떠한 노력을 했는지 살펴보고자 한다. 이를 통해 푸른길 조성을 위한 거버넌스가 성공적으로 운영해 나갈 수 있었던 요인이 무엇이었는지를 고찰할 것이다. 정책과정에서 행위자 간의 갈등을 극복하고 협력적 거버넌스가 이행될 수 있었던 성공 요인의 분석은 다른 정책이나 혹은 지역에서 거버넌스를 성공적으로 이끄는 데 중요한 정책적 함의를 제공할 수 있을 것이다.

연구를 진행하는 방법으로 푸른길운동 과정에 참여했던 저자들의 경험, 광주광역시와 (사)푸른길의 각종 문헌과 신문 자료 분석을 중심으로 하였다.

제 2 절 거버넌스와 도시공원

1 거버넌스의 정의

거버넌스의 정의는 학자마다 다양한 의미로 정의하고 있지만 공통적으로 기존 통치의 주체인 정부만이 아닌 정부와 민간의 참여와 협력 체제로 인식, 이해될 수 있다. 최근의 공공정책의 결정과 집행 과정에서는 다양한 거버넌스가 구조 혹은 과정으로 실행되고 있다.

거버넌스의 형성 배경으로 정부의 국정관리 능력의 약화, 세계화와 정보화의 급격한 발달, 시민의 역량 성숙 등을 들 수 있다. 우리 사회도 1980년대 민주화운동의 결과 시민들의 민주사회에 대한 열망이 높아졌고 그 과정에서 사회문제에 대한 시민의 관심도 넓어졌다. 과거의 정부 중심의 통치가 아닌 새로운 방식의 통치 시스템이 필요하였고, 시민사회의 역량 성숙은 사회의 전반적인 운영체계의 변화를 촉발하였다.

거버넌스는 사회문제를 해결하는 데 있어 기존의 방식인 행정만의 역할에 머물지 않고 민간과 정부가 함께하는 방식을 말한다. 정부의 강제력에 의존하지 않기 때문에 새로운 사회문제 해결방식으로도 해석된다. 새로운 방식은 전통적인 정부 중심의 수직적 문제해결이나 계층적 해결이 아닌 수평적 해결의 방식이다. 정부만이 사회문제를 해결할 수 있는 역량을 가진 유일한 존재가 아니며 정부의 강제력에 의존하지 않고도 사회문제를 해결할 수 있다. 즉, 민간부문의 다양한 구성원들과 다양한 수준의 정부 간에 자발적이고 수평적인 협력을 통해서 사회문제 해결이 가능하다(이명석, 2017: 38). 정부 외의 새로운 주체로서 시민사회는 사회문제 해결의 파트너로서 중요한 지위를 갖는다. 정부와 시민사회가 가지고 있는 각각의 장점이 조화를 이루면서 시민의 참여와 신뢰가 쌓이게 되면 불특정 다수를 위한 공공정책의 결정과 집행이 시민 모두의 이익으로 돌아갈 수 있다.

현대와 같이 복잡한 사회에서 공공이나 민간의 어느 단일의 행위자도 일방적인 지식이나 자원을 가지지 못하기 때문에 각자의 목표를 수행하기 위해서는 역량을 혼합하는 상호작용의 과정이 필요하다. 거버넌스 현상으로서 공공과 민간의 파트너십은 공공과 민간영역 간의 권력 배분, 공공과 민간이 함께 일함으로써 발생하는 시너지 효과, 그리고 공공정책과정을 시민사회에 개방하고 시민사회가 참여하며, 시민사회에 대한 권능을 부여함으로써 새로운 국가-시민사회의 관계에 초점을 맞추게 된다(박희봉, 2016: 8). 국가와 시민사회의 관계의 변화는 정부와 민간의 역할 변화를 초래한다. 기존의 시민사회의 역할은 정부에 대해 감시와 견제의 수행이었다.

거버넌스의 핵심은 정부의 역할, 정부와 민간부문의 관계, 그리고 사회문제 해결방법에 대한 인식의 근본적인 변화라고 할 수 있다(이명석, 2017: 25). 거버넌스(governance)는 국가의 기능과 역할을 최소화하면서 시장과 시민사회 등 사회의 다양한 주체들 간의 네트워크를 통해서 파트너십을 형성해 지역발전을 모색해 나가는 체제를 말하며 공공관리체제라고 할 수 있다. 따라서 거버넌스는 다차원성, 복합성, 그리고 다양성을 특징으로 하면서 자율성, 상호의존성, 네트워크, 파트너십 등을 기본 요소로 하고 있다(장성환, 2015: 8).

2 참여로 시작되는 로컬 거버넌스

사회적 문제해결을 위해 정부와 민간이 함께 하는 방식으로서 거버넌스는 구체적인 과정, 즉 실천이 중요하다. 정책결정에 대한 책임과 권한을 구체적으로 나누어 책임지고, 각각의 역할을 수행한다. 정부와 민간이 추구하는 각각의 가치와 철학을 각 주체들이 공유하는 것 또한 선행되어야 한다.

사회구성원들이 자신이 소속되어 있는 지역사회의 문제해결 주체로서 직접 참여하는 방식이 로컬 거버넌스에서 실현되고 있다. 로컬 거버넌스는 자발적 참여, 협력, 공동결정을 핵심적 하위개념으로 파악하고 있으며, 참여는 자발성과 참여 정도, 협력은 신뢰와 공동목표 인식, 공동결정은 대등한 권력과 책임분담 인식 등이 핵심적인 내용이다(김형양, 2006: 200). 협의체와 같은 정책논의 기구들에 민간이 구성원으로서 참여하는 것을 거버넌스로 이해하기도 한다. 이러한 경우 구조로서의 거버넌스는 실행되지만 민간과 정부의 권력배분, 책임 공유는 약화될 수밖에 없게 되어 또 다른 갈등을 만들어내기도 한다. 이에 대해 광주광역시가 1995년에 지방의제21 추진기구로 만든 푸른광주21협의회의 사례를 들 수 있다.

(사)푸른광주21협의회는 지역사회의 다양한 구성원인 시민 · 기업 · 행정 · 전문가들이 참여하고 협력해 지역의 의제를 만들고 실행해 나가기 위해 환경단체가 제안하고 광주광역시가 이를 받아들여 발족되었다. 그러나 광주광역시가 지방의제21의 추진을 푸른광주21협의회가 대행하는 위탁사업으로 판단해 지방정부의 역할을 위탁사업에 대한 관리 감독으로 제한하였다. 이에 참여했던 시민협의체(시민, 기업, 전문가그룹)들의 반발을 일으켜 갈등 끝에 설립 1년을 겨우 넘기고 해체되었다.

이처럼 거버넌스를 잘못 이해해 하나의 기구로만 판단해 민관협의체 내에서 정책결정과 실천이 별개로 진행되거나, 지방정부가 전권을 행사해 가치로서의 거버넌스는 사라지고 과거 관료적 방식으로 사업이 실행되는 형태로 나타나기도 한다.

3 실천의 방법, 협력적 거버넌스

거버넌스는 흔히 정책결정 과정에서 민간의 참여로 인식되는 경우가 있으나 진정한 거버넌스를 이루기 위해서는 협력이 바탕이 되어야 한다. '협력(collaboration)'은 자율적인 행위자와 조직들 사이의 상호작용을 통하여 기존의 조직적 경계와 정책을 초월하여 새로운 공공가치를 창조하는 것이다(이명석, 2017: 178).

거버넌스에서 논의되는 참여의 수준과 협력의 수준은 근본적 차이가 있다. 참여는 다양한 행위자들이 식탁에 같이 둘러앉는 것이다. 그러나 식탁에 같이 둘러앉았다고 해서 식탁 위의 음식을 같이 만드는 것은 아니다. 함께 식탁에 앉는 것은 참여로 그치지만, 식탁 위의 음식을 함께 만들고 함께 치우는 것까지가 협력이다.

참여적 거버넌스가 공공문제 해결을 위한 정책수립 시 관련 당사자들이 참여하여 그 문제에 대한 인식과 정책에 대한 타협을 이끌어내는 것이라면, 협력적 거버넌스는 공공문제 해결의 전 과정에 관련 당사자들이 참여할 뿐만 아니라 서로 협력하여 문제를 해결해 나가는 것을 말하며 이때 서로 의존성이 높은 특징을 갖는다는 것을 말한다(은재호 · 오수길, 2009: 32).

협력적 거버넌스는 여러 상황에서 충돌하는 다양한 이해와 가치들을 협력적으로 조정할 수 있는 제도로 정의할 수 있다. 즉, 협력적 거버넌스는 갈등상황을 대처하기 위한 이론적 기반이며 개발과 관련된 공공정책의 수립과 시행 과정에서 충돌하는 다양한 이해와 가치들을 협력적으로 조정하여 집단적 의사결정에 이르게 하는 제도적 장치 및 조직화의 기반이다(조철주 · 장명준, 2011: 25).

협력적 거버넌스에서는 협의의 공간이 존재하고, 이러한 공간은 지속적이고 공식적으로 이루어진다. 또한 이러한 공간은 위원회나 협의회 등의 형식으로 제도화될 가능성도 있다. 협력적 거버넌스에서 행위자들은 서로 자신의 요구를 합리적으로 드러내고 상대방을 설득함으로써 자신의 이익을 관철할 수 있기 때문에 상호이해와 협력을 형성할 수 있다(주재복 외, 2006).

협력적 거버넌스는 행위자들의 능력을 극대화하여 문제해결의 다양한 주체들과 소통하고 문제해결에 다양한 각도에서 접근할 수 있다. 또한 상호의존을 통해 구성원들이 갖고 있는 정책결정과 집행의 능력들을 공유하고 분담함으로써 공공정책의 결정과 집행 과정에서 책임의 공유로까지 확장될 수 있다.

4 도시공원과 거버넌스

도시공원 거버넌스 논의의 시작은 공공재인 도시공원에 대한 공공서비스의 제공이 시민들이 요구에 맞게 제공되지 못하는 한계에서 비롯되었다. 시민의 역할이 도시공원의 이용에 있고 행정의 역할도 녹지공간 제공에 머물렀던 것에서 도시공원에 대한 행정서비스 관점도 시민들의 요구에 따라 변화하게 되었다. 공원을 비롯한 공공재에 대하여 관리에 무게를 두는 국가 중심 모델과 효율성을 추구하는 시장 중심 모델에서 사용자 중심 모델로 전환이 이루어지고 있는 것이다. 이러한 공공서비스 패러다임의 전환은 공원관리 · 운영에 대한 권한과 더불어 전통적으로 공공행정에서 담당해왔던 공공재의 책임까지도 시민이 공유하고 담당하도록 만들었다. 이러한 시스템의 변화는 공간 조성을 위한 관점 역시 변화할 것을 주문한다(심주영 · 조경진, 2016: 178).

시민이 도시공간의 이용자에서 생산자로 변화됨으로써 도시공간 조성의 주체로 정부와 민간이 협력하는 것이 도시공원의 거버넌스이다. 공공재인 공원을 어디에 만들 것인가, 어떻게 만들 것인가, 어떻게 관리할 것인가와 같은 도시공간의 계획, 조성, 관리는 전통적으로 행정이 맡았던 공공서비스 영역이다. 그러나 도시공원은 시민의 요구에 따라 시민의 참여를 통해 결정되고 운영[2)]되고 있으며, 여러 도시에서 공원과 공공공간은 협력적 거버넌스를 통해 결정, 조성, 운영되고 있다.

도시숲, 도시공원에서도 시민참여가 중요한 전략이 되고 있다. 그러나 지방자치단체가 시민참여에 의한 도시숲의 조성 · 관리를 시도했지만 국내의 성과는 기대한 것만큼 크지 못했다(김미나 외, 2009). 지금까지 도시공원과 관련한 시민참

2) 국내 대표적 시민참여형 도시숲(공원)의 사례로 서울숲, 울산대공원, 부산시민공원, 광주푸른길공원, 인천세계평화의숲이 있다(국립산림과학원, 2016.10).

여는 일회성 이벤트에 그치거나 시민이 직접 식재하는 활동 등 명목상의 참여를 실현하는 제한된 방식으로 이루어졌다. 도시숲(도시공원)은 지역사회의 공공공간으로 커다란 기능을 보유하고 있으며 적극적인 시민참여를 이끌어낼 수 있다. 도시숲(도시공원)은 그 주변에 생활하고 있는 시민들이 사람과의 관계, 자연과의 관계, 도시와의 관계를 키워내는 공공공간이다(김재현 외, 2010).

따라서 도시공원의 시민참여와 거버넌스의 실현은 사람과 자연, 도시와의 수동적이고 피동적인 관계에서 적극적이고 자발적인 관계로 변화시키는 전환점을 만들 수 있다.

제 3 절 푸른길 거버넌스[3)]

1 폐선부지의 푸른길[4)]로의 활용 요구

광주 도심을 관통하는 광주역~남광주역~효천역까지의 10.8km의 철도 이설공사가 한창이던 1998년, 광주광역시는 도시철도 기본계획[5)]을 재수립하면서 2호선의 일부 구간을 폐선부지에 활용하는 방안을 검토하기 시작했다. 이러한 사실을 접한 지역주민들과 환경단체는 폐선부지의 경전철 활용을 반대하며 푸른길로 조성해줄 것을 요구했다.

효천역~서광주역~송정리역을 잇는 신설 철도의 건설공사는 1995년에 시작되었다. 신설 철도 공사비용을 광주시가 부담하는 조건으로 폐선이 되는 광주역~

3) "생태적 녹지운동단체에서 통합적 문화운동단체로: '푸른길시민회의'에서 '(사)푸른길'로의 정체성변화에 대한 사례연구(이경희, 2013)"의 내용을 발췌, 재정리하였다.

4) 이 글에서는 도시공원의 공간으로 서술될 때는 '푸른길공원'으로, 시민운동의 성격으로 서술될 때는 '푸른길'이라는 용어를 사용하여 도시공원으로서 의미를 갖는 경우와 담론으로서 의미를 구분하여 사용한다.

5) 1997년「도시철도기본계획 변경수립을 위한 용역」의 주 내용은 도시철도 노선계획을 1호선~3호선으로 축소하고, 2호선부터 지상고가 방식의 경전철 도입과 폐선부지를 활용한 2호선 건설 방안 모색이었다.

남광주역~효천역 간 철도부지는 철도청이 광주광역시에 무상 양여하기로 합의되어 있었다. 그래서 폐선부지 활용방안은 철도청과 상관없이 광주광역시 자체 계획에 따라 결정하면 되는 것이었다. 광주광역시는 폐선부지를 매각하여 신설철도 공사비를 충당하는 방안을 검토하였으나, 토지 매각으로 인한 경제적 효과가 크지 않다고 판단해 공공의 목적으로 활용하겠다는 방침만 세우고 있었다.

그러나 광주광역시의 폐선부지를 활용해 도시철도 2호선 건설하려는 구상이 알려지자 주민들과 환경단체들은 폐선부지의 활용에 대해 구체적으로 제시하기 시작했다. 주민들은 1998년 2월에 '폐선부지 녹도 조성'을 내용으로 하는 청원서를 작성해 시의회에 제출하였고, 광주환경운동연합은 곧바로 '폐선부지 친환경적 활용방안 모색을 위한 토론회'를 개최하여 폐선부지를 푸른길(green-way)로 조성하자는 친환경적 활용을 제시하였다. 그리고는 지역주민, 전문가, 시민단체들과 함께 '폐선부지 푸른길가꾸기시민회의(약칭 푸른길시민회의)'[6]를 결성하고 푸른길 조성을 촉구하는 전문가 토론회, 집회, 캠페인 등의 활동을 진행하였다.

1998년부터 시작된 시민사회의 '폐선부지의 푸른길 활용 요구'는 광주광역시의 '폐선부지 경전철 활용' 입장과 대립되면서 3년여 기간 동안 지역사회 갈등현안으로 전개되었다. 당시 고재유 시장은 시민단체 대표와의 면담에서 '폐선부지의 활용은 시민여론에 따라 결정할 계획'이라면서도 '경전철 노선으로의 활용용역'을 밀어붙였다.

신설철도 이설이 마무리되는 시점이었던 2000년 7월, 광주광역시가 개최한 '도심철도노선변경계획(안) 시민공청회' 장소를 수백 명의 지역주민을 앞세우고 환경단체들이 찾아가 거센 항의와 몸싸움으로 공청회를 무산시켰다. 광주광역시가 대외적으로는 "폐선부지 활용이 결정되지 않았다"면서도 용역의 과업지시서에 '폐선부지의 경천철 도입'을 담고 있었던 것이다.[7]

광주광역시가 용역의 결과를 기다린다는 애초의 입장을 바꿔 2000년 9월, 폐

6) 1999년 6월 결성한 푸른길시민회의는 시민단체로 자전거이용활성화시민회의, 교통문화정착을 위한 시민회의, 무등산보호단체협의회, 광주경실련, 광주YMCA, 광주환경운동연합이 참여하고, 주민위원회, 전문가가 함께 참여하여 결성한 후 이후 지속적으로 시민사회단체가 참여하여 2000년 30여 개 시민사회단체의 참여로 확대되었다.

7) 2000년 도시철도 기본계획 변경 공청회에서 광주환경운동연합에서 정리, 배포한 글이다.

선부지 활용방안을 포함한 광주의 교통 관련 3대 현안[8]에 대해 시민설문조사를 진행하였다. 응답자 20%가 '경전철 사업부지로 활용'에, '보행자 및 자전거도로가 포함된 녹지공간 조성'에 대해 응답자의 64%가 찬성하는 것으로 나타났다. 폐선부지와 관련된 자치구 3곳 행정부와 의회에 대한 응답 결과도 북구, 동구, 남구청과 각 의회는 녹지조성을 희망한 것으로 나타났다. 나아가 남구의회는 푸른길 조성을 요구하는 성명을 발표하였고, 광주시의회는 녹지공간으로 조성해야 한다는 의견을 시 행정부에 전달하였다. 2000년 12월, 마침내 광주광역시장은 기자회견을 통해 '철도부지를 보행자 및 자전거 전용도로가 병행된 녹지공간으로 조성할 방침'임을 발표하였다.

폐선부지 푸른길 결정은 시민이 직접 제안해 도시공간에 대한 계획을 결정한 전국 최초의 사례이다. 또한 폐선부지 활용에 대해 인식의 대전환을 가져온 계기가 되었다. 그동안 국내의 폐선부지는 민간에 매각되었거나, 도로를 조성하거나 주차장 부지로 활용되어 왔다. 광주의 폐선부지의 푸른길 활용은 목포, 여수, 서울, 천안, 대구 등 새롭게 폐선부지를 갖게 되는 지방자치단체들이 녹지로의 활용 결정을 이끌게 된 계기가 되었다.

2 푸른길공원 설계의 갈등

폐선부지 녹도 활용 발표 직후인 그해 12월 20일, 광주광역시는 철도부지를 공원으로 도시계획용도를 변경하는 절차를 시작하였다. 그러나 폐선부지 토지이용기본계획과 푸른길공원의 실시설계 용역을 함께 발주하면서 새로운 갈등이 시작되었다.

푸른길시민회의는 시민이 직접 공원의 모습을 제안하고, 참여하여 조성하는 방법으로 추진할 것을 주장하였다.[9] 시민참여의 과정을 세분화하고 과정마다 시

8) 광주의 교통현안으로 ① 광주역 이전, ② 광주공항 이전, ③ 폐선부지 활용에 대해 시민설문조사를 진행한 결과, 광주역과 광주공항의 이전에 대한 찬반이 50%로 비등한 데 반해, 폐선부지의 푸른길 활용은 70% 가까운 시민의 응답이 있었다.

9) 푸른길시민회의는 폐선부지의 푸른길 활용을 제안하면서 구체적으로 만드는 방법을 제안하였

민들의 손길이 닿도록 하여 1천 개의 스토리가 담겨질 수 있도록 설계하자는 것이었다. 그러나 광주시가 종래의 방식대로 용역업체를 통해 기본계획과 실시설계를 납품받는 방식으로 추진하면서 푸른길시민회의가 제안한 시민참여방식의 제안은 수용되지 못했다.

2002년 5월 「폐선부지 토지이용기본계획 보고서」와 「푸른길공원 실시설계서」가 용역사로부터 납품되고, 이후 광주광역시는 광주역~남광주역~동성중까지 폐선부지 7.9km(폭 8~15m), 105,613m^{2}를 푸른길공원으로 확정하였다.10)

푸른길공원 실시설계에 대해 푸른길운동에 참여해온 전문가들과 환경단체는 폐선부지의 현장 상황과 설계가 맞지 않다는 점과 시설물의 과도한 배치를 문제삼으며 실시설계서의 백지화를 요구하였다. 시민들이 꿈꾸고 지향했던 푸른길이 담겨있지 않다는 것이었다.

이렇게 설계에 대한 갈등이 존재하고 있는 상황에서 조선대학교 앞 500여 미터의 폐선부지를 푸른길공원으로 조성해 기탁하겠다는 민간사업자가 나타났다. 기존 설계에 대한 갈등이 있었던 터라 이 구간은 기탁자의 비용부담으로 재설계를 거친 후 공원조성 공사가 시작되었다.

기탁구간 재설계를 제외하고 2003년에 시작된 대남로 푸른길공원11)은 설계내용에 갈등이 상존한 채 기존 설계안대로 조성공사가 진행되었다. 공사가 50% 정도 진행된 2004년 6월, 광주환경운동연합 등 시민단체는 대남로 푸른길공원 조성공사 중단을 요구하는 성명을 발표하였다.12) 이 성명이 계기가 되어 광주시가

다. 첫째, 시민들의 힘으로 만들도록 한다. 푸른길 조성에 필요로 하는 수목 한 그루, 보도블록 한 장, 그리고 그 노력 등 모두와 시민의 이름을 기록하자는 것으로 조성의 기본방향설정에서부터 너무 전문가에게만 의존하지 말고 후세를 살아갈 어린이를 포함한 시민전체가 함께하여 마련해야 한다. 둘째, 시간적 문제에 대해서도 너무 급히 마무리하려고 하지 말아야 하며, 차분히 시민의 지혜와 협조를 바탕으로 추진하도록 하여야 하며 시민들도 조급한 조성을 요구해서도 안된다. 폐선부지는 광주같은 대도시에서 확보할 기회를 갖기가 거의 불가능한 공간이기에 졸속으로 이루어지면 광주의 미래에 큰 부담과 후회를 가져다 줄 것이다(푸른길시민회의 홍보자료, 1999).

10) 폐선부지는 광주역~남광주역~효천역까지 10.8km이지만 도시외곽에 자리한 효천역 주변은 공원결정에서 제외되었다. 이후 도시가 확산되면서 2014년 180m의 폐선부지가 푸른길공원으로 편입되어 2017년 12월 현재 푸른길공원은 길이 8.08km, 면적 115,364m^{2}이다.

11) 푸른길공원은 7.9km를 5개 구간으로 구분해 설계되었고 이후 2014년 동성중~광주대 175m가 공원으로 편입되면서 6개 구간으로 구분하고 있다.

12) 대남로 푸른길공원 조성공사 중단 요구는 설계의 문제(광장 및 연결로의 재검토, 광장의 위치

이를 수용하여 대남로 푸른길공원은 공사중단과 함께 재설계 과정을 거쳐 2004년 완성되었다. 대남로 푸른길공원은 재설계 과정에서 주민들과 협의 과정을 거쳐 광장의 위치를 어디에 둘 것인가, 어떤 나무를 심을 것인가 등 일부 설계에 주민참여를 실현시켰다.

대남로 푸른길공원의 재설계를 계기로 시민참여 설계는 2004년 백운광장~동성중 구간과 2006년 광주역~조선대학교 구간으로 확대되고 발전되었다. 설계 과정의 이해당사자로 지역주민, 재개발 조합,[13] 재개발 시행사, 푸른길운동본부,[14] 광주광역시, 설계 용역사, 전문가 등이 참여하였다.

3 시민참여 푸른길가꾸기 실현

푸른길 시민참여운동이 전환점을 맞은 것은 2004년 8월, 「시민참여 푸른길가꾸기-시행성과의 파트너십의 주요 내용」(<표 6-1> 참조) 협의가 계기가 되었다. 광주시 당국은 푸른길운동본부가 제안한 파트너십에 동의하였다. 그래서 시민운동으로 푸른길100만그루헌수운동과 시민참여활동을 행정적으로 지원하는 등의 협력을 통해 푸른길헌수운동의 붐(boom)조성을 위해 노력하였다.

조례나 협약에 의한 제도적 틀은 마련되지 않았으나 광주광역시와 푸른길운동본부는 위에 설명한 파트너십을 바탕으로 푸른길공원 조성을 추진하였다. 푸른길공원 조성자문위원회[15]를 통해 푸른길공원에 대한 협의가 진행되었고, 푸른

와 면적 수정, 지역조건에 맞는 수목 식재)와 백운고가 연장재가설사업을 위해 푸른길공원의 일부(폭 3m, 길이 450m)를 제외시키는 것을 반대하는 이유에서 주장되었다.

13) 원도심을 관통하는 푸른길공원 주변은 계림동, 산수동, 지산동 등 재개발지역과 접해 있고, 2006년 재개발의 열풍으로 각각 개발계획들이 활발하게 수립되고 있었다.

14) 광주푸른길가꾸기운동본부(약칭 푸른길운동본부)는 100만그루헌수운동 등 시민참여의 푸른길공원 조성을 목적으로 푸른길시민회의의 명칭을 바꿔 2002년 8월에 재창립하였다. 지역의 각계 원로(시민사회, 종교계, 상공계, 학계) 23명을 고문으로, 건설협회장, 새마을운동 광주시지부장 등 8인을 공동대표로, 환경운동연합 대표, 지역주민 대표, 전문가 대표 등 14명을 공동본부장으로, 17명의 전문가들이 전문위원회로 구성되었으며, 광주지구JC, 자연보호중앙회 광주지부 등 34개 단체가 참여하여 발족하였다.

15) 푸른길공원조성자문위원회 설치 · 운영 규정에서 푸른길공원 전반의 내용을 자문하는 성격으

표 6-1 푸른길운동본부와 광주광역시의 파트너십 주요 내용

푸른길운동본부 제안	광주광역시 협력 내용
푸른길운동의 역할과 기능에 대한 신뢰	푸른길공원조성위원회를 통해 푸른길공원 전반의 사안을 논의, 결정
푸른길가꾸기운동의 수용 – 푸른길100만그루헌수운동 – 수목식재 이후 행정의 관리 – 푸른길헌수자 명찰 부착	푸른길헌수운동의 홍보활동 전개(안내문, 기업 기부활동 연계)
푸른길가꾸기운동에 대한 시행정의 적극적 후원	광주광역시 홈페이지에 시민참여활동 홍보 등
주민참여의 푸른길 시범구간 조성	참여의 숲 880m 구간을 시민참여구간으로 조성
인근지역의 주민, 학생들의 참여 보장	참여의 벽, 기념정원 등 어린이, 청소년, 주민, 기업 등의 참여공간 마련

길헌수운동에 대해서도 광주시가 시청 홈페이지와 시장명의 서신 등을 통한 홍보와 기업의 사회공헌활동으로 헌수운동이 연계되도록 지원하였다.

푸른길운동본부는 2004년 12월, 신문[16] 및 방송사와 공동으로 푸른길100만그루헌수운동 발대식을 갖고 푸른길헌수운동을 본격적으로 진행하였다. 이후 개인, 가족, 단체, 기업 등의 모금참여로 4억 3천여 만 원의 기금이 모아졌다.

한편, 푸른길운동본부는 시민이 직접 설계하고 조성하는 등의 전 과정을 주체적으로 진행할 수 있도록 일정구간에 대해 '주민참여의 푸른길 시범구간' 조성을 제안하였다. 이에 대해 광주시는 2006년 백운광장~동성중 푸른길공원 2.88km 구간 중 중간지점을 중심으로 880m를 시민참여구간으로 정하고, 시설물과 산책로 등 토목사업은 광주시가, 수목 중심의 녹지공간 조성은 푸른길운동본부가 추진하기로 협의, 광주시의 공원조성사업구간에서 제외시켰다.

푸른길운동본부는 이 시민참여구간을 '참여의 숲'으로 명명하고 이 구간을 시민기금만으로 조성하기로 하였다. 그러나 예상 목표액인 6억여 원이 단기간에 조성되지 않아 참여의 숲과 접한 광주광역시 조성구간이 완성된 이후에도 '참여의

로 위원회의 역할을 규정하고 있지만 위원회 내의 합의를 통해 푸른길공원 전반을 논의하고 결정하는 역할을 수행하였다.

16) 푸른길100만그루헌수운동은 지역 민방인 KBC와 전남일보, 광주드림과 공동 캠페인으로 진행, KBC는 방송을 통해, 신문사는 지면을 통해 정기적으로 푸른길헌수운동의 의미와 참여 결과를 보도했다.

숲'은 마무리되지 못하고 일부 비어 있는 상태로 남게 되었다. 시민참여구간을 완성시키기 위해 광주광역시 또한 기업의 현물기증 수목을 식재하거나 자체 식목행사를 열어 '참여의 숲' 조성을 추진해 시민참여 공원조성의 취지를 살릴 수 있도록 함께 노력하였다.

4 시민참여 관리

푸른길공원 관리에 시민참여로 추진하자는 제안은 광주시가 폐선부지 푸른길 결정 직후인 2000년 12월 조례 제정 토론회가 계기였다. 푸른길 조례의 최초 제안에는 푸른길공원을 시민참여로 조성하고 관리하는 것에 제도적으로 뒷받침하는 내용을 담고 있었으나, 광주광역시와 푸른길운동본부가 파트너십 협의에 따라 순차적인 조성이 진행되면서 푸른길 조례는 관리운영을 중심으로 수정 제안되었다.

2004년 푸른길운동본부는 "조성이 완료된 푸른길공원의 주민 및 시민참여 관리"를 제안하였다. 이는 지역주민들과 행정이 공동으로 관리할 수 있는 활동이 중심내용이었다. 이 시기 조성이 완료된 대남로 푸른길공원을 중심으로 백운동, 양림동 지역주민들이 참여해 푸른길공원 청소를 위한 자원봉사단이 구성되었다. 푸른길공원의 시민참여 관리에 참여할 지역주민 양성교육을 운영하였는데 2005년 9월부터 3년 동안 다섯 차례 지속되었다. 지역주민 교육을 통해 푸른길 실버가꿈이, 푸른길 생태문화기획자, 푸른길 해설사들이 양성되었다.

한편, 광주광역시는 대남로 푸른길공원에 대해 기존 도시공원 관리와 마찬가지로 해당지역 기초자치단체인 남구청에 관리책임을 이관하였다. 푸른길운동본부가 푸른길공원 관리와 관련해 상대할 파트너가 각 구간별 3개 자치구(남구, 동구, 북구)별로 개별 협의해야 하는 상황이 된 것이다.

시민참여 관리를 위한 제도적 뒷받침을 위해 푸른길운동본부는 푸른길공원 전 구간이 준공되는 시점에 「시민참여 관리 운영조례」 제정의 필요성을 제기하였다. 그 이유는 첫째, 시민과 행정의 파트너십에 기반해 조성된 푸른길공원이 시민참여 관리의 모델로 발전해야 한다는 점, 둘째, 푸른길공원이 북구, 동구, 남구 등 3개의 자치구에 걸쳐 있어 일률적인 관리가 이루어지지 못하고 있는 점, 셋째, 지자체의 관리예산 부족이 시민참여 관리를 저해하고 있어 이를 극복하기 위한 새로운 체계가 필요하다는 점이었다.

광주광역시는 푸른길공원만을 대상으로 한 개별조례 제정이 전국적인 사례가 부재한데다 민간 관리에의 재정지원 부담을 이유로 난색을 표명했으나, 결국 시의회의 발의로 「푸른길공원 시민참여 관리 · 운영조례」[17]가 2012년 12월에 제정되었다.

푸른길공원의 시민참여 관리는 행정이 맡았던 도시공원의 관리사무를 민간에게 일부 위탁하는 방식으로 운영되는데, 푸른길공원 방문자센터를 위탁운영하는 형태이다.

제 4 절 푸른길 거버넌스의 특징과 성공 요인

1 사회적 갈등을 줄이기 위한 전략적 선택

광주지역에서 개발과 보전의 가치 충돌이 최고조였던 시기에 푸른길운동이 협력적 거버넌스로 싹 틔울 수 있었던 것은, 환경단체들이 지방의제21 추진 거버넌스의 운영 실패를 거울삼아 갈등의제와 협력의제를 구분하는 전략이 효과적으로 발현되었기 때문이다.

특히 푸른길운동은 도시공간을 재생시키는 전국 최초의 '폐선부지 대응 의제'로서 환경단체들이 나름대로 모범사례로 남기기 위해 의도적으로 시 당국과의 갈등을 배제하기 위해 노력한 것으로 보인다.

17) 광주광역시 조례 제4202호. 푸른길 조례는 푸른길관리기본계획수립과 푸른길공원관리운영위원회의 운영, 시민을 위한 문화행사 지원, 시민참여 푸른길공원 관리운영 예산지원 등을 담고 있다.

2 자원의 상호의존을 통한 협력적 거버넌스

푸른길공원의 결정 · 조성 · 관리운영 과정 거버넌스의 특징은 민간과 지방정부 각각이 갖고 있는 역량을 중심으로 자원의 동원이 가능했다는 점이다.

지방정부가 갖고 있는 자원으로는 푸른길 거버넌스 기구 운영, 푸른길공원 조성을 위한 재원의 동원 능력, 공원조성 속도의 조정 능력을 들 수 있다. 반면 민간의 자원은 전문가 확보를 통한 대안제시 능력, 각계각층의 폭넓은 시민사회의 참여를 이끄는 능력과 언론 등의 지지층 확보 및 동원력이다. 이러한 각자의 자원의 공유와 상호의존은 푸른길공원의 조성 완료까지의 전 과정에 민간과 지방정부의 협력을 이끌어내는 요인이 되었다.

1) 민간의 자원

■ 전문성

주민들과 환경단체가 폐선부지를 녹도 등 친환경적으로 활용하자는 생각을 구체화시키는 역할은 도시계획 및 공원계획 관련 전문가들이었다. 전문가들은 독일, 미국 등 선진 여러 도시에서 폐선공간이 푸른길로 변화된 사례를 소개하면서 좁고 길다란 선형의 폐선부지가 공원으로 조성될 수 있는 가능성을 제시하였다.

푸른길공원의 설계 및 조성 과정, 관리 과정에 시민참여의 방안을 구체적으로 제시하는 역할도 전문가들의 몫이었다. 시민들이 공원에 대해 제안하는 바를 실현가능한 이미지로 만들어 시각적으로 보여주고, 시민참여의 과정을 설계하고, 시민참여 식재를 위해 헌수자 개개인의 수목을 배치하거나 기업과 단체들의 참여정원을 설계하였다. 전문가들은 민간에서 제안한 의견들이 갈등을 완화하고 시 행정이 거부감 없이 수렴할 수 있는 조건을 만드는 역할을 한 것이다.

이러한 전문가들의 참여는 푸른길운동의 전 과정에서 나타나는데 '푸른길시민회의', '푸른길운동본부', '(사)푸른길'의 전문위원회 및 이사 등으로 참여해 푸른길 운동을 '전문성 있는 시민운동'으로 이끄는 데 핵심적인 기능을 담당하고 있다.

민간 전문가들의 푸른길운동의 참여는 공원설계 행정적 절차에 적극 개입해 설계에 대한 시민들의 요구사항을 반영할 수 있었다. 또한 푸른길운동 조직을 통해 전문가들의 의견이 단일하게 수렴되어 다양한 대안을 통일된 의견으로 효과적으로 전달해 행정이 수용하기 용이한 조건을 만들었다.

■ 폭넓은 민간의 참여

푸른길공원으로의 정책결정은 대립과 갈등 과정이었으나 푸른길조성운동은 범시민운동으로 펼쳐졌다. 푸른길운동본부는 정부권력에 대한 비판과 감시, 견제를 중심으로 활동하는 시민운동단체뿐 아니라 새마을운동, 자연보호운동 등 관변단체와 청년회의소(JC), 로타리클럽과 같은 국제교류 봉사단체를 망라해 폭넓은 시민사회 조직을 참여시켰다. 또한 광주지역 각계의 인사들을 고문, 공동대표, 공동본부장 등으로 참여시켰는데 이들은 의사회, 여성단체협의회, 기업대표, 건설협회장, 종교계 등을 망라하였다.

푸른길운동본부에 참여하는 단체와 지역인사들이 기존 시민운동의 경계를 넘어 폭넓게 이루어짐으로써 각계각층의 인적 자원의 동원이 가능했고, 이는 푸른길100만그루헌수운동을 범시민적으로 추진할 수 있는 원동력이 되었다.

■ 언론사의 참여

푸른길가꾸기 캠페인은 KBC 광주방송과 전남일보, 광주드림과 공동으로 진행되었다. 2004년 푸른길100만그루헌수운동의 발대식이 KBC 광주방송의 대강당에서 열리고, 이후 발대식을 비롯해 푸른길가꾸기를 위한 모든 활동들이 방송과 신문을 통해 시시각각 시민들에게 전달되었다.

KBC 광주방송은 자체 광고영업을 통해 확보한 일정한 시간마다 매일 스폿(spot) 광고로써 푸른길100만그루헌수운동을 홍보하였다. 전남일보와 광주드림을 통해 보도되는 푸른길100만그루헌수운동에 대한 홍보와 기사는 매주 기금조성에 참여한 시민과 기업, 단체들을 빈번하게 노출시킴으로써 대내·외적으로 푸른길헌수기금이 투명성과 공신력을 확보하는 데 기여하였다. 또한 푸른길헌수기금을 매개로 하여 시민참여 푸른길공원 조성의 가치와 의미가 기획보도됨으로써 푸른길운동이 확산되는 역할을 하였다.

2) 행정의 자원

■ 거버넌스 기구 운영

푸른길공원을 어떻게 조성할 것인가에 대한 민관파트너십은 시민사회와 지방행정이 공동으로 참여하는 위원회를 구성하여 제도화된 틀을 갖추게 되었다. '푸른길녹지조성위원회'와 '푸른길공원조성위원회', '푸른길공원 관리·운영위원회'가 공원 조성 과정에 조직되었고, 이에 시민과 전문가, 시민사회단체가 참여하였다.

'광주광역시 푸른길녹지조성위원회'는 푸른길토지이용기본계획수립 과정에서 시민참여를 목적으로 2001년 3월 발족하였다. 전문가 13인, 시민단체 3인, 시의회 1인, 주민대표 3인, 관계공무원 5인으로 구성되었고, 푸른길 조성을 요구하였던 전문가, 지역주민, 시민단체들과 함께 푸른길 조성에 대한 계획수립의 자문을 받을 목적으로 설치하였다.

2003년 발족한 '광주광역시 푸른길공원조성위원회'는 푸른길운동을 이끌었던 환경단체 대표를 위원장으로 선임하여 전문가, 푸른길운동본부, 지역주민, 의회와 광주시 당국이 참여해 푸른길공원 조성 전반에 대한 논의를 진행하였다. 푸른길공원조성위원회의 논의 과정을 통해 푸른길운동본부에서 제기한 푸른길공원 설계의 문제점들이 수정·보완되었고, 시민참여의 푸른길공원 조성에 대한 구체적인 방안과 실행에 대한 협의가 이뤄졌다. 이를 바탕으로 시민참여 푸른길조성운동이 진행될 수 있었던 것이다.

푸른길공원이 완성된 이후 조례에 근거해 설치된 '광주광역시 푸른길공원 관리·운영위원회'는 전문가, 지역주민, 환경단체가 위원으로 참여하고 있다. 푸른길공원의 민간위탁관리에 제한해 논의되는 한계가 있지만 푸른길공원의 시민참여 결정과 조성의 의미를 시민참여 공원관리를 통해 완성한다는 의미를 갖는 위원회이다.

■ 공간의 조성속도

공공적 기능의 공간에 대해 도시계획적 결정뿐만 아니라 조성과 관리까지의 시민참여를 이끌어내는 데는 진행속도가 매우 중요한 요소이다.

공간 조성에 속도를 부여하는 것을 목표로 할 경우의 시민참여는 형식적 수준에 머무를 수밖에 없다. 시민참여방식으로 공간을 조성할 때는 단순 참여형을 지양하고 '공간에 대한 가치를 공유'하는 것을 기저에 둬야 하기 때문에 조성속도는 거버넌스 형성 시 중요한 의미를 갖는다. 푸른길공원은 115,364m^{2}를 조성하는데 2003년에 착공하여 11년 4개월의 시간이 소요되었다. 비슷한 시기에 시민참여로 조성한 서울숲은 2003년 2월 설계가 시작된 후 그해 가을 본격적인 공사를 착수해 1년 6개월이라는 단기간에 35만 평을 조성하였다.

서울숲은 현상공모방식으로 기본계획을 수립하고 당선업체에 기본설계와 실시설계권을 부여하여 추진했기 때문에 설계 과정에 대한 시민참여는 배제되었다. 2003년 봄에 착수한 공원조성공사는 청계천 복원공사 준공 전에 숲 조성이 완료되도록 속도전으로 전개함에 따라, 서울숲의 시민참여 조성은 2003년에서 2005년까지 진행되었다. 서울숲 조성 과정에서 시민참여 행사로 민관이 함께한 첫 번째 실행사업이 '시민 가족나무심기' 행사였는데 식재할 나무 크기에 대해 의견충돌이 벌어졌다. 서울시 당국은 큰 나무 식재를 주장하고 반면, 시민단체는 작은 나무를 심고 이후 키우는 과정을 선호하였다. 서로 간의 명백한 입장의 차이가 있었음에도 결국 큰 나무로 대부분 식재되었다. 표면적으로는 표출된 갈등은 나무 크기였으나 이것은 도시숲에 대한 철학적 접근방식의 충돌이었다. 결과적으로 큰 나무 위주의 식재는 이 차이를 좁히지 못한 결과인 것이다.[18]

푸른길공원은 기본계획 수립 시에 계획했던 조성기간은 2002년부터 2006년까지이다. 4년을 계획했던 조성계획보다 3배 가까이 늘어난 조성기간은 각 시기별로 시민참여가 가능했던 계기를 만들었다. 시기별 시민참여 내용은 <표 6-2>에 정리하였다.

이렇게 장기간에 이뤄진 조성 과정은 기본계획과 맞지 않는 설계들이 수정되거나, 다양한 시민참여 활동들의 구현이 가능하도록 시간적 기회를 제공하였다. 또한 긴 시간이 효율적으로 활용될 수 있게 푸른길공원이 단계적으로 조성되어 초기 조성 시 발생한 문제들에 대해 시행착오를 보완하는 장점이 있었다.

시민참여방식의 도시공간 조성은 그 추진 속도가 매우 중요하다. 때문에 거

18) 시민참여형 도시숲 운영 과정 조사연구(2016: 17). 국립산림과학원.

표 6-2 푸른길공원 조성시기별 시민참여

조성시기	조성공사 내용	시민참여 내용
2003.5~2004.6	조대정문~남광주 사거리 535m	
2003.8~2005.7	광주천변~백운광장 1,760m	주민참여 설계, 시민헌수목 식재
2005.11~2008.2	백운광장~동성중 2,400m	주민참여 설계, 참여의 숲 조성
2008.3~2010.1	광주역~조대정문 2,880m	주민참여 설계, 참여의 숲 조성
2010.2~2013.2	남광주 푸른길공원 325m	설계 자문, 시민헌수목 식재

대한 도시공원을 일시에 조성하는 방식에서 시민참여는 종종 일회적이거나 단순 이벤트로 전락하곤 한다.

■ 예산의 확보

푸른길공원 조성은 12년 동안 282억 원의 재원이 투입되었다. 전체 조성비 282억 원 중 국고 62억 원, 지방비(복권기금 포함) 207억 원, 기타(민간기탁 등) 13억 원이 소요되었다.

도시공원 조성은 지방비를 투입해야 맞지만 광주광역시는 조성비용의 일부를 폐철도부지를 도시숲으로 복원하는 사업으로 계획서를 만들어 자연환경복원기금을 환경부로부터 받아 사용했고, 지방자치단체에 교부되는 복권기금[19]을 조성비로 마련하기도 했다. 국비를 확보하고, 지방비의 50%는 복권기금을 활용하여 조성한 것이다.

민선 3기와 4기에 걸쳐 본격적으로 조성된 푸른길공원은 광주광역시가 야심차게 추진한 '1천 만 그루 나무심기' 등의 정책도 푸른길공원 조성에 힘이 실리게 되는 동인으로 작용하였다. 당시 도시공원 조성을 전담하는 광주광역시 공원녹지과의 예산이 2006~2009년 기간동안 1년 평균 600~700억 원 수준이었는데, 민선 5기의 시작인 2010년 300~400억 원에 비해 공원조성 등의 예산이 상대적으로 많이 확보되었음을 알 수 있다.

19) 광주광역시에서는 2002년부터 2009년까지 푸른길공원 조성을 비롯한 금남공원 조성, 상록공원 조성을 위해 복권기금 197억 원을 투입하였다.

3 신뢰의 형성 요인

거버넌스의 성공 요인으로 공통적으로 강조하는 것 중의 하나는 거버넌스 주체들 간의 신뢰이다. 특히 로컬 거버넌스 형성을 위해서는 지역주민과 공무원들 상호 간에 신뢰관계가 중요하다(최영출 · 백종섭, 2003: 41-67). 신뢰는 포괄적이고, 추상적인 조건으로 신뢰를 형성하는 요인은 사례에 따라 다를 수 있다. 신뢰는 협력을 이끌어내는 기본 요소이기도 하다.

푸른길 사례에서는 ① 민간의 일관성과 지속성, ② 민간과 행정 간의 교류 활성화, ③ 푸른길공원에 대한 국내 · 외의 객관적 평가가 신뢰형성의 요인으로 작용하여 신뢰를 촉발하고 지속적으로 유지된 것으로 파악할 수 있다.

1) 일관성과 지속성

푸른길운동이 시작된 이후, 푸른길의 조성원칙은 ① 도시환경에 기여할 수 있는 녹지조성 및 녹지네트워크 형성, ② 설계와 시공, 관리 전반에 있어 시민참여를 보장, ③ 주변의 도시변화를 견인하고 도시재생을 위한 공원으로의 지향이었다.

시민참여 원칙의 세부 내용으로는 성립배경에서부터 시민참여가 바탕이 된 공원이었기 때문에 계획과 설계, 조성에 있어서도 행정에 의한 일방적 방식이 아니라 시민참여를 담보하는 것이었다. 푸른길가꾸기운동본부는 행정-시민-전문가의 협의체 역할을 스스로에게 부여해 시민헌수기금 조성과 '참여의 숲' 조성, 공원 문화프로그램을 기획하고 진행하였다. 푸른길공원을 매개로 푸른길 주변의 마을만들기 활동을 견인하였다.

이러한 원칙과 내용이 시민참여 푸른길공원 조성을 요구하는 초기부터 지속적으로 광주시 행정당국에 밝혀왔기에 광주시는 시민참여활동의 목적과 내용을 쉽게 파악할 수 있었고, 이를 수용한 이후에는 시민참여의 공원 조성이라는 공동의 목적을 실현하기 위해 협력하게 되었다.

2) 국내 · 외의 객관적 평가와 성과의 공유

폐선부지 푸른길공원은 결정과 조성, 관리운영 과정에서 시민참여방식의 최초의 모범사례로 알려져 국내 · 외의 좋은 평가를 이끌어냈다.

광주광역시가 2005년에 지속가능한 지역발전 우수사례로 환경부장관상을 수상하는 것을 비롯해 제1회 대한민국 공공디자인대상 우수상, 제1회 대한민국 공간문화대상 국무총리상, 대통령자문기구 건설기술건축문화선진위원회 좋은 건설발주자상 대통령상, 대한민국 대표브랜드대상 친환경도시부문 대상 등 7회를 수상하였고, 푸른길운동본부는 2006년 산림청의 아름다운 숲지기상을 비롯해 볼보자동차가 수여하는 'Volvo for Life Awerds'의 환경부문 최우수상, 경향신문과 산림청이 수여하는 대한민국 녹색대상 산림휴양문화부문 최우수상, 전남일보사가 수여하는 광주전남 환경대상의 종합대상(환경부장관상) 등 2005년부터 2008년까지 4년여 기간에 정부를 비롯해 다양한 기관으로부터 광주광역시는 7회, 푸른길운동본부는 6회 표창을 받게 된 것이다.

이러한 푸른길공원의 가치와 시민참여활동에 대한 국내 · 외의 긍정적인 평가는 민관의 협력을 더욱 공고히 할 수 있는 동기부여가 되었다.

3) 민관의 상호교류

광주광역시는 푸른길운동본부가 개최하는 내나무 심기 활동이나 각종 캠페인과 행사, 정기 및 임시회의에도 자발적으로 참여해 일상적 소통과 참여로 적극적으로 협력하였다. 정례적으로 열리는 푸른길운동본부의 고문, 공동본부장 회의에는 광주광역시 담당국장 혹은 과장이 참여하여 시 당국의 푸른길공원 계획을 공유하게 하고 또 민간이 추진하고 있는 시민참여의 활동에 대해 행정적 지원 방안을 논의하였다.

푸른길공원 설계를 위한 실무적 논의는 민간과 행정 간 상호요청이 있을 때마다 실무단위의 상시적 협의와 논의테이블이 마련되어 긴밀하면서 일상적 교류와 소통이 지속되었다. 이러한 빈번한 교류와 소통이 상호 간의 신뢰구축에 크게 기여하였을 것이다.

4 푸른길 거버넌스

거버넌스의 구성변수는 자발적 참여, 협력, 공동결정이다. 참여는 자발성과 참여 정도, 협력은 신뢰와 공동목표인식으로, 그리고 공동결정은 대등한 권력과 책임분담인식을 요소로 한다(김형양, 2006: 186).

푸른길 거버넌스는 결정과 설계의 초기 과정에 지방정부와 시민사회가 팽팽한 대립으로 평행선을 이루던 시기를 지나 설계와 조성, 관리 과정은 공동의 목표로 합치되었다. 푸른길공원 조성 과정에 시민사회의 자발적인 참여, 지방정부와 시민사회의 협력, 그리고 권한을 나누고 책임을 분담하는 공동결정의 과정이 거버넌스를 운영, 유지시켜왔음을 알 수 있다. 이와 같은 푸른길 거버넌스의 흐름을 [그림 6-1]에 나타내었다.

그림 6-1 푸른길 거버넌스 흐름도

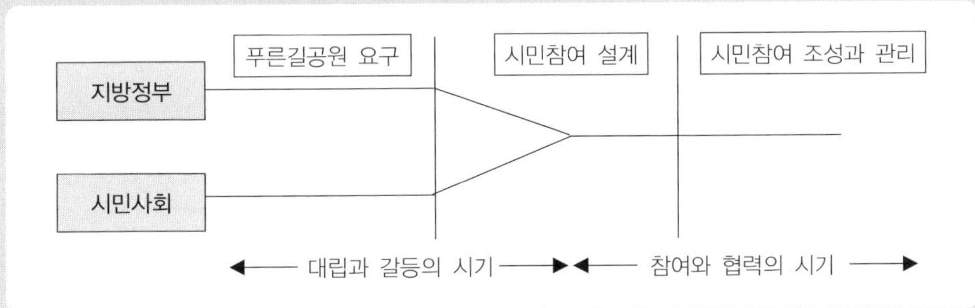

지방정부와의 협력의 주체인 시민사회는 푸른길공원에 대한 결정과 설계, 조성, 관리에 따른 시의적절한 목표에 따라 조직의 명칭과 구성을 달리해가며 시민참여활동을 효과적으로 추진하였다. 명칭변화에 따른 활동 내용을 <표 6-3>에 정리하였다.

도심철도 이설부지를 푸른길로 활용할 것을 제안하는 시기에 결성된 '푸른길가꾸시민회의'는 직접적 이해당사자인 철도변 주민과 환경단체가 중심적으로 참여하고, '푸른길가꾸기운동본부'는 폭넓은 시민참여를 위해 각계각층의 지역인

표 6-3 시기별 푸른길 거버넌스의 민간 주체와 내용

구 분	거버넌스 민간 주체	협력적 거버넌스 내용
결정(1998~2000년)	푸른길가꾸기시민회의	시민 제안 활용방안 수용
설계(2001~2010년)	푸른길가꾸기운동본부	지방정부와 시민사회의 파트너십에 근거한 협력
조성(2003~2013년)		
관리(2014~2018년 현재)	(사)푸른길	푸른길관리・운영조례에 근거한 민간위탁 관리

사들과 직능단체를 포함해 범시민사회 연대체 형태로 구성하였다. (사)푸른길은 관리의 안정화, 전문화를 위해 개별 단체적 성격을 띠고 있으면서 지역주민, 환경단체, 전문가 등이 임원으로 참여하고 있다.

지방정부는 시민사회가 제안한 폐선부지의 푸른길 활용방안을 수용하고, 지방정부와 시민사회 간의 설계와 조성에 대한 파트너십을 기반으로 시민사회의 역할을 인정하고 권한과 책임을 나누었다. 또한 이후 조성의 과정에서는 시민참여의 과정에 대한 가치와 의미를 지속하기 위해 도시공원으로서 지위를 갖는 푸른길공원의 시민참여 관리・운영을 위한 조례를 제정하여 운영하고 있다.

제5절 결 론

공공정책의 결정 과정에는 시민참여가 공식적・비공식적으로 작동되는 데 반해, 도시공간을 만드는 과정에서 시민참여는 공식적 틀이 마련되어야만 실현가능하다. 정책결정에 지역주민이나 시민사회단체 등이 영향력을 행사해 정책을 무효화시키거나 혹은 자신들의 요구를 관철시킬 수도 있다. 비공식적인 방법으로도 정책결정 과정에 시민사회의 요구가 표현되고 전달되기도 한다. 그러나 도시공간을 재구성하는 정책에는 정부가 시민참여를 공식적인 형태로 제도화하지 않으면 마땅히 참여할 방법을 찾기가 어렵다. 그래서 앞서 제3절, 제4절에서 설명한 바와 같이 공공적 도시공간 조성에서 시민참여를 보장하는 방안으로 거버

넌스 방식이 매우 유효하다.

광주지역에서 개발과 보전 가치 충돌이 최고조였던 시기에 푸른길운동이 협력적 거버넌스로 싹 틔울 수 있었던 것은, 환경단체들이 지방의제21 추진 거버넌스의 운영 실패를 거울삼아 갈등의제와 협력의제를 구분해 활동하는 초기전략이 유효하게 작용했기 때문이다.

푸른길공원의 사례를 통해 협력적 거버넌스의 성공 요인을 살펴본 결과 지방정부와 민간조직이 각자의 자원을 공동의 목표를 위해 효율적으로 사용한 것으로 나타났다. 민간조직이 전문가, 언론, 시민사회 등의 참여를 자원으로 동원가능했던 이유는 다양한 인적 네트워크를 중심으로 시민사회활동이 펼쳐진 결과였다. 특히 푸른길운동을 이끌었던 광주환경운동연합이 보유하고 있는 환경전문가 네트워크, 지역사회 운동단체와의 연대활동 경험으로 축적된 시민사회 운동단체들과 교류와 신뢰, 대안제시활동을 통해 구축된 언론사들과의 신뢰 등이 토대가 된 것으로 나타났다.

지방정부가 자원으로 동원했던 거버넌스 기구운영, 공간의 조성속도, 예산확보 등의 활동도 시민참여가 전제되는 조건으로 작용하였다. 거버넌스 구성의 중요한 요소인 시민사회와 지방정부의 신뢰형성이 가능했던 요인으로 민간의 일관성과 지속성, 민간과 행정 간의 교류 활성화, 푸른길공원에 대한 국내·외의 객관적 평가를 둘 수 있다.

푸른길운동을 이끌었던 환경단체가 푸른길공원의 시민참여 설계, 조성, 관리의 방법을 일관되게 요구하면서 민간조직이 푸른길운동을 통해 추구하고자 하는 가치와 철학, 목적과 방법을 지방정부가 수용하게 만든 신뢰 요인으로 작용했다. 또한 지방정부가 만든 거버넌스 기구에 시민참여가 능동적으로 이뤄졌을 뿐만 아니라 역으로 민간조직의 활동에 지방정부가 적극적으로 참여해 서로 간의 경계의 벽을 허물고 소통하기 위한 상호 간의 적극적인 노력이 있었다.

국내·외 정부 및 민간기관으로부터 수여받은 13회의 수상이력이 나타내는 푸른길공원과 거버넌스 성과에 대한 객관적인 평가는 지방정부와 시민사회의 협력활동에 대한 광범위한 지지를 얻게하고 협력적 거버넌스에 대한 공감대가 확산되는 계기를 만들기도 했다.

푸른길 거버넌스의 특성은 지역사회의 갈등사안에 기반했다는 점, 민간이 앞장서 견인해 이끌었다는 점이다. 또한 "정부기관이나 공공조직에 의해 발의되고 유지"되는(조철주 · 장명준, 2011: 38) 협력적 거버넌스가 아닌 "민간조직에 의해 발의되는 확장된 개념"으로의 협력적 거버넌스를 만들었다.

푸른길 거버넌스는 도시공원이라는 공공재의 공급자, 공원서비스 제공자라는 기존 정부 역할에 대해 공간계획 결정과 공공서비스의 생산 과정에 시민이 참여함으로써 변화를 가져왔다. 또한 기존의 대립되는 관계에서 협력의 관계로 정부와 민간부문의 관계의 변화를 가져왔다. 결국 신뢰와 자원의 공유가 거버넌스 구축에 바탕이 되고 점진적으로 지역문제 해결에 적용가능하다는 인식과 실천으로의 변화를 만든 것이다.

도시공간의 재구성을 의제로 한 민관의 협력은 도시의 재생, 도시의 공공서비스, 공공재의 관리 측면에서 유효하게 적용될 수 있다. 도시의 운영이 전통적으로 정부에 의존했던 반면, 시민의 참여를 통한 도시의 운영은 도시관리에 대한 부족한 재원을 대신해 시민의 자발적 관리로 연결될 수 있다.

참고문헌

김선경, 이민창(2014). "갈등관리 관점에서 본 굿 거버넌스: 광주푸른길 사례를 중심으로." 『지방정부연구』, 18(1): 701-725.

김형양(2006). "로컬 거버넌스 형성의 영향요인에 관한 연구." 『지방정부연구』, 10(1): 181-203.

박미경(2016). 환경운동 변천사(광주광역시를 중심으로). 조선대학교 석사학위논문.

박희봉(2006). "시민참여와 로컬 거버넌스." 『한국정책과학학회보』, 10(2): 1-23.

______(2016). "사회자본과 거버넌스 연구에 대한 비판적 검토." 『한국공공관리학보』, 30(4): 1-43.

심주영 · 조경진(2016). "거버넌스를 통한 대형 도시공원의 조성 및 운영관리 전략." 『한국조경학회지』, 44(6): 60-72.

은재호 · 오수길(2009). 『한국의 협력적 거버넌스』 서울: 대영문화사.

이경희(2013). "생태적 녹지운동단체에서 통합적 문화운동단체로: '푸른길시민회의'에서

'(사)푸른길'로의 정체성변화에 대한 사례연구." 목포대학교 대학원 석사학위논문.
이명석(2017). 『거버넌스 신스롬』. 서울: 성균관대학교 출판부.
이상대 · 정유선(2015). "시민참여 도시계획의 제도화 방안." 『정책연구』. 1-78.
이원동 · 최명식(2017). "지역기반형 도시재생을 위한 협력적 거버넌스: Greater University Circle Initiative(GUCI) 사례분석을 중심으로." 『국토연구』, 93: 127-147.
장성환(2015). 광주 푸른길공원 조성사업 거버넌스에 관한 연구. 광주대학교 대학원 석사학위논문.
조승 · 노종호 · 성진수(2009). "협력적 로컬 거버넌스의 성공요인에 관한 연구: 진안군 도화동산조성 사례를 중심으로." 『한국자치행정학보』, 23(1): 499-522.
조철주 · 장명준(2011). "공공정책의 갈등 해소를 위한 협력적 거버넌스 모형 연구." 『도시행정학보』, 24(2): 23-47.
최병두 · 채은혜(2013). "대구시 취수장 이전계획과 협력적 거버넌스." 『한국지역지리학회 하계학술대회』.

찾아보기

ㄱ

갈등 37
개쉬(Alison Gash) 13
거버넌스 11
거버넌스 체제 117
결사체민주주의 72
고도현대 60
공공가치 12
공공관리체제 160
공공문제 해결 41
공동의 결정과 책임 38
공동의 문제해결 146
공동협력형 134
공론장 71
공익 44
관심영역 131
광역화추진협의회 49
광주광역시 158
광주광역시 푸른길공원 관리·운영위원회 174
광주광역시 푸른길공원조성위원회 174
광주환경운동연합 157
권력이동 39
권한부여 18
기든스(Anthony Giddens) 60
기본권 93

ㄴ

네트워크 41
님비현상(NIMBYs) 37, 128

ㄷ

다원민주주의 133
다크투어리즘 28
대의민주주의의 위기 69
대전차방어시설 12
도봉구 22
도시공원의 거버넌스 163
도시재생 시민추진단 27

ㄹ

로즈(R. A. W. Rhodes) 40
로컬 거버넌스 37
리우회의 156

ㅁ

문제해결 18, 70
민관합동워크숍 65
민주성 83
민주주의 43

ㅂ

변증법적 융합 42
복합조직 147

ㅅ

사회문제 160
사회자본 148
상호신뢰 116
생활쓰레기 45
서스킨드(Lawrence Susskind) 147
성공모델 37
성찰적 자기조직화 66
수평적 복합조직 41
수평적 해결 160
스토커(Gerry Stoker) 40
시민권력의 제도화 36
시민문화 154
시민사회 71
시장실패 98
신거버넌스론 12
신공공관리론 11
심의민주주의 65
쓰레기소각장 37

ㅇ

아산시 106
아산시의회 119
아산시인권네트워크 104
아산시지속가능발전협의회 104
연결망 77
앤센과 개쉬(Ansell & Gash) 모형 103
NGO 44
NGO 주도 모델 134
오어(Kevin Orr) 99
월오동 주민반대추진위원회(반추위) 136
웨독(Sandra A. Waddock) 16
위원회 71
유연한 행정 체제 30
의사결정 과정 130
의사결정 규칙 68
이원적 모델 133
이천시 37
이천시 범시민 폐기물처리시설 추진협의회 (범폐추협) 47
인권 93
인권21 105
인권조례 93
인권헌장 94
입지선정 48
입지선정위원회 54

ㅈ

자기교정 능력 30
자원성 41
자치단체 주도 모델 133
정부실패 98
정책결정 과정 63, 130

정책의제설정 67
정치적 거버넌스 130
제솝(Bob Jessop) 52, 66
조정 132
주민참여 99
중재 132
지방민주주의 151
지방의제21 157
지방자치제 63
지방정부 99
지방정치 64
지속가능발전 30
지속성 83
지역정치 63
지역NGO 117
직접민주주의 36

ㅊ

참여거버넌스 68
참여민주주의 71
책무 18
책임성 83
천안시 65
천안시민사회단체협의회 76
천안시NGO공동협력센터 75
천안NGO센터 65, 77
청주시 129
청주시의회 141, 152
촉진적 리더십 101

ㅋ

칸막이 30
크루생크(Jeffrey Cruikshank) 148

ㅌ

토의민주주의 132
통치능력의 위기 39

ㅍ

평화문화진지 22
폐선부지 158
푸른광주21협의회 157
푸른길 159, 172
푸른길공원 167, 176
푸른길시민회의 172
푸른길운동본부 169
푸른아산21실천협의회 104
피터스(B. Guy Peters) 18
핌피현상(PIMFY) 128

ㅎ

행위자 63
허스트(Paul Hirst) 40
협력 14
협력 모델 134
협력의 진화 모형 16
협력적 거버넌스 12
협치 13
화장장 129

저자 소개

■ **금홍섭**(goldcham@hanmail.net)

한남대 행정학과 겸임교수와 대전시민사회연구소 부소장을 역임했으며, 현재 대전평생교육진흥원장을 맡고 있다. 연구분야는 NGO, 거버넌스, 지방자치 등이며, 저서로는 『바람직한 대전 시민사회와 거버넌스』(공저, 2013), 『대전·충남지역 시민사회와 거버넌스』(공저, 2013) 등이 있다.

■ **라미경**(mkra33@sch.ac.kr)

순천향대 연구교수로 재직 중이면서 서울협치협의회 위원과 한국NGO학회 연구이사를 맡고 있다. 연구분야는 거버넌스, 시민사회/NGO, 지방자치, 리더십 등이며, 저서로는 『국제NGO의 이해』(2008), 『코어 핵심리더십 개발』(2016) 등이 있다.

■ **민병기**(surfman97@hanmail.net)

충남대, 대전대 등 정치학과에서 강의하고 있으면서 대전시민사회연구소 기획위원과 한국지방정치학회 연구이사를 맡고 있다. 연구분야는 사회운동, 정당정치, 민주주의 등이며, 저서로는 『대전지역 민주노조운동사』(공저, 2011)가 있다.

■ **박미경**(bigeyesmk@gmail.com)

광주환경공단 임원으로 재직 중이며, 조선대학교 공공행정학과 박사과정 중에 있다. 관심분야는 시민운동, 환경정책, 갈등관리 등이며, 논문으로 "환경운동 변천사 연구: 광주광역시를 중심으로"(2016)가 있다.

■ **박상필**(npongo@naver.com)

성공회대 NGO대학원 대우교수로 재직 중이면서 한국NGO학회장을 맡고 있다. 연구분야는 시민사회/NGO, 시민운동, 거버넌스, 사회적경제 등이며, 저서로는 『NGO와 정부 그리고 정책』(개정판, 2007), 『NGO를 알면 세상이 보인다』(개정판, 2008), 『국가 시장 비판』(2010), 『NGO학: 자율 참여 연대의 동학』(개정판, 2011), 『한국 시민운동역량 측정』(2014) 등이 있다.

■ **오수길**(soogiloh@cuk.edu)

고려사이버대 창의공학부 교수로 재직 중이면서 환경부 중앙환경정책위원회 위원과 서울시 지속가능발전위원회 위원을 맡고 있다. 연구분야는 거버넌스, 지속가능발전, 행정철학이며, 저서로는 『우리의 지속가능한 도시』(공저, 2017), 『민주주의, 종교성, 그리고 공화적 공존』(공저, 2017), *Interdisciplinary Perspectives on Public Affairs & Qualitative Research*(편저, 2016) 등이 있다.

■ **이경희**(baramwindy@gmail.com)

광주환경운동연합에서 정책실장으로 활동하고 있으며, 전남대학교 인류학과 박사과정 중에 있다. 관심분야는 도시, 공공성, 시민운동 등이며, 논문으로 "생태적 녹지운동단체에서 통합적 문화운동단체로"(2013)가 있다.

로컬 거버넌스의 성공모델

펴낸날 제1판 제1쇄 2018년 7월 20일
지은이 박상필 외
펴낸이 임춘환
펴낸곳 도서출판 대영문화사
주소 서울특별시 용산구 청파로 61길 5(청파동 1가) 제일빌딩 2층 (우04308)
등록 1975년 12월 26일 제3-16호
전화 (02)716-3883, (02)714-3062
팩스 (02)703-3839
홈페이지 http://www.dymbook.co.kr

ISBN 978-89-7644-713-5
값 12,000원